新视野教师教育丛书·学科课程与教学系列

学前儿童音乐教育与活动设计

华 夏 著

图书在版编目（CIP）数据

学前儿童音乐教育与活动设计/华夏著．—北京：北京大学出版社，2010.8
（新视野教师教育丛书·学科课程与教学系列）
ISBN 978-7-301-17201-8

Ⅰ.①学… Ⅱ.①华… Ⅲ.①音乐课-教育活动-课程设计-学前教育-教学参考资料 ②音乐课-教育活动-课程设计-师范大学-教材 Ⅳ.①G613.5

中国版本图书馆 CIP 数据核字（2010）第 089885 号

书　　　名：学前儿童音乐教育与活动设计
著作责任者：华　夏 著
丛 书 策 划：姚成龙
责 任 编 辑：吴坤娟
标 准 书 号：ISBN 978-7-301-17201-8/G·2854
出 版 发 行：北京大学出版社（北京市海淀区成府路 205 号　100871）
网　　　址：http://www.jycb.org　　http://www.pup.cn
电 子 信 箱：zyjy@pup.cn
电　　　话：邮购部 62752015　发行部 62750672　编辑部 62756923　出版部 62754962
印　刷　者：三河市北燕印装有限公司
经　销　者：新华书店
　　　　　　787 毫米×1092 毫米　16 开本　21.25 印张　464 千字
　　　　　　2010 年 8 月第 1 版　2017 年 9 月第 4 次印刷
定　　　价：38.00 元

未经许可，不得以任何方式复制或抄袭本书之部分或全部内容。
版权所有，侵权必究
举报电话：(010) 62752024　电子信箱：fd@pup.pku.edu.cn

前　言

本书是根据教育部颁发的《幼儿园教育指导纲要（试行）》和上海二期课改的内容、精神，继承、汲取前人和当代有关学前儿童音乐教育的科研成果，在深入高校学前教育专业（本、专科）音乐教学及幼儿园进行音乐工作教育实践的基础上编写的。旨在追求高校幼儿师范音乐教育在理论和实践两个层面上的同时提升，并找到两者的衔接点，从而使高校学前教育专业音乐课程的教学与幼儿实践教育活动紧密衔接。

本书主要围绕目前高校学前教育专业音乐教法课的教学内容、实施途径以及教学模式等方面进行了理论分析与实践研究，在能力本位职业教育理论指导下，借鉴前沿的教学理念，于教学实践中研究、开发了"学前儿童音乐教育与活动设计"单元课程，从而确定了从事学前儿童音乐教育活动的基本结构框架和活动程序，旨在指导幼儿师范学生在习得一定学前基础教育理论、音乐基本理论知识和音乐技能的基础上，从理论迈向实践，获得设计、实施有效的学前儿童音乐教育活动的能力。希望"学前儿童音乐教育与活动设计"单元课程的研发，能弥补传统幼儿师范学生音乐教学职业能力培养上的缺憾，并对促进幼儿师范学生（乃至在职幼儿教师）的专业化成长有所启发和帮助。

本书共分三个篇章。上篇"单元课程的研究"详细说明了学前儿童音乐教育与幼儿师范音乐教育的关系，理解分析了音乐教法和学前儿童音乐教育活动设计的意义，并对"学前儿童音乐教育与活动设计"单元课程的实现条件、理论与实践依据、教学目标的设定、特点与功能、教学评价等方面做了综述。

中篇"理论探索"是本书作者结合实践教学中的经验积累，借鉴学前儿童音乐教育研究权威书籍的相关内容，对学前儿童音乐教育的历史发展线索和教学内容进行了梳理，为下篇"单元课程"的创建打下了详实的学前儿童音乐教育理论基础。

下篇"单元课程"是理论和实践结合的研究成果。"学前儿童音乐教育与活动设计"单元课程作为高校学前教育专业的音乐教法课程的实施，是在具备基本的音乐知识和技能及学习本书"理论探索"中对学前儿童音乐教育意义、内容等方面的基础上，通过模式、单元化（9个模式化教学单元）的教学手段帮助幼儿师范学生了解、掌握如何创设、实施、评价"学前儿童音乐教育活动"，从而培养幼儿师范学生设计、实施、评价学前儿童音乐教学的教育技术能力。

附录部分整理了大量教学模板、案例设计及教育政策性文件，可供读者及幼教工作者参考借鉴。

本书在编写过程中得到了上海师范大学教育学院和上海师范大学天华学院的大力支持与资助。华东师范大学学前教育与特殊教育学院李季湄教授、曹炳昆副教授，上海师范大学教育学院艺术与学前教育系李燕副教授对本书的研究设想、调研内容和提纲编写进行了点评和指导。本书的校稿工作得到了北京大学出版社吴坤娟特约编审的悉心指导。在此一并表示衷心的谢意!

　　本书主要是为研究高校学前教育专业的教法课程所著,可作为高校(本、专科或自考大专班)学前教育音乐教法课的专业教学用书,也可作为学前儿童教育工作者的理论参考读物。本书是编者在高校学前教育音乐教法课程的研究过程中撰写的,写作时间仓促,不足之处在所难免,敬祈各位专家和同行批评指正。

编　者
2010 年 2 月

目录

◆ **上篇　单元课程的研究** ◆

第1章　学前儿童音乐教育与幼儿师范音乐教育　　3
一、学前儿童音乐教育　　3
二、幼儿师范院校的音乐教育　　5

第2章　音乐教法和学前儿童音乐教育活动设计　　11
一、教学方法与幼儿师范音乐教法课　　11
二、活动设计与幼儿园音乐教学模式　　14

第3章　"学前儿童音乐教育与活动设计"单元课程　　16
一、"学前儿童音乐教育与活动设计"单元课程的理论与实践依据　　16
二、"学前儿童音乐教育与活动设计"单元课程教学目标的设定　　25
三、"学前儿童音乐教育与活动设计"单元课程的实现条件　　29
四、"学前儿童音乐教育与活动设计"单元课程的教学评价　　30
五、"学前儿童音乐教育与活动设计"单元课程的特点与功能　　34
六、学前儿童音乐教育活动内容的确定　　35

◆ **中篇　理论探索** ◆

第4章　学前儿童教育发展纵览　　41
一、家庭教育、社会需求与个体发展　　41
二、教育政策与理念　　42

第5章　学前儿童音乐教育发展现状　　47
一、近现代外国学前儿童音乐教育　　47
二、中国近现代学前儿童音乐教育　　51

第6章　学前儿童音乐教育的内涵及意义　58

- 一、音乐的本质特征、功能、内容与分类　58
- 二、学前儿童音乐教育的特点　65
- 三、音乐教育与学前儿童个体发展　69

第7章　学前儿童音乐教育活动的内容　75

- 一、学前儿童的基本音乐素养和能力　75
- 二、学前儿童音乐教育活动中音乐作品的选择　86
- 三、学前儿童音乐教育活动的基本内容　89
- 四、学前儿童音乐能力年龄阶段目标　111
- 五、学前儿童音乐教育活动环境的创设　121
- 六、教师介入学前儿童音乐教育活动的方法　126
- 七、学前儿童音乐教育评价　126

◆下篇　单元课程◆

课程导读　139

- 单元0　课前准备　144
- 单元1　用活动进行教学　157
- 单元2　设计学前儿童音乐教育活动　170
- 单元3　创建教育信息技术支持材料　182
- 单元4　创建"活动"演示文稿　192
- 单元5　过程与方法　205
- 单元6　技术助学　220
- 单元7　制订情景模拟教学展演活动实施计划　229
- 单元8　情景模拟教学活动展演　240

◆附　录◆

- 附录1　《幼儿园教育指导纲要（试行）》（1999）　249
- 附录2　《上海市学前教育课程指南（试行）》（2004）　256
- 附录3　评价工具模板　271
- 附录4　活动支持材料记录　298
- 附录5　学前儿童音乐教育活动计划（教案）模板　300
- 附录6　学前儿童音乐教育活动作品集范例　307

参考文献　332

上篇
单元课程的研究

第1章　学前儿童音乐教育与幼儿师范音乐教育

一、学前儿童音乐教育

音乐是人类生活中必不可少的一种艺术形式，是反映现实生活和表达人类思想感情的一门艺术，它有自己特殊的表现方式和意义，能够表现和传达文字和视觉艺术等不能传递的感情、思想和心智。学前儿童音乐是反映0～6岁学前儿童的生活和表达他们思想情感的艺术，同时也体现了学前儿童对音乐的天性、兴趣、感受、体验、表现及创造。学前儿童音乐教育是指学前儿童通过音乐学习活动对音乐知识技能和知识情感认知的教育实践过程，它是音乐学与学前儿童教育学相交融的产物，是一门实践性很强的学科，符合学前儿童爱动、好奇、玩乐的天性。古今中外许多哲学家、科学家、政治家、教育家对学前儿童音乐教育的重要性和必要性都有过十分精辟的论述。随着科学技术的发展，人们对大脑的研究在逐步地深化，对音乐在学前儿童生理、心理、智力上所起的作用进一步得到了科学证明。教育学研究确定，学前儿童的启蒙教育决定着他的未来发展。教育者根据学前儿童生理和心理发展的特点，创设特定的教学环境，借助专业的教具，通过一些常规的音乐表现形式，诸如唱歌、跳舞、音乐游戏、音乐欣赏等，对学前儿童实施音乐教学活动，将学前儿童的音乐学习和全面发展教育有机地结合在一起。学前儿童音乐教育不仅对学前儿童进行音乐基本知识、技能的教育和熏陶，而且将音乐作为教育手段和实施教育的途径，促进学前儿童个体在身体、智力、情感、个性和社会融合性等方面的和谐发展，进行人的基本素质教育，达到教育的目的。因此，音乐教育从本质上来说是一项塑造"人"的工程，它具有唤醒、联系和整合人格的力量。

由于音乐学科知识的独特性和技能的实践要求，以及幼儿的身心发展和知识认知的阶段性，理解学前儿童音乐教育首先要明确学前儿童与知识的关系。

(一) 学前儿童与知识的关系

从一开始，学前儿童与知识之间就是一种紧密相关的、和谐的生态关系。学前儿童有求知的本能和与生俱来的浓厚的探究兴趣，对知识是一种非功利性的需求，能主动建构自己的知识世界。从知识的角度来看，知识也与学前儿童密不可分。知识起源于探究，而探究起源于个人与环境交互作用的经验。儿童从生下来就处在一种互动着的环境中，经历着、探究着外界。音乐学科的知识正是来源于人类生活，活跃于人类生活，对音乐的感受、学习正符合儿童发展的自然规律。那么，如何确定学前儿童教育中的教学知识呢？

首先，学前儿童教育中的教学知识必须是有意义的知识。对于学前儿童来说，最有意义的知识必须是儿童自己需要的知识，指向儿童关心的方面。什么是需要？从本质上讲，需要是一种体验，它产生于具体的情境之中，有时一种遭遇就能激发人的需要。学前儿童的需要是可以去发现，但不能够被事先规定的。学前儿童对音乐的领悟和感知就是一种本能的需求，在音乐活动的参与中，学前儿童的身心、智力、情感得到全面的激发和引导，这就是知识教育的目的。

其次，学前儿童教育中的教学知识必须是行动性的知识。这种知识必须是学前儿童自己迫切需要的知识，并且以行动为载体，学前儿童可以在行动中理解并建构知识系统。例如，学前儿童在参与歌唱韵律活动《捏拢放开》的过程中，一边通过手指捏拢放开的动作感受简洁活泼的旋律，一边学习朗朗上口的歌谣，既锻炼了手指的活动能力，又建构了对手、肩、膝盖、五官等的认知，从而使学习活动效果强于单纯地给孩子们讲解"什么是头？什么是肩？什么是捏拢？……"

最后，学前儿童教育中的教学知识必须是经验化的知识。这种知识有概念化和经验化之分。相对于学前儿童而言，概念化的知识是现成的，是早已确定好的，教学只是借助各种手段将之呈现出来，并促使其向儿童内部转化。经验化的知识并不是将知识简单地等同于经验本身，而是儿童经历着对事物的不断加深理解与解释，也就是儿童对知识的自我建构过程。例如，学前儿童在参与歌唱韵律活动《小猪睡觉》的过程中，通过学习朗朗上口的歌谣和肢体动作，感受简洁活泼的旋律、节奏，建构了关于"猪"的憨直形象：吃饱了就睡，爱摇尾巴等。这比单纯告诉他们"猪是什么？"、"猪长得什么样？"有意义得多，还将知识延伸到与他们紧密相连的现实生活中，并启发学前儿童了解动物与人类关系的多元智能思维。

（二）学前儿童音乐教育具有辩证思想

现实中的学前儿童教育会存在功利性而非教育性的目的。这种普遍的、功利性的教育目的使得教师在教学中只强调知识的传授，而不感受学前儿童的天性和需求，使教育的意义走向消积。例如，教师在一次课堂上反复地教唱儿歌《小猪睡觉》，教师一遍遍地歌唱示范，幼儿一遍遍完全模仿跟唱，最终"掌握"了这首儿歌的歌词和音准。教师在乎的就是使幼儿唱会一首歌，认定的教学成果就是"声音整齐明亮，咬字清楚，场面热闹"。家长看到自己的孩子会如此唱一首歌，也高兴异常！但是，学前儿童真的需要关心"音高准确和吐字清楚"吗？学前儿童教育的目的仅限于学习几首歌、做几个高难度舞蹈动作吗？

一些教师往往从"圆满"完成计划的角度出发，将学前儿童真正的学习需求抛诸脑后，置学前儿童的学习动机与热情于不顾，使许多教学活动都是在缺乏材料、没有探究行动，甚至不需要学前儿童离开座位一下的口耳相传中完成的。教学过程的这种简约性将学前儿童原本生动的求知过程枯燥化、机械化，使学前儿童失去探究与思考的能力，觉得知识是教师和家长所需要的而非自己所需要的。当教育使知识与儿童无关时，不仅挡住了幼儿的视线，使他们体会不到知识对于自己的意义，也就不会有疑问和思考了，教育意义也浅薄了。因此，学前儿童教育应具有辩证思想。就学前儿童的发展来说，更重要的是在学习的过程中通过思考"为什么"及"怎么能够"等问题获取知识，而不是不需要动脑筋只接受"是什么"。

学前儿童音乐教育要满足学前儿童全面发展的整体需要，有效地发挥各领域的教育作用；符合学前儿童的年龄特点，联系学前儿童的实际生活经验与兴趣，内容具有时代性、丰富性；适合学前儿童的能力与发展需要，对学前儿童的进一步学习具有重要意义，这也是学前儿童必要的和有效的学习内容。

二、幼儿师范院校的音乐教育

幼儿教师是幼儿园开展教育教学活动的具体执行者，是直接对学前儿童施加教育影响的人。教师是教育与幼儿发展之间的桥梁与纽带，是承接教育理念和教育实效的中间人，是学前儿童教育活动直接的组织者和实施者，是学前儿童教育最基本的力量和保证。将教育理念、教育行为、教育实际能力融合为幼儿教师的教育能力和教师魅力，是教师教育发展的方向。学前儿童教育思想的丰富、教育形式的多样、教育的个性化发展促使我们去关注幼儿教师教育与学前儿童教育之间的密切关系。

1999年，教育部颁布的《幼儿园教育指导纲要（试行）》对幼儿园教育内容进行了重新划分，将艺术教育作为一个领域提出来，在对艺术教育的目标、内容、实施等各部分的阐述中，不仅赋予了艺术教育以新的理念，而且对幼儿教师的教育素质提出了新要求。幼儿师范院校是培养幼儿教师的载体，要使学前儿童时期的音乐教育是成功的，幼儿师范的音乐教育就显得尤为重要。要贯彻《幼儿园教育指导纲要（试行）》精神，落实艺术领域的目标，幼儿师范院校的音乐教育有必要在理论和实践两个层面上提升水平，并寻找两者的衔接点。

（一）新形势下学前儿童音乐教育对幼儿教师的要求

1. 积极关注儿童的发展，树立正确的学前儿童音乐教育观

正确的学前儿童音乐教育观主要包括以下两个方面。

首先，学前儿童音乐教育应为学前儿童终身发展奠定基础。《幼儿园教育指导纲要（试行）》明确指出"幼儿园教育是基础教育的重要组成部分"，"是终身教育的奠基阶段"。作为学前儿童教育组成部分的学前儿童音乐教育，势必要根据新的教育理念来调整和端正自身的价值取向，理性地建构自己的教育观念。应认识到学前儿童音乐教育的核心是艺术启蒙教育，这其实是完成艺术的审美、创造美的任务。学前儿童音乐教育的价值取向不再是注重知识、技能的传递，而是注重学前儿童情感的培养和自我表达、精神创造的满足，使学前儿童成为一个热爱生活、热爱艺术、热爱美的人。这将使学前儿童受益终身，为其一生的发展奠定良好的基础。

其次，学前儿童音乐教育应尊重和满足每个学前儿童的音乐审美需要。学前儿童天生喜欢音乐，他们和成人一样有音乐审美的需要，并且对音乐有着强烈的好奇心和表现欲。他们容易对音乐活动表现出自发的热情和兴趣，但又往往带有情绪色彩，不稳定、易转移；他们喜欢表现自己创作的成果，但又不会独享自己的成功，总是想方设法与他人分享，让别人接纳并期待得到他人的赞许；同时，每个学前儿童都有自己的兴趣、需要和音乐潜能等方面的特点，都有其家庭成长背景和生活经验的差异。教师应充分认识学前儿童音乐学习的特点及其个体差异，重视和尊重幼儿的差异，针对他们的不同特点和需要，让每个儿童都得到美的熏陶和培养；对有艺术天赋的儿童要注意发展他们的艺术潜能；要尊重每个学前儿童的想法和创造，善于站在学前儿童的角度，发现、肯定和接纳他们独特的审美感受和表现方式，分享他们创造的快乐。

2. 合理选择音乐教育内容，增强音乐审美能力和高级思维能力的培养

选择学前儿童音乐教育内容要注意思想性、艺术性和科学性相结合。同时还应注意：第一，音乐作品的内容应贴近学前儿童的生活，满足他们的兴趣，体现社区、园所文化特

色；第二，既要考虑各年龄段学前儿童相关的知识经验和技能水平，还要考虑每个学前儿童活动的愿望和兴趣；第三，音乐作品的题材和风格要广泛，内容可以有反映社会生活的、自然界的和表现学前儿童游戏、生活的，应考虑到不同的地区、时间、场合和不同教育目的的需要，灵活地选择教育内容；第四，引导学前儿童了解不同民族、不同国家的音乐表现形式，帮助他们形成对不同民族及其文化的理解和尊重意识，使内容的选择体现多元文化的特色。

教师还应该具备分析和把握音乐作品结构的审美价值及潜在教育价值的能力。这是一种鉴赏音乐作品的审美能力，它需要教师有较高的综合艺术修养、文化修养和思想修养。要求教师既要掌握各种形式音乐作品内在的基本结构，如音乐作品的前奏、间奏、尾声、乐句、乐段及其重复变化等，又要了解艺术作品的创作背景、主题思想、情绪、风格，艺术家个人的背景、阅历、创作风格等。只有这样，才会对音乐作品做出细致的分析和处理，为学前儿童选择合适的音乐作品，并将音乐作品的审美价值及潜在的教育价值更为有效地落实在教育过程中。甚至，通过音乐教育手段深入展开对学前儿童高级思维能力的训练和培养。

3. 灵活开展多种形式的艺术教育活动，提高组织管理能力

《幼儿园教育指导纲要（试行）》强调学前儿童音乐教育要以学前儿童为本，重视幼儿的情感体验和操作过程，发挥音乐的情感教育功能，促进儿童健全人格的形成。所以，学前儿童音乐教育活动要转变那种以教师教、学前儿童练为主的单一的、封闭的、静态的课堂教学形式，采用教师预设的音乐活动与学前儿童生成的音乐活动相结合、有组织的音乐活动与渗透性的音乐活动相结合等多渠道的、开放的、动态的音乐活动形式，将音乐教育与学前儿童的生活、游戏融合在一起。教师灵活机动地组织各种音乐活动，充分发挥学前儿童的主体作用，改变学前儿童被驱使进行音乐活动的被动地位，使他们在与教师、同伴、环境、音乐作品的互动过程中，在自我表现、自我表达的过程中，获得丰富的情感和体验，提高其艺术审美能力。例如，教师可在活动室一角，布置"小剧场"的场景，创设"音乐区角"，放置各种与音乐活动相关的道具及一些适合学前儿童使用的小乐器、录音机等，为学前儿童选择自己喜欢的方式进行音乐表现的自由活动提供机会，鼓励他们用不同的音乐表现形式大胆地表达自己的情感；通过理解和想象，使音乐区角成为学前儿童自由活动、自主表现的有效场所。

在组织学前儿童音乐教育活动的过程中，作为学前儿童音乐教育活动的实施者和引导者，教师首先要用自身对音乐的表现能力来调控艺术教育活动，使教师对音乐作品的表达在情绪上感染学前儿童，激发学前儿童参与音乐活动的兴趣和欲望，并在操作上起示范作用，为学前儿童进行艺术创造活动提供榜样。由于学前儿童情绪易感染性强，当教师自身的情绪表达能与音乐作品的情绪一致并和学前儿童的情绪产生共鸣时，学前儿童才会被活动的内容所感染和吸引。所以，教师要善于将自己的情绪调控在与音乐教育目标相一致的状态上来，用艺术化的、带有情绪色彩的、生动形象的和富有感染力的表情、嗓音及体态动作来进行艺术表达，展现音乐作品的生动形象性和具体可感性；在自然、亲切、富有童趣的艺术表现中，实现与学前儿童的心灵直接沟通，使教师的情绪成为激发或抑制学前儿童的情绪、帮助学前儿童理解和体验音乐作品所需要的有效因素。

其次，教师还要善于运用语言行为来调控音乐教育活动。教师运用语言行为的方式调

控音乐教育活动主要表现在以下三个方面。一是运用观察。在音乐活动中，教师要善于观察学前儿童的情绪、行为，及时了解他们的需要、兴趣和困难，并根据学前儿童的状况和需要，对表现方式和技能技巧给予适时、适当的引导和指导。二是多用鼓励的方法，激发学前儿童对音乐作品艺术表现的积极性，培养其自信、自尊等积极的自我意识。教师的鼓励应平等地给予每个学前儿童，这是学前儿童最需要的一种激励。当学前儿童在某项活动面前进退两难、缺乏信心时，教师的热情邀请、打气鼓劲等支持性行为，能够起到促使其参与活动的作用；当学前儿童面对有一定难度的活动要求时，使用一点"激将法"，同样也是鼓励；甚至教师对幼儿的点头、微笑或空间上的接近等体态语言都是很好的鼓励。三是有意识地不断变换自己的角色与学前儿童互动。当学前儿童面对活动要求不知所措时，教师应站在学前儿童的正面，作为学前儿童音乐活动的引导者，给予耐心的启发；当学前儿童有愿望独立表现和尝试时，教师应靠近或处于他们中间，成为学前儿童音乐活动的支持者和合作者，在学前儿童需要时随时给予适当的帮助；当学前儿童完全可以独立活动时，教师应站在离学前儿童较远的位置上，作为学前儿童音乐活动的欣赏者和分享者，适时地给予他们一些支持性的鼓励，使学前儿童感受到教师的信任和自己的成长。这样，有助于学前儿童形成自我表现、自由创造的积极、独立的人格。

4. 紧密结合学前儿童实际生活，善于挖掘周围环境中的音乐教育因素

学前儿童音乐教育环境的创设要有利于学前儿童积极、主动参与活动，使学前儿童成为环境的设计者和创造者，使学前儿童在与环境的互动中获得发展。学前儿童所生活的环境作为一种"隐性语言"，既是幼儿在学前儿童教育机构中活动的物质条件与基础，又是对学前儿童进行音乐教育的重要途径。例如，在幼儿园，从建筑艺术造型的空间组合到体现在建筑物上的具体拼画、标志、浮雕和空间悬挂物；从用不同的艺术形式装饰的走廊、楼梯和室内的各种墙饰到户外的绿化、雕塑和小品；从活动中播放的背景音乐或优美散文到大自然中的各种现象等，都潜移默化地给学前儿童带来不同的艺术感受和审美愉悦。所以，教师应善于挖掘周围环境中潜在的音乐教育价值，充分利用幼儿园的各种环境因素，为学前儿童营造良好的音乐艺术氛围。

总之，在学前儿童音乐教育活动中，教师已经远远不只限于扮演知识传承者的角色。如何在活动中灵活地扮演最适宜的角色并与学前儿童积极地互动，才是幼儿教师工作中最本质、最富挑战性的环节。因此，幼儿师范音乐教育的培养应与时俱进，幼儿教师的培养应与《幼儿园教育指导纲要（试行）》教育理念一致，使幼儿教师深入了解和掌握学前儿童音乐学习的规律，探索音乐学习的新途径，提高专业素质，体现素质教育，完成时代所赋予的历史使命。

（二）幼儿师范院校音乐课程的构建

新中国成立以来，我国的幼儿教育师资一直是两级培养体系，一是师范大学的本、专科层次（高等教育），二是幼儿师范学校或普通师范学校附设幼师班的中专层次。前者以理论学习为主，缺乏对从事幼教工作所需要技能的训练，学生毕业后难以直接到幼教第一线开展工作，大多是到中等师范学校或师范专科学校从事教育理论课的教学工作。后者的毕业生到幼儿园工作时，在幼教工作的技能方面显示出了较大的优势，但在理论知识，尤其是教育理论方面却显得极为不足，这使他们在实际工作中的创新和改革意识受到限制，难以适应当今学前儿童教育理论多样化、课程模式多元化以及教学手段与方法体系化的改

革趋势。很多幼儿园的教师除少数来自幼儿师范学校外，绝大多数是各地中等师范学校、职教中心的幼师班和幼儿师范教育应用型自考班的毕业生。由于办学层次、培养目标及学生来源的限制，各个中专层次培养机构的教学主要侧重于基础文化课和幼教技能课，而与从事幼教工作相关的教育类课程的开设显得不足，大多只开设幼儿心理学、幼儿教育学、幼儿卫生学和各科教学法等课程，不能使这些"准幼儿教师"们获得系统的教育科学知识，从而影响了他们科学的儿童观、教育观及教育质量观等理念的形成，也不利于他们的教育能力和教研能力的培养，这在很大程度上制约了他们从事幼教工作的后续发展。可以说，这种幼教师资的培养模式已不能适应当前学前儿童教育事业进一步发展的要求了。

高校层次学前儿童教育专业的培养目标和规格不能类同于中等幼儿师范教育，其培养目标和规格的确定要从学前儿童教育机构对幼教师资素质与能力的要求出发，既反映高等教育的水平，又符合地方学前儿童教育发展对幼儿教师的需求。高校层次学前儿童教育专业培养的学生应该既掌握基本的教育理论知识基础，又具有从事幼儿教育工作所需的基本技能，为走向教育工作岗位成为集"教育家型"和"技艺型"为一体的专业幼儿教师奠定坚实的基础。他们具有科学设计和组织幼儿活动的能力，依据教育科学原理分析和研究教育问题，并提出有效解决办法；还具有对学前儿童实施教育和教养的实际操作能力，又具备较高的艺术素养和较强的艺术教育技能。

基于对上述情况的思考，构建幼儿师范音乐教育课程体系必须正视以下几个问题。

第一，理论教学与技艺训练的问题。

幼儿教师不仅要掌握广泛的学科知识，具有较高的教育理论素养，以满足现代教育对专家型教师的要求，还要具备开展学前儿童音乐教育的职业技能和艺术表演（表达）能力，以满足学前儿童教育自身的特殊要求。长期以来，幼儿师范院校过于强调音乐知识、技能、技巧的学习倾向，忽略了幼儿师范的音乐教育应有的审美和教育思维，应在进行音乐审美的过程中，体现艺术的审美价值。不同的音乐作品凝聚了不同的情感体验，表现出不同风格的音响效果，音乐以其独特的形式美、丰富的内容美、深刻的理性美去塑造与发展学生的个性品质、气质修养等非智力因素，是一种人文素养的培养。例如，钢琴课（或琴法课），教师只强调对作品的熟练弹奏，很少会在作品的创作背景、作品风格和结构等做分析解释；学生也是想方设法、争分夺秒，一有时间就跑进琴房，加强对手指的约束和熟练，以完成作业为学习目的。在这个过程中，学生无暇去对作品进行充分的感受和鉴赏，使音乐作品本身具有的感染力下降，削弱音乐本身对学生情感的培养，音乐的审美价值不能很好地发掘，形成教学中舍本求末的模式，学生的学习成为音乐教育肤浅的技能训练的附属。

第二，建立正确的师范音乐教育理念。

要建立正确的师范音乐教育理念，既不过分强调音乐知识和技能的学习，也不淡化音乐本身的审美价值和教育教学思维。因此，学生一方面在学习音乐基本理论的过程中，获得一定的音乐教育理念和音乐研究的方法，为他们形成教育智慧奠定基础；另一方面，音乐技艺训练也要在进行基本技能训练的基础上，注重培养学生的艺术素养，提高他们的艺术感悟能力和艺术表达能力。

第三，课堂教学与教育实践的问题。

幼儿教师是专业人才，不仅需要掌握任教学科的专业知识、教育学科知识，还要求具有相当丰富的学前儿童教育的知识经验。这些知识经验既包括了解如何在幼儿园情景中开展教学和保育的知识，也包括个人在选择、适应和改造幼儿园环境方面必备的知识。音乐教育在幼儿师范教育中具有特殊重要的意义，它需要具备专业的知识技能内容，也是实践工作中有效的教育手段。通过这类课程的学习，使幼儿师范学生获得一定的弹（琴）、唱（歌）、跳（舞）、演（表演）等艺术表达能力，并擅长其中一两项，既有利于开展学前儿童教育教学工作，也有利于提高教育质量，促进学前儿童全面发展。

这些音乐知识技能还能使幼儿师范学生在实践工作中更好地适应各种不同的教育环境，科学合理地选择和支配教育资源。为了有效地实现培养目标，高等师范教育中必须克服重理论、轻实践，重课堂传授、忽视实践学习的倾向。切实加强职前培养中的音乐教育实践训练，以积累从事学前儿童教育工作的实践经验，缩短职业适应期，从而加强对音乐的实践性操作，不仅培养幼儿师范学生对音乐的表现、体悟、创造，还要培养他们的教学逻辑思维。因此，要为幼儿师范学生提供实践场景和教学环境，使他们对学习音乐保持积极的态度，通过实践，去展现各自内在的创造力，通过参与大量的实践中的学前儿童音乐教育活动，达到师范音乐教育的最终目的——培养幼儿师范学生在实践教育中协调音乐知识技能和教学行为的能力。例如，进行音乐童话的创造，在这一过程中，幼儿师范学生会积极地投入到音乐创作中去，运用和发掘已有的和未学习过的音乐知识，去创作不同节拍、旋律、色彩的音乐角色；运用不同的表现形式，采用不同的乐器去演奏等，使幼儿师范学生尽情发挥、创造性地进行音乐知识的整合，更好地表现音乐，创作音乐。师范学生的音乐教育实践应该贯穿于师范教育的全过程，成为一系列从高等师范教育早期就开始的、经常性的活动。活动的内容应该丰富多彩，时间须大量增加，形式要多种多样。因此，这需要教育者、研究者进一步探索一种有效的幼儿师范音乐教育实践培训模式。

第三，全面发展与因材施教的问题。

幼儿教师应该具有多方面的才能。因此，在幼儿师范音乐课程设置上既要有促进学生全面素质提高的内容，又要满足职业需要，有体现学生自身发展特色的内容。实际上，现行的幼儿师范音乐学科的教学内容综合性和实践性是薄弱的。在教学中，音乐表现出很强的独立性，没有积极地和更多的艺术门类结合，和艺术之外的学科结合更加缺乏。师范音乐教育既然是培养学生的基础能力，是针对于幼儿园的教师培养，那么应突出音乐在教学中的综合性、实践性，立足于幼儿年龄段的素质培养、审美感受。为了适应学前儿童教育发展与改革的需要，幼儿师范音乐教育的音乐知识和技能的学习应依据当代学前儿童教育发展的需要，加强对幼儿师范学生的通识教育和综合素质的培养，拓宽幼儿师范学生的各种基本音乐技能和知识面，使幼儿师范学生整体素质合理，具有较强的适应性，为将来的发展奠定坚实的基础。

所以，幼儿师范音乐课程首先应大力削弱高深理论与高难技能技巧，削弱纯技能性的东西，使知识在大量的、不同形式的音乐审美中得以渗透。例如，声乐学习中，由于人与人的发音体系存在差别，要让每个学生唱得像专业演唱者（或歌唱家）一样高明恐怕不可能。学生能掌握基本的发声歌唱方法，立足于对音乐的审美中，愉悦地运用一定的音乐技能技巧，去表现自我感受，自然地、投入地唱歌，同时又愉悦地进行音乐作品的欣赏、鉴赏的，就是好的、成功的，不一定非得掌握一套声乐的高难技巧。

其次，幼儿师范音乐课程的设置应加强与相关文化的结合，加强与不同学科教育的综合。学习归根到底是一种能力的提高，音乐的学习使学生的审美能力、个性品质得到好的发展。作为一个全面发展的人，应积极主动地完成不同类型知识的综合运用，这也是评价一个人能力的标准。例如，进行一个音乐剧的创作，音乐除了和不同方面知识（曲式、和声、配器、演奏形式等）的结合、重组外，还必须与美术、舞蹈、服装、戏剧、文学等学科进行积极的结合，才能很好地把握音乐剧的内涵。在这种氛围中，音乐与各学科的交融、紧密结合，产生共同的审美功效，体现音乐的价值，使幼儿师范学生的音乐学习在各种学科的交融体验中能够更好地持续下去，实现多元化教育思维的培养。

同时，由于办学层次、培养目标及学生来源的限制，要针对学生发展的实际和优势领域进行定向指导和因材施教或施训，以促进他们的个性和特长进一步强化和发展，为他们自我的发展奠定基础。

学前儿童音乐教育的实施与幼儿师范院校音乐教育有着千丝万缕的联系，幼儿教师教育的专业发展影响着学前儿童的教育发展。幼儿师范音乐教育的目标应该是：幼儿师范学生在学习基本音乐知识和音乐技能的基础上，掌握有效设计、组织、实施学前儿童音乐教育活动的教学方法和操作程序，培养幼儿师范学生的综合音乐技能、音乐创编能力和音乐活动设计、组织能力，并在学前儿童教育的实践教学中灵活运用，形成正确的教育逻辑思维，最终锻就其教育职业能力。

第 2 章　音乐教法和学前儿童音乐教育活动设计

一、教学方法与幼儿师范音乐教法课

教师的专业发展必须具备两类知识：理论知识（以下简称"知识"）和实践知识（以下简称"能力"）。知识的多少影响着能力的表现。人们通常认为通过理论知识的学习就具有了对教育实践活动的"指导"能力，也就必然提升了教师的专业素质。幼儿教师的职业要求使得幼儿师范院校在音乐教育中的音乐理论知识和音乐技能的学习不能闭门造车，要贴近实践教学。实践教学就是"教学能力"，而当前高校幼儿师范学生在毕业后的工作实践中常常表现为"学了但是不会"、"会说但不会做"，"能力缺乏"。幼儿师范音乐教育的最终目的就是，教师能灵活地根据自己班级幼儿个体发展和教学阶段性目标设定的具体情况，运用有效的教学方法或模式，实施具体的音乐教学内容，不时做出调整，完成教学目标，真正做到教学相长，形成正确的教育逻辑思维，具备完善的"教学能力"。可以说，学前儿童音乐教育的良好实施很大程度上取决于教师的综合音乐技能、音乐创编能力和其对教法的灵活运用。因此，幼儿师范音乐教育专业化培养的重点在于，幼儿师范学生能具备行之有效的教学方法，而音乐教法的研究和探索要建立在对教学逻辑思维的正确理解上。

（一）教学方法

教学方法有广义和狭义之分。广义上的教学方法是指为达到教学目标、完成教学任务而采用的一切手段和途径、办法的总称，即某种教学理论，是教学原则和方法及其实践的统称，具有普遍性。

狭义的教学方法是指为达到既定的教学目的，实施既定的教学内容，在教学原则指导下所进行的师生相互作用的活动方式和措施，既包括教师教的方法，也包括学生学的方法，是教法和学法的统称。对此可以从以下三个方面来理解。第一，是指具体的教学方法，从属于教学方法论，是教学方法论的一个层面。教学方法论由教学方法指导思想、基本方法、具体方法、教学方式四个层面组成。第二，教学方法包括教师教的方法（教授法）和学生学的方法（学习方法）两大方面，是教授方法与学习方法的统一。教授方法必须依据学习方法，否则便会因缺乏针对性和可行性而不能有效地达到预期的目的。但由于教师在教学过程中处于主导地位，所以在教法与学法中，教法一般处于主导地位。第三，教学方法不同于教学方式，但与教学方式有着密切的联系。教学方式是构成教学方法的细节，是运用各种教学方法的技术。一方面，任何一种教学方法都由一系列的教学方式组成，可以分解为多种教学方式；另一方面，教学方法是一连串有目的的活动，能独立完成某项教学任务，而教学方式只被运用于教学方法中，并为促成教学方法所要完成的教学任务服务，其本身不能完成一项教学任务。

可以说，狭义的教学方法是可操作的、具体的教与学的手段，应当通过一定的模式和途径来实施。因此，教学方法对完成教学任务、实现教学目的具有重大意义。首先，当确定了教学目标，有了相应的教学内容之后，就必须配合富有成效的教学方法，否则，完成教学任务、实现教学目标就要落空了。由此可见，教学方法是关系着教学成败的重要问题。其次，教学方法的名称是根据教师或学生的工作形式形成的一种外部特征。根据教学方法的名称，可以判断教学过程参加者的活动方式。教学的成败在很大程度上取决于教师是否能妥善地选择教学方法，用什么样的教学方法教学生，对于把学生培养成为什么样的人，也具有重要作用。教师的教法制约着学生的学法，同时对学生智力的发展、人格的形成具有重要作用。知识的明确性、具体性、根据性、有效性、可信性有赖于对教学方法的有效利用。

当前科技的进步、生产的发展、社会主义祖国的富强，都要求各项工作讲求效益、提高效率。教学工作，同样要求讲求效益、提高效率，不能简单地依靠增大教师劳动强度和增加学生课业负担来提高教学质量。研究和改进教学方法，使教学工作少走弯路，用较少的时间、精力和物力取得最佳的教学效果，是具有重要意义的一环。由此可见，音乐教学法对于音乐教学学习技能和技巧，特别是学习实际应用知识的技能起着重要的作用。

（二）幼儿师范音乐教法课①

"幼儿园音乐教法"是高等师范院校学前教育专业和幼儿师范学生必修的一门专业课程，是一门研究学前儿童音乐心理发展、音乐学习特点、规律以及如何对学前儿童实施音乐教育的学科。它是在音乐领域里研究学前儿童的教育问题，其研究的范围包括：学前儿童音乐教育概论；学前儿童音乐能力的发展；学前儿童音乐教育的目标、内容；如何进行学前儿童的音乐教育？怎样为学前儿童的音乐学习提供、创设一定的环境和材料？学前儿童音乐教育活动应以什么为前提条件等一系列问题。因此，从其研究的对象和内容可以看出，这是一门理论与实践相结合的应用性极强的课目。

通过对"幼儿园音乐教法"课程的学习，幼儿师范学生可提高对学前儿童音乐教育领域的理论和实践问题的认识，全面掌握与学前儿童音乐教育有关的专业知识，从而培养从事学前儿童音乐教育实践工作的能力和素养。

传统的"幼儿园音乐教法"课程的授课方式主要以讲述为主，在讲述的基础上组织幼儿师范学生开展理论联系实际的讨论，并辅之以一定的实践活动，例如优秀案例分析、一般案例评析、情景模拟活动设计等。描述性讲述是指，可以根据幼儿师范学生的实际情况对教材进行适当的删减和增加，然后再按照教材编排顺序系统地描述教材内容，理清线索，帮助幼儿师范学生排除对教材中有关问题理解上的障碍，展示各章节的知识框架结构。实例分析式讲解是将理论教学内容联系实际，从实际中选择有代表性和典型性的案例入手，以小组为单位，启发学生分析、思考、研讨、自主学习。阶段化情景模拟教学是指，学生在对一模块学习完之后，进行分小组的情景模拟教学，比较学习，充分调动学生设计实践活动的创造能力。通过这样的方式，使学生学到更多的教学方法，而且激发了学生学习的积极性，思想也得到了升华。

---

① 幼儿师范音乐教法课：过去称作"幼儿园音乐教学法"，在幼师和幼专的课程设置中多年来一直有这样的课，现在与美术教育合在一起称为"幼儿园艺术教育"。

在传统的教育理念的影响下，音乐教法在幼儿师范音乐教育实际教学中一直是整体教学的薄弱环节。在音乐教法的课堂教学中经常是理论知识的讲解多过活动案例点评，活动案例是否具有代表性和实时性，活动案例和实际操作到底有多大差距，音乐技能在实践中如何顺利、有效地传授等，都决定了音乐教法课程的实施难度，使其与其他音乐科目的教学存在很大的差别。

首先，能在实践教学活动中使音乐知识和技能顺利地传授，考验了担任音乐教法课的主讲教师的能力。音乐教法课的主讲教师不但要具有扎实的音乐理论知识和音乐基本技能，还要具备学前儿童教育学、心理学等相关学科的综合知识，最重要的是要有学前儿童教育一线的工作和实践经验，能及时、准确地把握学前儿童音乐教育活动设计的方向，甚至具备学前儿童音乐教育活动案例设计、指导创作和评价分析的综合能力。

其次，音乐教法课的教材体系灵活多变，不比其他音乐学科的教材成熟。因为此课程是实践性和学科交融性很强的课目，而且学前儿童音乐教育领域比较系统的研究历史并不长，资料有限，并且我国的幼儿师范音乐教育为了与国际接轨正在进行改革和转型，这都使得教材的编写有一定的难度。因此，很多院校的音乐教法课没有固定的教材，而实际教学中可运用的教材也寥寥无几，且各有系统。可以说，系统的、具有指导意义的音乐教法课的教材编著是时下幼儿师范音乐教育的当务之急。

最后，音乐教法课的课时安排也应做调整。传统的音乐教法课是在基本音乐知识和音乐技能的学习之后展开的，与美术教法统称为"艺术教法课"，通常也会和美术教法课安排在同一个学期内进行教学，平均分配"艺术教法"课的60总课时，约有30课时。也有院校的音乐教法课安排在一整个学期的，约有60课时。由于此课程的复杂综合性和实际操作难度，使得课时数显得不够用，课堂效果和成绩收效甚微。教师只能匆匆地讲解一般的学前儿童音乐教育理论，结合一些活动点评草草地进入程式化的教案写作。学生只记得写了个教案，实践教学能力的培养目的根本没有得到落实和锻炼。

鉴于音乐教法在学前儿童音乐教育中的重要性，可以适当地增加它在幼儿师范音乐教育中的课时，并且分阶段地体验、强化实践教学能力。也就是说，可以在幼儿师范音乐教育整个教育阶段的中期和后期分别安排音乐教法课。后期的音乐教法课可以和更多的教育实习相结合，更好地理解中期音乐教法课的内容，使音乐教学的实践意义贯穿整个教育阶段，强化教育实践能力。可以说，师范学生的音乐教育实践应该贯穿于师范教育全过程，成为一系列从早期就开始的、经常性的活动。活动的内容应该丰富多彩，时间须大量增加，形式要多种多样，更要与一套体制健全的课程体系配合。

音乐教法课程的研究和探索是幼儿师范音乐教育重要的学习内容，是在掌握基本音乐理论知识和技能的基础上，实施学前儿童音乐教育实践教学的手段和途径。它的学习内容是科学的、系统的、全面的、具有指导意义的。在当下，音乐教法课已经不是狭义的教法、教案的学习，而是在理解学前儿童音乐教育的内容与意义的基础上，培养如何构思、设计、实施、评价学前儿童音乐活动的教育思维和能力。知识是系统的，方法是灵活多样的，教学能力的培养可以协调知识和方法，使实际操作更简单、知识渗透更有效。

幼儿师范的音乐教法课在培养幼儿师范学生课堂操作能力的同时，也应在其自身的教法上进行探索，挖掘师生双方的潜在力量，形成良好的课堂气氛，使幼儿师范学生在认识活动中产生愉快感，激起和发展他们的智力和潜能。因此，幼儿师范的音乐教法课应紧紧围绕其职业教育目标，培养幼儿师范学生在学前儿童教育机构中工作时能独立地设计、组织、安排、评价学前儿童音乐教育活动。这样一来，传统的"幼儿音乐教法"就上升到幼儿师范教育的宏观教学层面，从研究探索如何设计学前儿童音乐活动发展到广义的"幼儿音乐教法"。

二、活动设计与幼儿园音乐教学模式

学前儿童教育机构的一切教育课程的安排设置都应遵循学前儿童的年龄和身体、智力发育的情况和需要，教学形式并不是中小学固定的课堂教学，而是以活动的教学形式组织教学、传授学科知识。因此，学前儿童的音乐教育一般也是以不同形式的音乐活动来展开的。通过对学前儿童音乐教育活动设计的认识，才能了解什么样的音乐活动能有效地实现学前儿童音乐教育的目标。

"学前儿童音乐教育活动设计"可看作是一种专业"教学设计"。学前儿童音乐活动的教学设计是对整个学前儿童音乐教学系统的规划，是教师教学准备工作的组成部分，是在分析学前儿童的特点、教学目标、学习内容、学习条件以及教学系统组成部分特点的基础上统筹全局，提出教学具体方案，包括一个具体活动进行过程中的教学结构、教学方式、教学方法、活动形式、知识来源、版书设计等。

教学设计是规划教学系统的合理有序的过程，其中包括定义教学系统，说明学习结果，考察学习者特征，确定业绩目标，分析学习任务，排列教学顺序，规定教学事件，选择教学方法、媒体及形式，评定学习业绩等。由此可见，学前儿童音乐教育活动的教学设计是学前儿童音乐教学活动开展之前的准备工作，是对整个教学活动的计划和安排。教学设计的结果或教学设计的文字表达形式是教学活动方案，即教案。

教学设计一旦完成就可以看作是对整节课或整个单元的设计，也可以是对整个科目的设计。加涅曾指出，教学设计可以在不同层次水平上进行，包括的范围比较广，大体可分为课程级、科目级、单元级和教案（课时）级四种水平。由此可见，培养幼儿师范学生掌握学前儿童音乐教育活动设计的能力是幼儿师范音乐教育中的重点。培养这种能力，就需要探索一套行之有效的幼儿园音乐教学模式。

理论和事实都证明教学模式与教学方法密切相关。教学模式是在一定教学思想指导下建立起来的为完成某一教学课程而运用的比较稳定的教学方法的程序及策略体系，是可供参照的一系列教学行为的组合，有一定的逻辑线索可以依据，它指向于整个教学过程，具有一定的可操作性，由若干个有固定程序的教学方法组成。每种教学模式都有自己的指导思想，具有独特的功能，它们对教学方法的运用，对教学实践的发展有很大影响。可以说，可操作的、具体的教与学的手段的教学方法都是通过一定的教学模式来实施的。

学前儿童音乐教育活动设计与幼儿园音乐教学模式的形成具有辩证的逻辑关系。一方面，幼儿园音乐教学模式为学前儿童音乐教育的实施提供构成音乐活动的基本结构框架和程序，包括为活动选择教材、提示教师活动的一种范式或计划，从宏观上把握学前儿童音乐教学活动整体及各要素之间内部的关系和功能，使学前儿童音乐教育活动的设计更全面、更能有效地实施。另一方面，学前儿童音乐教育活动设计也应凸现幼儿园音乐教学模式的有序性和可操作性。

幼儿师范音乐教法课的有效实施，就是让幼儿师范学生通过一系列的活动程序，在认识、学习、参与设计学前儿童音乐教育活动的过程中，习得一种适用于实践教学工作中的教学活动结构框架模式，并在毕业后运用这种教学模式打开自己职业工作的大门，在教学实践中不断地运用这种教学模式，灵活地协调各种教法、教规、教育手段，从而提高自己的教学能力。

第3章 "学前儿童音乐教育与活动设计"单元课程

《幼儿园教育指导纲要（试行）》对幼儿教师的能力素质提出了新的要求，也对学前儿童教育机构的教师和幼儿师范院校的准幼教们的专业化培训工作提出了更高要求。如何指导幼儿师范院校的学生在习得一定学前基础教育理论、音乐基本理论知识和音乐技能的基础上，结合国家幼教的培养目标，掌握设计幼儿园音乐教学活动的方法，使幼教师范人才获得有效整合幼儿园课程和资源的能力，实现儿童早期教育成为真正的素质教育呢？幼教的职业要求使得幼儿师范音乐教育有必要借鉴先进成熟的教育思想和课程模式，在理论结合实际的基础上探索一种适用于幼儿师范音乐教育实践教学工作中的教学模式，弥补传统幼儿师范学生音乐教学职业能力培养上的缺憾，促进幼儿师范学生的专业化成长。

"学前儿童音乐教育与活动设计"单元课程是本书作者总结以往幼儿师范音乐教育和幼儿教师继续教育的教学工作经验，借鉴前沿的教学理念，在能力本位职业教育理论指导下，在教学实践中探索形成的学前儿童音乐教学活动的基本结构框架和活动程序，从宏观上把握学前儿童音乐教学活动整体及各要素之间内部的关系和功能，表现学前儿童音乐教学过程的程序性的策略体系，并在一定程度上指导幼儿师范学生从理论迈向实践，获得设计、实施有效的学前儿童音乐教育的能力的专业教法课程。

一、"学前儿童音乐教育与活动设计"单元课程的理论与实践依据

（一）职业教育与能力本位职业理论

1. 幼儿师范教育与职业教育

一直以来，教育都是国家建设的重中之重，我国作为世界人口大国在21世纪的头十年又迎来了一轮轮的生育高峰，这使得作为启蒙教育的学前儿童教育在审时度势的发展中对幼儿师范教育提出了更高的职业要求。

幼儿师范教育是为学前儿童教育机构培养专业幼儿教师的教育，强调成为幼儿教师职前的培养过程，可以说是教师教育的启蒙阶段，是教师专业发展的不同阶段连续的、可发展的、一体化的重要组成部分。可以说，幼儿师范教师的职前培养必须贴近幼儿教师的职业要求，其专业发展应以职业能力教育为基础，以提高职业素质为目的，使受教育者获得作为幼儿教师职业所需要的职业知识、技能和职业道德的教育，其教育目的是培养学前儿童教育机构的幼教人才，使其适用于学前儿童教育机构的日常教学工作中。因此，幼儿师范教育不是一般的普通教育和成人教育，它更侧重于以培养实践技能和实际工作能力的职业教育，它所面向的是幼儿教师这一特定职业的实际需要，比普通教育更定向于实际工

作，并更体现幼教职业的特殊性。在教育改革发展的今天，幼儿师范教育不但侧重于培养学生的教育理论知识，还侧重于理论应用能力，解决"做什么"及"如何做"的问题，注重在策划、设计教育活动方案的同时，如何将教学活动方案转化为现实，成为教学任务的重头戏。因此，高层次学前儿童教育专业培养的幼儿师范学生应该既掌握基本的教育理论基础知识，又要具备从事幼儿教育工作所需的基本技能，为走向教育工作岗位成为集"教育家型"和"技艺型"为一体的专业幼儿教师奠定坚实的基础。而发展幼儿师范高等教育专业实用型人才的培养是国家经济、社会发展的必然趋势，也符合当前我国振兴高等教育、提高师范教育层次的教育思想。

基于以上情况，我们必须正视、探索符合时代教育思想的幼儿师范教育的现行教学观念。

第一，以能力为本位。普通师范教育是以学科为本位，强调宽口径、通用性，侧重理论思维，强调基础理论扎实，体现学科体系的完整性。由于幼儿师范教育的职业特点，技能和实践操作的教学比重在学科课程设置中占有一定比例，应侧重职业技术教育的特点，以能力本位教育为基础，以提高职业素养为目的。因此，在课程结构中，由理论教学一元性转向理论与职业技能并重的双元性模式。教学计划应突出以职业技能为主线的课程设置体系，并要求教学内容系列化、训练规范化、目标标准化、考核定量化。可以说，作为师范教育的幼师教育应以实际工作环境的实际情况为标准，重点培养幼教师范学生分析、解决幼儿教育工作中实际问题的能力。

第二，理论教学以"必须"、"够用"为度，加强综合素质教育。幼儿师范教育是面向幼儿教师这一特定职业的实际需要，比普通高等教育更定向于实际工作并体现职业特殊性。幼儿师范高等教育应侧重于培养幼儿师范学生的理论应用能力，侧重将理论研究业已成熟的教育原理、规律转化为实际可操作的教学设计方案和教育行动规范，着重培养幼儿师范学生的实践课堂操作能力——教学能力，解决"做什么"的问题，注重如何将现行的教学设计方案转化为现实的教学活动，不追求知识体系的完整性，而强调能力协调知识技能在实际中的应用。因此，幼儿师范高等教育的理论学习是以"必须"、"够用"为原则，是相对完整的实践体系和相对不完整地认识体系的统一。

第三，突出实践教学，注重教法研究。幼儿师范教育中的音乐、美术等技能训练课和教法学习的课时数应加大比例，并通过配合基础理论课、阶段性的配合一定的教学模式、场地、设备、师训资源等开展教学实践训练。完成上述环节，需要探索教法教学的研究，并努力创造实践教学环境，培训学生的实际教学能力。

因此，幼儿师范人才的培养定位应以社会需求为目标，以职业要求为导向，培养能在一线学前儿童教育机构中有效展开实际教学活动、能创新教学和具备研究发展能力的、有一定管理能力、具有良好职业道德的高等职业应用型人才。要求幼儿师范学生经过几年的学习，掌握高等教育相应层次最基本的理论知识。技能不仅要求会"做"，其实践操作、教法的能力的培养要求远远要高于普通高等教育。同时，在培养模式和途径上，强调紧密结合地区经济和社会发展需求，科学合理地设置专业，大力推进弹性学制和教学管理制度；适应国家产业结构调整的需要，实施国家产业紧缺人才培养工程。

2. 能力本位职业理论指导下的幼儿师范音乐教育

幼儿师范的音乐教育最终目标就是幼儿师范学生在音乐基本理论与技能学习的基础

上，通过教法课的指导和训练获得在实践教学中设计、操作、评价等一系列学前儿童音乐教学活动的能力。现行的幼儿师范音乐教育能力的培养在高等师范教育中还有许多不尽如人意之处，需要我们探索、改进。第一，幼儿师范音乐教育的培养目标模糊，容易流于形式。我们到底是为单纯提高幼儿师范学生的音乐知识、技能水平，还是为提高其执教能力、专业水平？幼儿师范学生的音乐专业能力水平目标到底是什么？第二，幼儿师范音乐教育的培养方式单一，不能适应信息时代和素质教育的要求，更多的音乐教法培养授课方式还是停留在讲授和研讨上。如何与时俱进，将现代教育信息技术整合于音乐教育工作中，也是值得思考的问题。第三，幼儿师范音乐教育培养的内容还不全面，不能满足各层次幼儿教师的需要。幼儿师范学生急需的音乐教育教学能力内容是什么？能给教师带来持续发展动力的学习内容是什么？这些问题值得教育者去思考。可以确定的是，音乐是学前儿童教育中的重要教育手段，幼儿教师音乐教学能力的好坏可直接影响学前儿童实践教学的成效。那么，无论从教育改革本身还是学前儿童发展与家长的需求来看，提高幼儿教师专业教学能力水平日益重要，尤其是针对性强的音乐教学法，即在学前儿童音乐活动中的教学能力的职前培训与继续教育对教师本人和学前儿童来说都是受益无穷的。

传统的幼儿师范音乐教育过于注重对幼儿师范学生音乐理论、技能的灌输，而忽略了其综合素质的提高，更忽略了以教学能力为导向的幼儿教师教育发展理念。"学前儿童音乐教育与活动设计"单元课程就是在探究适宜幼儿教师成长的教育模式时创建的一种培养音乐教学能力的教学模式。这种教学模式是经验与理论之间的一种可操作性的知识系统，是再现学前儿童音乐教育活动现实的一种理论性的简化结构。我们知道，每一种教学模式都是一定的教学理论或教学思想的反映，是一定理论指导下的教学行为规范，而且不同的教育观往往提出不同的教学模式。"学前儿童音乐教育与活动设计"单元课程的理论依据是职业教育的能力本位职业理论，并借鉴能力本位教育思想和课程模式形成自己的教学模式，弥补传统的幼儿师范音乐教法能力培养的缺憾，促进幼儿教师的专业化成长。

"能力本位教育"（Competency－Based Education，CBE）是一种实践性教育理论，着重于对某一职业或活动或任务主要能力（技能、知识、素质）的阐述、学习和演示的教育思想和课程模式。它主要源于美国20世纪60年代的课程改革。能力本位教育作为一种被广泛采用的教学模式或教学系统得到迅速发展，受到各国教育家的赞赏和肯定。能力本位教育是以职业能力作为教育的基础、培养目标和评估标准；以通过职业分析确定的综合能力作为学习的科目（DACUM方法），以职业能力分析表（DACUM表）所列的专项能力从易到难来安排教学。它打破了传统的以学科体系来制订教学计划的做法。同时，作为其教学基础的能力不是心理学上的能力，也不单纯的是操作能力、动手能力，而是一种整合的职业能力观，包括知识、技能和素质三个主要方面。可以说，"能力本位教育"思想和模式对当前我国幼儿教师教育有着非同寻常的意义和启发。就教师职业而言，新型教师需要的不仅仅是知识和技能，更需要较高的综合素质，而这些综合素质的获得与幼儿教师接受了什么样的培训密切相关。能力本位教育强调学习者的自我学习和自我评价。而自主性的评价则能真实全面地反映在职幼儿教师接受继续教育的成效，并且该评价又将推动幼儿教师的专业化成长。可以说，"能力本位教育"理论具有丰富的内涵，全方位地指导幼儿师范教育，包括幼儿师范音乐教育能力的培养。

（1）能力本位职业教育理论的假设

教育是为了实现所希望的某些目的或目标而存在的一种社会手段。从历史上看，教育理论家都是从目的的不同假设开始的，这在很大程度上决定着一种理论与另一种理论之间的差异；而且，还包括对人性的假设和对知识的性质及教授这些知识的合适的方法假定。

能力本位职业教育理论的目的是培养能力人。从整合能力观的角度看，幼儿师范音乐教育就是要培养一个有音乐教学能力的幼儿教师；在能力本位职业教育理论指导下所培养的幼教人才是指既具有胜任具体学前儿童教育工作岗位的职业能力，又具有一定的适应学前儿童教育机构工作情境的迁移能力的教育者；并以这个人才培养目标为核心开发幼儿师范音乐课程、设计具体的教学、选择教学方法和评价方式。因此，幼儿师范音乐教育可根据能力本位职业教育理论的一系列假设来阐述其教育目的，具体可以从能力本质、能力标准、能力评估、学生进度、教学意图五个方面来借鉴。

- 能力：能力本位职业教育理论的核心就是能力。它注重做事能力而非传统能力观所指的再现知识的能力。幼儿教师的一般教育行为并不意味着它自动就是一种能力，事实上，能胜任幼儿教师才算是能力。因此，每一种能力都是来自对工作角色的明确陈述。正因为能力与职业或工作岗位紧密相连，幼儿师范学生音乐能力的评价方式应与幼儿教师教学能力的评估方式一样。

- 能力评估标准：用于阐明能力以便进行评估。它不仅要反映幼儿教师音乐教学活动的操作行为的等级水平，而且要规定该操作行为的条件。标准必须被每个幼儿师范学生了解，并对每个学生都适用。只有通过行为达到了标准，才能说明幼儿师范学生具备了幼儿教师这一职业的能力。

- 能力评估方式：要尽可能在真实的工作岗位上评价能力，尽可能使用最符合实际应用的标准客观地评价每个幼儿师范学生。评价依据不是学生书面考试分数，而是行为的结果。因此，应为幼儿师范教育中的音乐教育创造更多的教育实践。

- 学生进度：传统课程有清晰可辨的时间框，是以每个幼儿师范学生的学习进度为假定的。能力本位职业教育理论则假定学生学习速度是不一样的，可以自定进度，无论时间长短只要符合了标准就算修完课程。这一点能灵活地指导幼儿师范音乐教育教学能力课程的设置安排。

- 教学意图：能力本位职业教育理论指导下的幼儿师范音乐教育的目的是帮助幼儿师范学生获得学前儿童音乐教育的能力。只要给予所有学生提供足够丰富的学习材料和机会，都能达到最低限度的能力标准。概括地说，在能力本位职业教育理论思想的前提假设下，幼儿师范音乐教育是以培养具有音乐教学能力人为目的，只有学生的教学行为达到了预定能力的教学行为目标，才是获得了职业胜任力，由此出发选择最有利于提高幼儿师范学生能力的教学内容，即与职业胜任力有关的知识、技能、态度等，并设定学和教这种内容的最有效的方式。这异于传统的幼儿音乐教育理念以知识为基础的教学思想——重知识的传授，轻职业能力和应用；重学科系统化，轻职业岗位对知识的综合性需求，这种模式已长期主导了我国幼儿师范教育的发展。

（2）能力本位职业教育理论的基本内容

满足用人部门（包括教育界、产业界、政府和其他公共机构等）的需求是能力本位职业教育理论的思想体系的基本原则，其出发点是就业环境而不是学术或相关专业的专家的观点，这就是运用能力本位职业教育理论的思想原则的职业技术教育的核心——技术训练按照胜任某一工作岗位所需能力的要求进行，其中课程与教学的开发是职业教育和培训业务的重点。能力本位职业教育理论的实施程序具体包括：就业市场分析；能力分析；课程开发与编制；教学设计与实施；教学评价；课程的修正与更新。这套程序是连贯渐进的，它的实施需要大量的人力、物力和时间上的支持，才可能最终取得实效。结合对能力本位职业教育理论实施程序的概括性陈述，幼儿师范音乐教育的有关教育理论和方法可在这个程序中得到组织和应用。

① 就业市场分析。

教育经济学关于现代教育与现代市场经济关系的基本观点是：劳动力、人才市场的供求规律把现代教育与现代市场经济联系了起来。这样一来，幼儿师范音乐教育就是要培养一种符合劳动力、人才市场需求的幼教人才，这些幼教人才既是现代教育的对象，又是现代生产力要素，即生产商品的劳动力，它们之间是一种供求关系。因此，根据能力本位职业教育理论的思想体系对幼儿教师就业市场的分析，促使幼教人才的培养与人力需求相配合。同样，以学生的观点来看，学生接受幼儿师范音乐教育最主要的目的是就业，也就是一种就业的准备。因此，在决定究竟需要什么样幼儿师范音乐教育体系之前，不仅要考虑包括国际、国内或地区的经济发展和社会文化政策，政策制定者和受教育者在社会、文化、教育等领域中的目标和价值观念，人口状况，劳动力市场的供求差，幼儿教育职业与工作机会等外部因素，还应做好一些事情：幼教人力需求预测、幼教就业结构预测、设计幼儿教师产出与人力需求相配合的方案，以及能够胜任幼儿教育工作的教学技术能力等。"学前儿童音乐教育与活动设计"单元课程的设置毋庸置疑地与幼儿教师的就业市场的具体情况紧密相关。

② 能力分析。

通过上述幼儿师范就业市场分析，就可以确定幼儿师范音乐教育在能力本位职业教育理论指导下应该设置什么专业，为幼儿教师这一职业培养输送具备何种教学技能的毕业生。如果说就业市场分析是实施能力本位职业教育理论的准备工作，那么能力分析则是实施能力本位职业教育理论的第一步，也是最关键的一步，能力分析的结果是能力本位职业教育理论的课程开发与编制和教学活动的依据。能力分析的主要目的是分析一个行业，诸如幼儿教师的行业结构，了解从事幼儿教师的工作内容以及应具备哪些技能、知识及态度，以便以此作为教育与培训的内容。

传统的培训内容不注重对教师所需能力的分析，也不关注幼儿需要什么样的教师，更不关注教师已有能力的发展程度。根据能力本位教育模式的理念，幼儿教师的职业领域应具备的能力应由该职业领域的从业人员确定，诸如音乐教学能力、美术教学能力、教育管理能力等，并以各种教育教学能力为教学单元，培训课程设计也以幼教职业分析为基础。还应当根据教师在教育教学中存在的实际教学内容和问题确定培训的内容。因为以能力为本位确定的教学内容有助于发展教师观察儿童、研究教育过程、有效组织教育活动和处理实际问题等教育能力，有利于帮助教师发展将观念、理论转变为实际教育行为和教育能力的方法与思路，使教师有可能用已学的观念来指导自己的教育行为，促使其自我提高与持续发展，从而形成促进儿童发展与教育所需要的综合素质。"学前儿童音乐教育与活动设计"单元课程就是根据幼儿教师实践教学中音乐能力需要来确定有关的幼儿师范音乐教育内容,强调以培训具体的操作能力为中心,将理论知识与实践技能有机结合起来。

③ 课程开发与编制。

能力本位职业教育理论指导下的幼儿师范音乐教育课程开发与编制的程序包括确定教学内容、编写行为目标、选择与编制教材。

第一,确定幼儿师范音乐教育的教学内容。通过能力分析,会列出许多的能力,但不可能全部成为能力本位的教学内容。原因有三:一是时间的有限性;二是幼儿师范教育只是培养学生达到入行的能力标准,而非人人在毕业时就能成为成功的、优秀的从业者;三是有些能力无法在学校课程上反映出来。那么,应该选择什么能力来教育学生呢?或者说用什么作为选择的实际标准呢?回答这个问题并不简单。所列能力要代表公认的、最重要的学习结果;还应代表认知能力、情意能力和技术能力三大领域,并使三者保持和谐与平衡;应考虑幼儿师范学生本身的能力和客观设备条件,应具有达成的可能条件和成本效益;应符合基本教学原理。

那么,幼儿教师应具有何种音乐教育能力呢?"学前儿童音乐教育与活动设计"单元课程从职业角度分析,充分考虑幼儿师范学生本身的艺术素养、教学能力以及客观教学设备条件,培养幼儿师范学生作为教育者应掌握的音乐和学前儿童教育理论,学习认知能力、对学前儿童音乐教育的艺术情意能力、音乐基本技能和学前儿童音乐教学能力,并使这些能力的培养保持和谐与平衡。

第二,编写幼儿师范音乐教育的行为目标。当"学前儿童音乐教育与活动设计"单元课程的教学内容被确定之后,这些能力必须被陈述为行为目标。也就是教学内容必须被编写成一系列的行为目标,以便作为教学的导向及评价的标准。这是能力本位教学所必须要求的。以可观察、可测量的具体行为作为能力本位的教学目标,可以帮助师生十分明确地掌握音乐教学能力培养的教学方向和目的,增加学生学习的速度和效能,促使教学双方为达到目标而追求各种有效的教学方式和学习方式。可以说,行为目标是组织教育活动的焦点,倘若没有行为目标,则无能力本位教学活动可言。

第三,幼儿师范音乐教育教材的选择与编制。教材是实现教学目标的工具,故教材须与教学目标一致。能力本位职业理论下的"学前儿童音乐教育与活动设计"单元课程的教学目标以教学行为目标为特征,而教学行为目标仅提供了教学与评价的标准,其本身并不能用来作为教材,因此必须依据行为目标来选择和编制教材。当教学目标确定之后,可以用来达到这些教学目标的工具和方法很多。

在国外实施能力本位教学时,最常使用的是单元化教材。能力本位职业理论所要求的适应学生个别差异、以学生为中心、以学生自行学习为主等原则,都可以通过单元化教材得到很好的体现。"学前儿童音乐教育与活动设计"单元课程也在此基础上探索出其单元化的教材,并在本书的下篇得以体现。单元化的教材关注满足学生不同的需求与成功就业所必需的能力。单元(Module)也称模块。教学单元可以被定义为一个教学包(Learning Package),它包括为帮助学生达到一个既定目标而设计的一系列有计划的学习材料和学习过程。单元化教材不是围绕科目安排教学内容,而是围绕特定目标,可以组织不同科目来安排教学内容。它具有如下特点:单元是自主的,每个单元应告诉学生该做什么、该如何去做以及该使用哪些教学材料等；单元包括学习过程和目标，单元内容具有逻辑性和系统性，并有一个明确的开头和结尾；单元具有评价机制；每个单元还有自定进度、反馈和掌握学习等特点，因而单元化教材与个别化教学是相一致的。虽然单元化教材可作为实施能力本位职业教育理论的一种极好手段，但单元化教材并不一定总是能力本位的，只有那些直接强调能力发展的单元才可被归为能力本位职业教育理论的范畴。

④ 教学设计与实施。

通过能力分析和课程开发与编制，在能力本位职业教育理论的指导下，"学前儿童音乐教育与活动设计"单元课程的教学内容也被确定下来，下一步就是"学前儿童音乐教育与活动设计"单元课程的教学设计与实施，也就是要解决实现教学目标的教学方法和教学过程的问题了。

能力本位教学是以幼儿师范学生自我学习为主的教学，因此，在"学前儿童音乐教育与活动设计"单元课程中同样采用能力本位教学的基本策略：个别化教学和单元化教学。能力本位教学强调个别化学习方式，不过每个人在同一时间以相同的方法达到同样的学习目的还是可能的，因此并不排除小组、班级、团体的教学和实习，但不是将它们作为统一的整体对待。个别化学习方式原则上可采取不分年级，打破年级与学制界限的，还可以对于那些学习比较快的学生，另行安排熟练课程提供给他们在深度方面继续学习的机会。在能力本位教学中，"学前儿童音乐教育与活动设计"单元课程学习的责任放在幼儿师范学生的身上，主讲教师的任务在于激发幼儿师范学生学习的兴趣与动机，为幼儿师范学生安排"学前儿童音乐教育与活动设计"学习环境，然后提供给他们学习材料，指导他们学习的方法，解答他们的疑难，组织他们进行"学前儿童音乐教育与活动设计"，并发现在某些学习单元中遇到困难的学生，及时提供补救教学给予特别辅导。可以说，能力本位职业教育理论指导下的"学前儿童音乐教育与活动设计"单元课程的教学模式由传统的强调主讲教师的教学过程转向强调重视幼儿师范学生的学习过程。

⑤ 教学评价。

教学评价的目的在于诊断出一个教学计划是否完善，以及教学过程是否达到预期的教学目标；帮助了解学生的能力与需要，使教师可以因材施教，使学生可以选择合乎自己个性的职业取向；帮助教师和学生安排教与学的进度；诊断学生学习上的困难和缺点，及时施以补救教学；提供学生是否达到标准、学校教学成果是否被社会接受的依据。由于能力本位教学评价与传统教学不一样，它使用的是标准参照评价方式，评价时间由学生自己决定，不限制要全班一致实施，不仅包括教学后评价，而且包括教学前评价。因此，"学前儿童音乐教育与活动设计"单元课程的学习也具有一定的灵活性，可根据教学前的学情评价（课前测评）来安排学习情况异同的幼儿师范学生从适当的学习单元开始学习，避免重复学习，并可预测潜在的学习困难等。

⑥ 课程的修正与更新。

能力本位职业教育理论指导下的课程修正与更新存在两种情况：一是通过评价教学反馈结果，查清在何种程度上未达预定目标，从而发现课程与教学的缺陷，例如教学内容遗漏某项能力，行为目标不够实际，教学计划不够周全，教材不完善，教学方法不适当等，凡此种种必须加以修正；另一种情况是由于职业岗位的变化更新，所需能力相应变化，那么所有课程可以考虑更新。因此，"学前儿童音乐教育与活动设计"单元课程的修正与更新应考虑这样几个因素：教育成本与经费、教学时间、教师安排、教学环境及设备条件等，否则难收实效。

通过上述对能力本位职业教育理论结构的分析，可以看出能力本位职业教育理论特别重视特定目标——能力标准的达成，也就是强调幼儿师范音乐教育学习的结果是获得音乐教学能力而非获得知识，强调学习结果的能力行为化与可测量化，即行为目标的达到，行为目标的达成就是能力本位职业教育理论思想的最根本原则，而且能力本位职业教育理论着重于学生的学，而不是教师教。在能力本位职业教育理论指导下，"学前儿童音乐教育与活动设计"单元课程的教学模式提高了幼儿师范音乐教育教法课程培训传授过程的介入程度，以幼儿教师的实际职业需要开发幼儿师范生音乐教学能力标准的起点，并以达到音乐教学能力标准的整个过程作为终点。

在幼儿师范音乐教育中引入能力本位职业教育理论的新理念还需要实践的不断检验，需要不断地"本土化"、"具体化"、"系统化"。幼儿教师是影响儿童成长发展的重要他人，我们不仅仅要注重对其进行职业技能培训，也应当注重对其进行事业心、对儿童的爱心、责任心、敬业精神和开拓创新精神的培养，在教学中提高教师素质，使其成为一名符合新《幼儿园教育指导纲要（试行）》要求的"新"教师、"好"教师，能真正促进学前儿童最大发展的"发展型"教师。

（二）英特尔未来教育项目"教师专业化发展——核心课程"[①] 教学理念指导下的"学前儿童音乐教育与活动设计"单元课程

传统的教学模式即"讲授—接受"，其教学模式是以"教师中心，教材中心，课堂中心"的"三中心"为理论核心，重视人的社会化，重视教师对学生的管教和对学生学习的控制，强调通过课堂教学对学生进行系统的文化知识教育。作为培养幼儿师范学生设计、实施学前儿童音乐教育活动能力的音乐教法课程"学前儿童音乐教育与活动设计"单元课程的模块教学，借鉴了英特尔未来教育项目"教师专业化发展——核心课程"的教学设计模式，从实践教学的角度，在新时代、新形势下的课堂教学模式中探究独特的、以学生学习为中心的、以"双基"（知识和能力）为基础的、以发现式学习与接受式学习互补的、重视教师的专业发展和学生的素质培养的教学模式。

1. 单元模块——教学新理念

英特尔未来教育项目"教师专业化发展——核心课程"的教学力求以实用性为目标，以活动为中心，以学员为本位，采用革新的教法，富有特色。每次课程的设计、组织、实施都配备项目专家小组及骨干教师，结合国家相关政策，在保留原版教材主旨的基础上，形成一套符合中国教学要求的教材和配套光盘。课程一般由10个模块组成，配有文字教材和一张光盘。每个模块都遵循教法研讨、结对共享、自主活动、内容评价、单元计划修改、回家作业等基本格式。这10个基本模块内容包括：为自己的单元计划查找资料、创建学生多媒体演示文稿、创建学生网站，以及创建教师演示文稿或网站、整合单元计划、评价单元计划

---

① 英特尔未来教育计划是英特尔公司为支持计算机及互联网技术在课堂上的有效利用面向全球教育工作者发起的一个全球性的教师培训项目，旨在与全球的政府和教师工作者通力合作，推动教育创新，培养能适应21世纪知识经济发展的创新人才。每年英特尔都投资1亿美元的资金，通过有效运用科技，扩展教师数学、科学、工程及技术领域的教学和研究，不断改善教育水平和学习效果。该项目自2001年起每三年一个计划周期，逐步在中国完成对一线中小学教师的教育培训工作。

及创建单元计划实施时间表等。每一个模块独立成章,但又互相关联,每位参加培训的学科教师可以选择一个目前在教的或将来要教的单元作为课程的一部分,利用计算机及互联网技术,整合各个模块,最终制作出一个有效利用现代信息技术的并与国家课程标准相符合的完整单元计划。课程主讲教师正是利用这些模块,根据本地实际情况进行有选择的教学,每位主讲教师还可以根据自己的优势选择有关模块,共同完成整个项目的培训。

英特尔未来教育项目"教师专业化发展——核心课程"的模块化教学的确能给人以启示:同样的教学,每位学员有自己选择的不同的单元计划,这就对主讲教师提出了更高的要求。同样在"学前儿童音乐教育与活动设计"单元课程中,可以根据幼儿师范学生选择不同的学前儿童音乐教学活动内容,主讲教师引导他们设计、组织、实施。这要求主讲教师具备专业知识技能的同时,还要拥有判断学生差异性、课堂组织能力、课堂应变能力以及对不同音乐活动专业指导的能力等综合教育能力。

在英特尔未来教育项目"教师专业化发展——核心课程"的模块教学中,学科教师(即学员)是积极主动的学习者,而主讲教师则要充分发挥组织者、支持者、促进者等角色的作用,例如,组织研讨、交流;提供使用计算机和网络的技术支持;鼓励独立探索与相互评价,完成模块要求,促进全员提高。通过模块教学,帮助学科教师扩展创造性思维,从而达到让学生们发挥创造力,摆脱课堂束缚的目的,使教师们知道如何把计算机技术应用到他们所教的课程中去,从而增强学生的学习能力,提高学业成就。"学前儿童音乐教育与活动设计"单元课程同样也积极遵循"以学生为中心"的教学宗旨,提供音乐教学的材料、技术与方法,通过合作学习,发挥幼儿师范学生的主动性、创造性,在完成整个单元模块教学的同时,逐步掌握、形成设计、组织和实施学前儿童音乐教育活动的能力。

2. 资料建库——备课新理念

在英特尔未来教育项目"教师专业化发展——核心课程"的模块教学中,除了传统的教材、教学参考书外,学科教师可以在中国大百科全书光盘上查寻本人所需要的相关学科资料,也可以在网络中通过搜索引擎便捷地收集自己的单元材料。不少从未上过网的教师真切感受到网络既是巨大的取之不尽的教学资源库,可以检索到大量信息资料,又是超越时空界限的教育教学研讨"工作室",可以通过网络与有兴趣的人共同交流教育心得体会。英特尔未来教育项目"教师专业化发展——核心课程"的模块教学为教师的备课带来了一些崭新的理念。这也提示了笔者在"学前儿童音乐教育与活动设计"单元课程的教学中尝试增加了"创建教育信息技术支持材料"模块,运用网络和多媒体技术来支持教与学。现代教学应充分利用科技、信息、网络资源,要学会从互联网上或是从光盘上下载与自己学科相关的备课资料,为备课、写教案、实施教学活动建立自己的学科资料库。这些资料既可以是文字材料,同时也包括可用于多媒体教学的大量丰富多彩的图形、动画、影像以及生动活泼的声音、音效、音乐等。教师把资料库建立在自己的计算机上,同时,给自己的教学资料库以单元为主题分好类,就可以很快把握本学科发展的脉络,了解本学科最前沿的信息,提高自己的备课、教学水准。

3. 合作学习——教学方式新理念

注重交流、合作与资源共享是英特尔未来教育项目"教师专业化发展——核心课程"模块教学的又一重要特征。在每一模块的学习中,都安排有"结对共享"和"教法研讨"

两项活动。结对共享是通过电脑派位、扑克抽签、自由组合或其他一些方法，使学员随机或按一定规则、标准两两组合，就学习方法、内容、资源等进行交流、切磋、帮助。教法研讨是让学员讨论作为教师在实际的教学实践中将要或可能遇到的问题、困难等。每个学员都按严格的要求创设规范的文件夹，且设置为共享，并在每一模块完成后按要求上传到教师机指定位置。每个学员都可以根据需要参考其他学员的学习成果，使用其他学员的支持材料以及搜寻到的资源，实现资源共享。这种合作学习的教学方式使得学生们在学习过程中（无论是课堂还是课余）能进行良好的沟通、互相帮助，拓展各自的思路。"学前儿童音乐教育与活动设计"单元课程正是通过小组合作学习的方式，为大家创造彼此结对交流的机会，集思广益地设计学前儿童音乐活动，并有效地组织、实施活动的情景模拟教学展演。合作学习理念的具体执行过程在现实中还是很艰难的，但实践这种教学方式，带领学生进行深层次合作，才符合现代教育理念的要求。

4. 任务驱动——成果新理念

在英特尔未来教育项目"教师专业化发展——核心课程"培训结束时，每位参训的学科教师（即学员）都能带着一个最终能够应用于课堂教学的、融入了技术的"技术产品——单元教学设计"回到学校，并且能够清楚地知道如何在教学中合理应用技术，使这个技术产品具体运用到课堂教学中，提高学生的学习水平。获得技术的亲身体验不是英特尔未来教育项目"教师专业化发展——核心课程"培训的唯一目的，更重要的是使参训教师们明白如何才能将技术合理地融入他们的教学。"学前儿童音乐教育与活动设计"单元课程借鉴了英特尔未来教育项目"教师专业化发展——核心课程"这一最显著的特征，使幼儿师范学生的学习成为一种基于任务和活动成果的学习。整个培训过程就是让幼儿师范学生以小组为团体设计一个学前儿童音乐教育活动，并不断修改、补充、完善，最终获得一个融入了音乐知识、技能和各方面技术的可用于幼儿园课堂教学的活动成品，并在全班范围内进行"情景模拟教学展演"。每一个单元的教学模块紧紧围绕一个单元主题，设计几项任务，例如，在"创建教育信息技术支持材料"单元模块中，通过"使用目录和网页搜索引擎"和"创建资源、素材引用记录"等活动引领幼儿师范学生展开以"教育信息技术的应用"为主题的学习。

同时，因为是幼儿师范学生自己设定并展开实现目标的活动，所以它又是一种自主学习，学习过程与自主学习的环节大致相符：第一，针对面临的问题评价自己的知识状态；第二，基于上述评价信息形成学习需要，并确定满足这些需要的适当资源；第三，形成和执行学习计划，以满足学习需要；第四，将新学到的知识运用到问题解决中，并评价是否实现了学习目标和问题解决的目标。活动成果的展示作为学习的任务驱动使得学生的自主学习在每一次资料积累、每下载一幅图片、一段文字和又一次的修改教学活动计划和教案的反反复复探讨中完成。

因此，一旦当我们的教学理念发生了变化，再加上采用适当的教学组织形式与教学技术，学生的课业负担就会有所减轻，学习的兴趣会真正萌发，教学目标能有效实施，教育目的才会达到。

二、"学前儿童音乐教育与活动设计"单元课程教学目标的设定

任何教学模式都指向和完成一定的教学目标，在教学模式的结构中教学目标处于核心

地位，并对构成教学模式的其他因素起着制约作用，它决定着教学模式的操作程序和师生在教学活动中的组合关系，也是教学评价的标准和尺度。正是由于教学模式与教学目标的这种极强的内在统一性，决定了不同教学模式的个性。不同教学模式是为完成一定的教学目标服务的。

学前儿童音乐教育是一种有目的的社会实践活动，它的目的性和计划性首先表现在：实施音乐教育活动之前就对其结果设定了一定的期望。这些对教育效果的期望就是教育目标。它不仅决定着教育内容、方法、手段和教育活动的组织形式，也决定着教师的观念和行为，最终决定着学前儿童的发展。因此，制定科学的教育目标，是进行学前儿童音乐教育的重要前提。"学前儿童音乐教育与活动设计"单元课程作为幼儿园音乐教学模式，其教学目标应与学前儿童音乐教育目标相辅相成，从而使学前儿童音乐教育与幼儿师范教育在新形势和教育改革的新理念指导下迈向真正的素质教育。

（一）学前儿童音乐教育的目标

"学前儿童音乐教育与活动设计"单元课程是根据学前儿童音乐教育的目标来设计的。学前儿童音乐教育目标的制定主要以学前儿童音乐发展的特点和规律、社会对学前儿童音乐教育的要求、学前儿童音乐教育学科本身的特性和教育哲学理念为依据。可以说，学前儿童音乐教育目标是一个按一定的有序机构组织起来的教育目标体系。从纵向的角度来看，具有一般的层次结构；从横向的角度看学前儿童音乐教育目标则有不同的分类结构。

1. 学前儿童音乐教育目标的层次

我国学前儿童音乐教育的目标是参考现行的幼儿园课程目标来确定的。"对幼儿实施德、智、体、美等诸方面全面发展的教育，促进其身心的和谐发展"，这是幼儿园确定课程目标的第一个层次。《幼儿园教育指导纲要（试行）》阐述了各领域目标，这是介于抽象的"教育目标"和具体的"幼儿园课程目标"之间的中间层次的目标。幼儿园必须制定出具体的、处于第三个层次的操作性课程目标，才能直接指导教师的课程实施过程。由此看来，学前儿童音乐教育目标可分解为学前儿童音乐教育总目标、学前儿童音乐教育能力年龄阶段目标、单元目标和活动目标。其中，学前儿童音乐教育总目标当作幼儿园课程目标第一个层次的体现；学前儿童音乐教育年龄阶段目标属于中间层次；单元目标和活动目标则是第三个层次，是具有操作性的课程目标。学前儿童音乐教育总目标是学前音乐教育总的任务要求。学前儿童音乐教育的年龄阶段目标，一般是指学前儿童不同年龄阶段的音乐能力发展目标。学前儿童音乐教育的单元目标有两种含义：作为"教学计划单元"时，有一定的时间计划，可理解为在较短时间内如一个月或一周所要达到的目标。作为"主题活动单元"时，可理解为一组具备主题导向的音乐教学活动全部结束后所要达到的教学目标。学前儿童音乐教育的活动目标也有两个含义：首先是指在一个教育活动中所要求的主要目标，但如果这个目标不是在一次教学中完成，而是"系列活动"时，可理解为立足需要连续地逐步达到的一个个递进性的目标。

由此可见，学前儿童音乐教育的目标是通过层层具体化逐步落实到每一个教育过程中。因此，教育者在学前儿童音乐教育实践过程的每一个具体的教学环节中，都必须依据教育目标，努力通过底层目标的实现而最终达到高层次目标的实现，实现真正的学前儿童的素质教育。

2. 学前儿童音乐教育目标的分类

如果说学前儿童音乐教育目标的三个层次体现了其教育目标体系在深度上的有序性，那么，为了教育者有最终实施的、具体的目标体系，更准确地把握学前儿童音乐教育实施的可操作性，学前儿童音乐教育目标又可从以下几个方面进行分类，体现目标体系在广度上的有序性。

以教育心理学为分类的出发点，学前儿童音乐教育目标可分成：认知、情感与态度、技能三个领域。在认知领域中，学前儿童音乐教育的目标包括各种知识的掌握和认识能力的发展。在情感与态度领域中，学前儿童音乐教育的目标包括三个方面，即情感的体验、表达能力的发展和对相关活动的兴趣、爱好的发展。在技能领域中，学前儿童音乐教育的目标是运用身体动作进行认识和表达音乐技能的能力。由此看来，教育者以此为依据来组织和表达学前儿童音乐教育目标，可使一切学前儿童音乐教育活动的设计、实施能有效地促进学前儿童心理整体协调发展。

以音乐教育活动的不同内容使学前儿童音乐教育的目标分别归类为学前儿童音乐教育常规性活动的四个方面：歌唱活动、韵律活动、乐器演奏活动和音乐欣赏活动。从这个角度来设计和实施学前儿童音乐教育的目标，有利于教育者选择具体的音乐教育活动材料、活动内容、活动模式及活动的组织和实施方法。

为了更好地实施"学前儿童音乐教育与活动设计"单元课程的模式教学，笔者在本书第7章罗列了学前儿童音乐教育与活动的总教学目标、学前儿童音乐教育年龄阶段目标以及设定单元活动目标的范围。

（二）"学前儿童音乐教育与活动设计"单元课程的教学目标

"学前儿童音乐教育与活动设计"单元课程的设计作为培养幼儿师范学生音乐教学能力的课程，其教学目标的设定应以学前儿童音乐教育的层次目标和分类目标为基本依据，并与之相辅相成。因此，"学前儿童音乐教育与活动设计"单元课程的最终教学目标是指导幼儿师范学生了解、掌握学前儿童音乐教学活动的基本结构框架和活动程序，从宏观上把握学前儿童音乐教学活动整体及各要素之间内部的关系和功能，从理论迈向实践，获得设计、实施有效的学前儿童音乐教育的能力，从而实现"对幼儿实施德、智、体、美等诸方面全面发展的教育，促进其身心的和谐发展"。

1. 课堂教学目标

以人的发展为本，是新一轮基础教育课程改革的核心理念，该理念强调面向全体学生，着眼于学生的全面发展，尊重学生的个性发展，重视培养学生的完整人格。"学前儿童音乐教育与活动设计"单元课程作为培养幼儿师范学生音乐教学能力的课程，与新课程改革相适应，也应高度重视课堂教学目标的设计。因为课堂教学是落实新课程理念的基本途径，课堂教学活动必须有明确的、科学的目标，实现有效教学才会成为可能。课堂教学目标的设计是课堂教学设计的核心，在整个教学设计中起着统领作用。有了明确的教学目标，教学内容、学习材料、教学模式、教学实施方法等教学的具体操作才得以组织和调整，教学活动才能合理的安排和开展，学习结果也可以预测和分析，学习评价具有科学的依据。因此，"学前儿童音乐教育与活动设计"单元课程是以幼儿高等师范教育课程标准和学生实际情况为依据，遵循上海二期课改"过程＋方法"的理念，科学地确定其单元课程的课堂教学目标。

第一，要全面考虑三个领域：知识与技能、过程与方法、情感态度与价值观。知识是指学前儿童音乐教育的事实、概念、原理、规律等；技能是指音乐演唱、演奏、舞蹈和分析音乐作品等音乐技能，以及观察、调查、评价等技能。过程与方法是指幼儿师范音乐教育认知的过程和方法，科学探究、设计学前儿童音乐教育活动的过程和方法，认知学前儿童音乐教育过程中师幼交往的过程和方法。情感态度与价值观，一般包括对人、对己、对自然的态度，对事物的价值判断等。

第二，幼儿师范学生的实际情况也是确定"学前儿童音乐教育与活动设计"单元课程的课堂教学目标的现实依据。新课程标准是国家制定的某一学段的共同的、统一的基本要求，而每个学生都是特殊的个体，学生的发展体现出巨大的个体差异，把学生的差异作为一种资源来开发，在"学前儿童音乐教育与活动设计"单元课程的课堂教学目标的设计上体现出一定的层次性，使每个幼儿师范学生有针对性地学习、发展，都能学有所得，学有所长。

第三，课堂教学目标的设计还应有一定的灵活性。因为课堂教学过程是师生相互影响、共同参与的过程，是一个动态变化的发展过程，伴随着师生主体性的发挥，课堂教学会生成新的目标，超出教师课前的预设，所以"学前儿童音乐教育与活动设计"单元课程的课堂教学目标的设计有一定的灵活性，存在潜在和开放地接纳始料未及的情况，鼓励师生在互动中即兴创造，教学相长，实现真正的素质教育。

"学前儿童音乐教育与活动设计"单元课程的课堂教学目标第二点、第三点对实施课程教学的主讲教师也提出了一定的教学要求：具备分析、解决临时性的问题以及课堂应变能力，可根据学生的差异性和课堂活动实施的灵活性及时调整课程的内容和方法，这也正是教法课堂教学的特殊性。

当然，"学前儿童音乐教育与活动设计"单元课程的教学目标并不是笼统地定位在"通过这节课的教学，我们要培养学生分析问题、解决问题的能力"这样的表述。毕竟，"学前儿童音乐教育与活动设计"单元课程的课堂教学主体是幼儿师范学生而不是主讲教师，是幼儿师范学生掌握音乐教学能力的学习过程。因此，实施"学前儿童音乐教育与活动设计"单元课程的主讲教师应该做什么并不是"学前儿童音乐教育与活动设计"单元课程的教学目标所应陈述的内容。

2. 行为目标

和课堂教学目标的三个领域相对应，幼儿师范教师可以采用"行为目标的ABCD表述方法"表述"学前儿童音乐教育与活动设计"单元课程教学目标，以更好地发挥其导向作用。行为目标是以具体的、可操作的行为的形式陈述的课堂教学目标，它指明教学过程结束后学生身上所发生的行为变化。这种目标具有精确性、具体性、可操作性的特点，适合于知识、技能领域目标的表述。ABCD指的是具体课堂教学目标应包含的四个要素，它们的含义分别是：A即Audience，意指"学习者"，它是目标表述句中的主语。教学目标描述的是学生的行为，而不是主讲教师的行为。规范的行为目标开头应是"学生……"。B即Behavior，意为"行为"，要说明通过学习后，学习者应能做什么，是目标表述句中的谓语和宾语。这是目标表述句中的最基本的成分，不能缺少。在新课程改革中，特别强调用具体的行为动词来表述课堂教学目标，以增强教学目标的可观察性和可测性，可采用"说出"、"采用"等能直接反映学生活动的动词。C即Condition，意为"条件"，要说明学生的行为是在什么条件下产生的,是目标表述句中的状语。条件是指影响学生学习结果的特定的限制或范围,如"借助工具书"等。D 即 Degree,意为"程度",即明确上述行为的标准,是指学生对目标达到的最低表现水平,用以评价学习结果的达成度。

"学前儿童音乐教育与活动设计"单元课程教学目标的设计直接影响到课堂教学的效果,影响到幼儿师范学生的发展,影响到新课程模式的实施,在本书的下篇,笔者根据单元课程具体的课堂教学,设计科学的单元、课堂教学目标,并采取合理的方法表述,充分发挥"学前儿童音乐教育与活动设计"单元课程教学目标的功能,配合"学前儿童音乐教育与活动设计"单元课程教学内容的事实,进行课程学习的"过程性评价",从而提高课堂教学质量。

三、"学前儿童音乐教育与活动设计"单元课程的实现条件

要使"学前儿童音乐教育与活动设计"单元课程的教学模式发挥效力,需要各种条件因素的配合,例如,主讲教师、幼儿师范学生、教学内容、教学材料、教学手段、教学环境、教学时间等。

能在实践教学活动中使音乐知识和技能顺利地传授,考验了担任"学前儿童音乐教育与活动设计"单元课程主讲教师的综合素质能力。此课程的主讲教师不但要具有扎实的音乐理论知识和音乐基本技能,还要具备学前儿童教育学、心理学等相关学科的综合知识,最重要的是要有学前儿童教育一线工作和实践的经验,能及时、准确地把握学前儿童音乐教育活动设计的方向,甚至具备学前儿童音乐教育活动案例设计、指导创作和评价分析的综合能力。其次,"学前儿童音乐教育与活动设计"单元课程的模块教学特点,对实施课程教学的主讲教师也提出了一定的教学要求:具备分析、解决临时性的问题以及课堂应变能力,可根据学生的差异性和课堂活动实施的灵活性及时调整课程的内容和方法,这也正是教法课堂教学的特殊性。

但由于幼儿师范学生生源和音乐素质的差异,以及音乐学习的学科特殊性,幼儿师范学生在参加"学前儿童音乐教育与活动设计"单元课程之前应掌握一定的学前教育理论知识(诸如儿童发展心理学、中外幼教史、学前儿童教育学、幼儿园课程等)、音乐学科理论知识(诸如基础乐理、中外音乐史、作品赏析等)和音乐基本技能(诸如视唱练耳、琴法、唱歌、舞蹈、钢琴即兴伴唱等),这也是学习教法类课程的基础要求。

"学前儿童音乐教育与活动设计"单元课程的教学内容直接指向学前儿童教育机构中的常规性学前儿童音乐教育活动的内容:歌唱活动、韵律活动、乐器演奏活动、音乐欣赏活动、音乐游戏活动等。可以说,"学前儿童音乐教育与活动设计"单元课程培养的是幼儿师范学生设计、组织、实施学前儿童音乐教育活动的实际教学能力,其模块教学内容具有普遍性、完整性、稳定性和可操作性。

系统的、具有指导意义的教材是一个成熟、有效、稳定的教学模式体系中重要的组成部分。"学前儿童音乐教育与活动设计"单元课程的教材设计可分两部分:即本书的中篇"学前儿童音乐教育与活动设计之理论探索"和下篇"学前儿童音乐教育与活动设计单元课程"。可以说,"学前儿童音乐教育与活动设计"单元课程为配合幼儿师范音乐教育的实施,从理论和课程实践两个角度规范了其教学内容的完整性。笔者参阅了南京师范大学许卓娅教授编著的《学前儿童音乐教育》、华东师范大学黄瑾教授编著的《学前儿童音乐教

育（修订版）》、北京师范大学王懿颖教授编著的《学前儿童音乐教育的理论与实践》以及天津师范大学郭亦勤教授主编的《学前儿童艺术教育活动指导》中关于学前儿童音乐教育的发展、历史、理论研究及教学案例等内容，从历史的角度为"学前儿童音乐教育活动设计"单元课程整编出引导其教学实践的理论基础知识，即本书的中篇"学前儿童音乐教育与活动设计之理论探索"。其中包括：学前儿童教育发展纵览、学前儿童音乐教育发展现状、学前儿童音乐教育的内涵及意义、学前儿童音乐教育活动的内容。幼儿师范学生在了解、掌握此理论知识的基础上，进行"学前儿童音乐教育与活动设计"单元课程的模块学习，9个单元模块分别是：单元0课前准备、单元1用活动进行教学、单元2设计学前儿童音乐教育活动、单元3创建教育信息技术支持材料、单元4创建"活动"演示文稿、单元5过程与方法、单元6技术助学、单元7制订活动实施计划、单元8情景模拟教学活动展演。此"学前儿童音乐教育与活动设计"单元课程的模块教学还可作为幼儿教师的在职培训课程。

再有，鉴于"学前儿童音乐教育与活动设计"单元课程的复杂综合性和实际操作难度，其教学计划应有别于传统的音乐教法课，可适当地增加它在幼儿师范音乐教育中的课时，并且分阶段地体验、强化实践教学能力。也就是说，可以在幼儿师范音乐教育整个教育阶段的中期和后期分别安排此课程，在发展教学能力、教学内容上逐层扩展其广度和深度，后期的课程可以和更多的教育实习相结合，更好地理解中期课程的内容，使音乐教学的实践意义贯穿整个教育阶段，强化教育实践能力。在设置学期性教学计划时，中期的课程教学一定要结合理论教学，课时（每学期）安排如下：理论30%～40%课时（中篇），单元课程（下篇）60%～70%课时实施。而后期和教育见习结合起来的单元课程教学可根据实际情况灵活设置教学时间和课时计划。其他诸如教学材料、教学手段、教学环境对"学前儿童音乐教育与活动设计"单元课程教学的影响可根据实际教学情况来决定其内容要求，灵活对待。

四、"学前儿童音乐教育与活动设计"单元课程的教学评价

不同教学模式所要完成的教学任务和达到的教学目的不同，使用的程序和条件不同，当然其评价的方法和标准也有所不同。如何评价"学前儿童音乐教育与活动设计"单元课程是否完成所特有的教学任务，必须探索、形成一套和教学模式相应的教学目标的评价方法和标准。在此，笔者借鉴英特尔未来教育项目"教师专业化发展——核心课程"模块教学的评价活动内容及方式，根据实际教学过程中的经验，尝试设计了"学前儿童音乐教育与活动设计"单元课程主讲教师的教学评价方式及内容：课前测评、教学过程规范性自查及教学反思。测评学前教育师范学生所学习掌握音乐知识技能情况，根据数据掌握学情，可以有针对性地调整课程进度和内容。

表3-1可以作为"学前儿童音乐教育活动"单元课程的"课前测评"应用在单元课程教学的开始，旨在让主讲教师了解、把握学生的知识、技能、素质能力级水平，有针对性地组织、开展教学活动，也为课程结束后对取得的成果进行对比提供量化的数据。

表 3-1 课前测评表

学生姓名	音乐学科知识、技能					教育信息技术能力					教具、道具制作			教学实践经验	备注（其他）
	基础乐理	视唱练耳	唱歌	琴法或其他乐器演奏	舞蹈	word	ppt	网上查找资料	多媒体课件	文档管理	打谱软件 Overture4.0	教具	道具		

教学过程规范性自查：遵循教学过程规范性能够保证课堂教学的基本质量，"教学过程规范性自查表"（见表 3-2 所示）可作为"学前儿童音乐教育与活动设计"单元课程主讲教师进行教学自我评价的参考。

表3-2 "学前儿童音乐教育与活动设计单元课程"教学过程规范性自查表（主讲教师）

关注方面	规范性要求	解释
教学安排	课程按照顺序讲解各个单元模块	单元模块内容的安排体现了教学循序渐进的原则
	每次课堂教学既有讲解演示，又有操作练习	给学生以实践的机会是本课程的特点之一
	每个单元模块的教学都在一个工作周内完成，约2～4课时	每个单元模块都应集中讲授，自成一体，不宜分在不同的时间段完成
	全体学生集中教学，分组完成学前儿童音乐教育活动设计与展示	学生在共同学习的基础上合作学习，互相借鉴、共享成果
技术	网络信息及多媒体技术运用	将网络资源整合进"学前儿童音乐教育活动"的设计中，运用网络和多媒体技术来支持教与学，以支持、研究、合作、解决问题的能力
	不应以任何方式提高技术难度	本课程的教学强调普遍性、完整性、稳定性和可操作性，学生将其已具备的基本教育学理论知识、音乐知识和音乐技能合理地整合到教学活动中，如果过分地强调学科技术难度，则违背了本课程的教学初衷。教师如果将自己活动作品集范例中的技术难度提得过高，或对学生设计的学前儿童音乐教育活动中的高难度技术含量大加赞赏，这些都不是规范的做法
理念	强调用大纲和设计卡等规范方式设计	本课程强调培养学生系统科学地掌握学前儿童音乐活动设计的方法，用大纲和设计卡等方式只是一个手段，是为了培养学生的系统设计意识，并提高工作效率
	强调并督促学生从学前儿童的角度出发设计音乐教育活动	以学生为中心，是本课程要表现的一个教育理念，这个理念正是通过学生创造性的活动案例设计和合作学习的气氛培养等方式体现出来的
教法	重视小组合作学习和教法研讨活动	这些活动不但可以培养学生的合作意识，更重要的是这种意识将影响他们日后的教学理念
	明确每次教法研讨的目的，并引导学生达到既定的目标	本课程的各个教法研讨的主题是按顺序安排并都有其特定的目的，如不明确，会使讨论内容分散，不能对后续教学起到支持作用
	在1、2单元模块中一定要帮助学生确定一个固定的、有意义的学前儿童音乐教育活动主题	整个单元课程都是围绕学前儿童音乐教育活动的设计、组织和进行情景模拟教学展演进行的，学生在刚开始接触课程时，往往不知道怎么选材命题，教师一定要注意引导、把关，否则会影响教学效果
	在1、2单元模块中强调合作学习的重要性，并分组固定合作伙伴	合作伙伴的固定会大大提升教学效果

续表

关注方面	规范性要求	解　释
督导	强调评价与修订活动方案的重要性，并阶段性的督促、协助学生进行实施	过程评价是系统的教学计划中的重要环节，加强学生的评价意识，对他们日后的教学有启示作用
	强调教学在情景模拟教学展演后各项评价的重要性，并督促学生实施	各种教学活动后的评价工作都是为了更好地展开此评价活动，教师和学生都会因此而长期受益

教学反思：建议"学前儿童音乐教育与活动设计"单元课程主讲教师在课程结束后，反思其教学过程，看看有什么收获或不足？今后如何改进？对担任此课程的教师的专业发展和教学改进大有益处。表 3-3 可用作主讲教师对单元课程中每个单元和整个单元课程的教学反思。

表 3-3　教学反思表（主讲教师）

教学人数：		合格人数：	
学期（单元）：		学时：	
哪些方面做得比较好？			
哪些方面做得不够好？			
为使课堂教学更好展开还应做哪些改进工作？			
如何处理学生理论与技能的个体差异？			
其他			

五、"学前儿童音乐教育与活动设计"单元课程的特点与功能

(一)"学前儿童音乐教育与活动设计"单元课程教学模式的特点

1. 指向性

由于任何一种教学模式都围绕着一定的教学目标设计的,而且每种教学模式的有效运用也需要一定的条件,因此不存在对任何教学过程都适用的普适性的模式,也谈不上哪一种教学模式是最好的。评价最好教学模式的标准是在一定的情况下达到特定目标的最有效的教学模式。"学前儿童音乐教育与活动设计"单元课程的教学所选择的单元教学模式是为培养幼儿师范学生具备在实践教学中的音乐教学能力而设计的一系列有计划的学习材料和学习过程,指向特定的教育目标。单元化课程不是围绕音乐教学科目安排教学内容,而是围绕一个特定目标——通过创设和实施学前儿童音乐教育活动来组织不同的教学单元内容,此教学过程贯穿活动的目标与内容、组织形式与指导方法、评价策略及教学环境的创设与确定。

此单元课程具有如下特点:单元是自主的,每个单元都告诉幼儿师范学生该做什么、该如何去做以及该使用哪些教学材料等;单元包括学习过程和目标,单元内容具有逻辑性和系统性,并有一个明确的开头和结尾;单元具有评价机制;每个单元还有自定进度、反馈和掌握学习等特点,因而单元化教学与个别化教学是相一致的。

2. 操作性

"学前儿童音乐教育与活动设计"单元课程的教学过程是一种具体化、操作化教学模式,为幼儿师范学生的音乐教育提供了一个比抽象的理论具体得多的具体教学行为框架,通过9个单元教学模块以及每个单元模块下的具体活动内容规定了音乐教学活动中主讲教师的教学行为和幼儿师范学生的学习方向,使得主讲教师在课堂上有章可循,便于主讲教师理解、把握和运用,幼儿师范学生在一个个相对独立又相互关联的单元模块中通过合作学习习得学习内容,完成学前儿童音乐教育活动的设计和情景模拟教学展演,最终达到教学目标。

3. 完整性

"学前儿童音乐教育与活动设计"单元课程的教学模式是教学现实和教学理论构想的统一,所以它有一套完整的结构和一系列的运行要求,体现着理论上的自圆其说和过程上的有始有终。可以说,"学前儿童音乐教育与活动设计"单元课程教学模式在能力本位职业教育理论指导下,结合实践中的学前儿童音乐教育工作,而形成的一套完整、有序的教学模式,具备基本框架和可操作的程序,同时,此单元模块教学也验证了能力本位职业教育理论的基本内容和特点。

4. 稳定性

"学前儿童音乐教育与活动设计"单元课程的教学模式是教学实践操作对教育理论的概括,在一定程度上揭示了教学活动的普遍性规律。一般情况下,教学单元模式并不涉及具体的音乐学科内容知识点,所提供的程序对教学起着普遍的参考作用,具有一定的稳定性。但是,教学模式是依据一定的理论或教学思想提出来的,而一定的教学理论和教学思想又是一定社会的产物,教学模式总是与一定历史时期社会政治、经济、科学、文化、教育的水平联系,受到教育方针和教育目的的调控。因此,这种稳定性又是相对的。可以说,

"学前儿童音乐教育与活动设计"单元课程的教学模式既涉及了音乐学科和学前教育理论的学科内容,还在一定程度上反映了教育、教学活动的普遍性规律,模式的应用既稳定且具有参考研究价值。

5. 灵活性

作为并非针对特定的教学内容教学,体现某种理论或思想,又要在具体的教学过程中进行操作的"学前儿童音乐教育与活动设计"单元课程的教学模式,在运用的过程中必须考虑到音乐学科的特点、教学的内容、现有的教学条件和师生的具体情况,进行细微的方法上的调整,以体现对学科特点的主动适应。

(二)"学前儿童音乐教育与活动设计"单元课程教学模式的功能

1. 中介作用

"学前儿童音乐教育与活动设计"单元课程的教学模式能为其他各学科教学提供一定理论依据的模式化的教学法体系,使主讲教师摆脱只凭经验和感觉,在实践中从头摸索进行教学的状况,搭起了一座理论与实践之间的桥梁。

"学前儿童音乐教育与活动设计"单元课程的教学模式的这种中介作用,是和它既来源于实践,又是某种理论的简化形式的特点分不开的。一方面,这种教学模式来源于学前儿童音乐教育实践,是对一定具体教学活动方式进行优选、概括、加工的结果,是为学前儿童音乐教学及其所涉及的各种因素和它们之间的关系提供一种相对稳定的操作框架,这种框架有着内在的逻辑关系的理论依据,已经具备了理论层面的意义。另一方面,这种教学模式又是能力本位职业教育理论的专业简化表现方式,它可以通过简明扼要的象征性的术语、图表、图式和关系的解释,来反映它所依据的教学理论的基本特征,从而在头脑中形成一个比抽象理论具体得多的教学程序性的实施程序,便于对能力本位职业教育教学理论的理解,也是抽象理论得以发挥其实践功能的中间环节,是教学理论得以具体指导教学,并在实践中运用的中介。

2. 方法论的意义

教学模式的研究是教学研究方法论上的一种革新。长期以来人们在教学研究上习惯于采取单一刻板的思维方式,比较重视用分析的方法对教学的各个部分进行研究,而忽视各部分之间的联系或关系;或习惯于停留在对各部分关系的抽象辩证理解上,而缺乏作为教学活动的特色和可操作性。过往的学前儿童音乐教学的研究重点在理论学习和实践操作上,"学前儿童音乐教育与活动设计"单元课程从方法论的角度上尝试如何发展学前儿童音乐教学从理论向实践实施的能力和手段的方法过程,从而指导主讲教师从整体上去综合地探讨教学过程中各因素之间的互相作用和其多样化的表现形态,以动态的观点去把握教学过程的本质和规律,同时加强促进教学设计、研究教学过程的优化组合。

六、学前儿童音乐教育活动内容的确定

教学活动内容的确定应是多方位多角度的,不仅从学科的范畴上进行教学。"学前儿童音乐教育与活动设计"单元课程教学理念从微观、宏观和教育哲学的角度全面地确定了学前儿童音乐教育活动的内容。微观上讲,学前儿童音乐教育活动的内容主要涉及音乐理论知识与技能,即学前儿童常规性音乐教育活动的内容(歌唱活动、韵律和舞蹈活动、乐器演奏活动、音乐欣赏活动、歌唱韵律活动、音乐游戏等)。除此之外,宏观范畴内的学前儿童音乐教育活动的内容还包括学前儿童多元智能的培养和教师教学相长及专业发展的内容，即教师学科知识技能、教学能力、教育评价等。从教育哲学的角度上看待学前儿童音乐教育活动的内容，就是在微观、宏观的基础上，学前儿童和教师双方上升到艺术审美和教育思维、教育观的内容上，以此来调控教育教学活动的纵向发展。

可以说，"学前儿童音乐教育与活动设计"单元课程的设计、内容和实施就是学前儿童音乐教育活动内容的确定性研究成果。"学前儿童音乐教育与活动设计"单元课程的学习应从以下几个方面进行教授。

（一）学前儿童常规性音乐教育活动[①]

学前儿童音乐教育活动的内容主要分类为常规性音乐教育活动和专业音乐教育活动（如表3-4所示）。学前儿童音乐教育机构中通常涉及到的"学前儿童音乐教育活动"是指学前儿童常规性音乐教育活动的内容，包括歌唱活动、韵律和舞蹈活动、乐器演奏活动、音乐欣赏活动、歌唱韵律活动、音乐游戏、识谱活动等。这几类活动根据特定的教学活动目标，结合不同的活动形式展开教学。

表 3-4 学前儿童音乐教育活动内容分类

活动类别	活动内容	活动形式
常规性音乐教育活动	歌唱	1. 单一的音乐活动 2. 主题活动下的音乐活动 3. 系列音乐活动 以上活动可以通过：音乐游戏、音乐区角等活动形式辅助展开
常规性音乐教育活动	韵律舞蹈	
常规性音乐教育活动	乐器演奏	
常规性音乐教育活动	音乐欣赏	
常规性音乐教育活动	歌唱韵律活动	
常规性音乐教育活动	音乐游戏	
常规性音乐教育活动	识谱活动	
专业音乐教育活动	基础乐理	
专业音乐教育活动	视唱练耳	
专业音乐教育活动	唱歌	
专业音乐教育活动	舞蹈	
专业音乐教育活动	乐器演奏	
专业音乐教育活动	音乐欣赏	

（二）学前儿童音乐教育活动目标[②]

学前儿童音乐教育目标是一个按一定的有序机构组织起来的教育目标体系（如表3-5所示）。从纵向的角度来看，具有一般的层次结构；从横向的角度看，学前儿童音乐教育目标则有不同的分类结构。

[①] 学前儿童常规性音乐教育活动的内容请参详本书第7章的内容。
[②] 学前儿童音乐教育活动目标的内容请参详本书第3章二（一）的内容。

表 3-5 学前儿童音乐教育活动目标（常规性音乐教育活动）

	认知： 对有关音乐概念的掌握程度和水平	情感与态度： 儿童自身对音乐的态度及儿童对音乐的情感认识	技能： 听的能力、发现美的品质等
学前儿童音乐教育总目标《上海市学前教育课程指南》			
学前儿童音乐能力年龄段目标			
单元目标			
活动目标			

学前儿童音乐教育总目标：即学前音乐教育总的任务要求，是幼儿园课程目标第一个层次的体现，以《上海市学前教育课程指南》为依据。

学前儿童音乐能力年龄阶段目标[①]：指学前儿童不同年龄阶段的音乐能力发展目标，是幼儿园课程目标第二个层次的体现，目标内容的具体诠释在本书中篇。学前儿童音乐教育的单元目标和活动目标体现了幼儿园课程目标第三个层次，是具有操作性的课程目标。

学前儿童音乐教育的单元目标有两种含义：作为"教学计划单元"时，有一定的时间计划，可理解为在较短时间内如一个月或一周所要达到的目标。作为"主题活动单元"时，可理解为一组具备主题导向的音乐教学活动全部结束后所要达到的教学目标。

学前儿童音乐教育的活动目标也有两个含义：首先是指在一个教育活动中所要求的主要目标，但如果这个目标不是在一次教学中完成，而是"系列活动"时，可理解为需要连续地逐步达到的一个个递进性的目标。

以上学前儿童音乐教育三个层次的教学目标体现了其教育目标体系在深度上的有序性。为了教育者有最终实施的具体的目标体系，更准确地把握学前儿童音乐教育实施的可操作性，学前儿童音乐教育目标也体现目标体系在广度上的有序性，即针对学前儿童常规性音乐教育活动内容的目标要求，分别从认知、情感与态度、技能三个领域进行教学目标的规划。

（三）学前儿童音乐教育活动环境和材料的创设[②]

教学的环境和材料也是制约和影响活动进程的因素之一，教师有必要在学前儿童音乐教育活动设计中对场地、空间、时间安排，以及活动中的音乐材料和其他辅助性材料等做出合理的设计和安排，这也是学前儿童音乐教育活动内容之一。

（四）教师介入学前儿童音乐教育活动的方法[③]

学前儿童音乐教育活动过程中，教师只有以学前儿童为活动的主体，关注幼儿的年龄特点、个性特征、学习态度和习惯等影响活动过程的重要因素，才能使教学活动取得成

---

① 学前儿童音乐能力年龄阶段目标的内容请参详本书第7章四的内容。
② 学前儿童音乐教育活动环境的创设的内容请参详在本书第7章五的内容。
③ 教师介入学前儿童音乐教育活动的具体方法请参详本书第7章六的内容。

效。因此，教师运用有效的方法介入活动，实施教学，也是学前儿童音乐教育活动研究的重要内容。

（五）学前儿童音乐教育评价[①]

学前儿童音乐教育活动的设计、实施是否有效，要通过设定好的、特定的、系统的评价工具对其教学目标、活动方案、教学内容、材料、效果以及教学活动过程的实际运行状况等进行诊断和评定（如表3-6所示）。这是一种整体性的评价，不仅包括对学前儿童音乐学习情况和个体发展状况的测量和评估，也是对音乐教育活动本身的教育意义和教师观念、行为、操作、发展的指导和评价，这里主要讲的是对前者的评价。

表3-6 学前儿童音乐教育评价

评价内容		评价方法[②]
学前儿童音乐能力发展的评价	《西肖尔音乐才能测量》	
	戈登的《初级音乐表象测量》	
	日本的儿童音乐能力诊断测验	
学前儿童音乐教育活动的评价	活动目标	1. 观察法 2. 谈话法 3. 问卷法 4. 测试法 5. 综合等级评定法
	活动内容	
	活动方法	
	活动过程	
	环境和材料	
	活动效果	
学前儿童音乐教育的整体评价	音乐教育管理	
	音乐教育研究	
	师资队伍建设	
	资料收集与积累	

---

① 学前儿童音乐教育评价的具体内容请参详本书第7章七、下篇单元5和附录3的内容。
② "评价方法"请参详本书第7章七（四）的内容。

中篇

理论探索

第4章 学前儿童教育发展纵览

一、家庭教育、社会需求与个体发展

一直以来,"妇女的身上具有某种素质,强烈表明她们能承担某些女性特有的职责,生男育女即其中之一,另一职责是其后注定的养育子女。"因此,在人类的教育形式中,从某种意义上说,幼儿教育是最早出现的一种形式,古代的幼儿教育实际上是一种传统的家庭教育——妇女在家操持家务、抚养儿童。

直到18世纪后半期,随着工业革命和社会经济的发展,欧洲的妇女走出了狭小的家庭环境,可以工作、赚钱贴补家用。工业革命的发展使得欧洲传统社会中那种妇女在家操持家务、抚养孩子的现象消失。妇女在就业的同时,失去了自己在传统社会中的温柔善良、持家有方的美好品质,还会影响到下一代的成长教育。"公共幼儿教育机构"应运而生出现了。最初是为了父母都工作的孩子设立的一个幼儿托管场所,仅仅为了日常基本的照料,托管人员一般是没受过教育的社会底层的家庭主妇。之后,这些公共教育机构在一些有识之士的推动下,不断地进行制度、人员、内容等的改善。自公共幼儿教育机构出现以后,人类社会的幼儿教育无疑得到了更为迅速的发展。纵观幼儿教育发展的历程,对于西方幼儿教育的发展乃至整个世界幼儿教育的发展产生最重要影响的有两位西方幼儿教育大师:一位是幼儿园创始人——19世纪德国幼儿教育家福禄培尔,另一位是"儿童之家"的创始人——20世纪意大利幼儿教育家蒙台梭利。

作为幼儿园创始人的福禄培尔是近代西方幼儿教育理论的奠基人。他提出了"让我们与儿童一起生活"这一格言,创立了世界上第一所幼儿园,构建了一个完整的幼儿园教育理论体系,把自己毕生的精力献给了幼儿园教育事业。随着19世纪后半期幼儿园运动的兴起,福禄培尔的幼儿园教育实践和理论对世界各国幼儿园的发展产生了广泛的影响。到20世纪初,他所构建的幼儿园教育理论体系已是幼儿教育领域中最流行的幼儿教育体系。值得关注的是,他所创立的"幼儿园"模式作为一种主要的幼儿教育机构,在世界上一直沿用到现在;他为幼儿所设计的"恩物"、游戏和作业材料,在当今幼儿园教育中仍有现实的参考价值;他还撰写了相关的幼儿园教育著作。因此,福禄培尔被世人誉为"幼儿园之父"。

在素质教育越来越受到重视的今天,蒙台梭利的名字频频出现在早教的文章里,在幼儿园和早教机构中,应用蒙台梭利教学法的也特别多。蒙台梭利教学法不是一屋子的教具,也不是一群摆弄教具的孩子和老师,它是一种教育方式。蒙台梭利教学法产生于工业革命时代,对传统的一人授课的班级教育产生了很大的冲击。1907年,蒙台梭利在意大利创办了第一所"儿童之家"。她在教学过程中肯定了孩子具有自发性的教育本能,因此,成人应为孩子准备一个良好的学习环境(即儿童之家),在多样化的教具操作中和教师的

引导下，让孩子自我教育，积极地开发和完善孩子的主观能动性，体现了"以儿童为中心"的先进教育理念。

妇女从工业革命开始走出家庭、在社会上从业工作，到现在她们在社会、家庭和职场的地位都发生着巨大的转变。妇女们教育程度和社会地位的逐步提高使得她们母亲的天性又重新回归家庭，关注下一代的成长教育。自20世纪80年代以来，学前教育越来越被世人所重视，特别是近十几年来，幼儿师范教育如雨后春笋般迅速发展壮大起来，人们对儿童教育规律研究的兴趣也越来越浓厚。人们围绕着"以人为本"的学前教育理念，综观几千年来中外学前教育的发展和研究，在不断地探寻科学的、人文的教育方法，更加有效地开发学前儿童的心智教育。

二、教育政策与理念

近几十年，每个国家都在逐步完善各自的教育体制，学前教育作为国家教育体制中不可分割的一部分也在不断推动各国社会经济的发展。

联合国《儿童权利公约》第12款、第13款规定：每位儿童均享有表达意见并使其意见得到考虑之权利，亦享有相关联的言论自由权利。第29款规定：教育的方向应该是"最大限度地开发儿童的个性、才智和身心潜力；帮助儿童做好准备，使他们将来能够在自由社会负责任地生活"。

（一）外国学前教育政策和现状

1. 英国

英国作为老牌的资本主义国家，近两百年来，社会改革家一直在推动幼儿护理和教育事业，并为贫困家庭提供帮助。英国政府自1997年以来不断提升教育目标；鼓励失业家庭停止依赖福利，重新走上工作岗位；倡导健康的生活方式。

EPPE（学前教育有效提供计划）是英国一项规模庞大、控制良好的纵向研究计划。研究对象是3～5岁的儿童，由英国教育与技能部资助。规划期限从1997—2003年，现已延长至这批儿童结束小学教育为止。参与这项计划的儿童背景差异很大，并且是在英国不同地区不同的学龄前学校学习。为了对比这批儿童的学习进展情况，EPPE构建了多层次的研究模型。EPPE的部分主要研究成果在政策制定和实际运用上具有的意义：高质量的早期教育是一种投资，能大大促进儿童的社会能力发展以及认知发展，对有社交或教育需求的儿童尤其有效；学龄前教育的质量取决于教学人员的资质水平和经验，而非物质条件；和家长的合作非常重要，家长需要灵活的工作模式和可以承受的幼儿护理服务；由一位资格教师（Graduate Teacher）领导的、经过培训的教师所占比例高的教职员工队伍是儿童及其余员工的福音；分享信息并运用到儿童的学习中去是很关键的。

英国近期的进展情况诸如：公立机构、私立机构及志愿者组织携手合作，以各领域3～4岁儿童为服务对象，共同推进儿童护理服务的战略发展进程，促进免费半日托儿服务的提供；引入抵税政策，儿童护理方面的支出可以抵税；对3～5岁的儿童开始实施基础阶段（Foundation Stage）教育。通过"确保开端"计划（Sure Start），在最贫困的地区投入经费资助有孩子的家庭，资助期自怀孕至儿童年满4岁为止；更加重视0～3岁学前儿童的发展（"0～3岁关键"计划（Birth to Three Matters））；强化对教职员工的培训，提高他们的素质，树立一套循序渐进的模式，鼓励他们不断提升自己的资质。

英国政府10年的长期战略目标是以下列基本原则为基础的：每个儿童都应该拥有一个良好的人生开端；当今时代，工作模式日新月异，家长，尤其是母亲们，可以在照顾孩子之余工作并在事业上取得成就；为了平衡工作和家庭生活，家庭成员需要做出许多选择，这时候选择权应该握在他们自己手中；当地的服务应取决于家长的需要；服务质量要上乘，价格要让家长负担得起。

2. 德国

德国伟大的近代西方幼儿教育理论的奠基人、幼儿园创始人福禄培尔的理论和实践一直影响着德国本土的现代学前儿童教育。早在1970年，德国教育委员会在讨论《教育结构计划》时已把学前教育纳入计划。从此，学前教育成为整个教育系统中初级教育的一部分。

在德国，幼儿教育机构可以分为州立、私人或教会举办等几种类型。大部分幼儿园由教会、福利机构以及城市社团来治理，有些幼儿园也由企业和协会负责。所有幼教机构的运作经费绝大部分由国家提供。德国法律规定，必须给3～6岁的儿童提供受教育的机会，所以德国3～6岁的幼儿入园率能够达到90%。德国教育行政部门的主要职责是制定有关幼教的行政法规，对幼儿园的设置予以规划、调控，对幼儿园的规模、招生人数及工作人员的数量予以监管。另外，他们还要提供幼儿园的经费预算上交议会，为议会下拨经费时提供依据。

在德国，幼教人员的中心任务是给孩子们在一定的社会环境中创造一种学习氛围，让他们将来能够发展成为有责任感的社会成员。幼儿园教育是对家庭教育起到辅助补充作用，帮助消除儿童发育缺陷，给他们提供各种广泛的教育、发展和培训的机会。德国幼教工作者认为"混龄编班"有利于幼儿之间的互相学习以及发展幼儿的社会交往能力。他们认为：年龄不同的孩子在一起，年龄大的孩子会感到很骄傲，同时知道要去爱护小弟弟、小妹妹，而年龄小的孩子也可以向大孩子学到很多东西。

德国幼教工作者认为对孩子们来讲最重要的是玩，通过玩来教他们，老师只是一个观察者、帮助者，要充分发挥孩子们的天性。这一点在德国幼儿园的实践中表现得尤为彻底。一份教育行政部门有关学前班幼儿教育规定的资料显示，幼儿园的教育目标主要有：要培养幼儿有自己独立的观点，有主见，不是老师怎么说，别的幼儿怎么说，自己就怎么说；要培养幼儿敢于说，敢于发表自己的观点，克服个别幼儿的害怕心理；要帮助幼儿熟悉四周的环境，例如，熟悉信箱，他可以把要寄的信放进去；熟悉电话亭，可以用来打电话；培养幼儿手工劳动的能力，例如，写字、拿针等，可以锻炼幼儿的手，练习幼儿四肢的技能；教幼儿熟悉厚薄，熟悉颜色，学认1～10的数字，熟悉具体的国家，熟悉不同材料制品；对幼儿进行音乐方面的练习，学唱歌、跳舞、培养节奏感；培养幼儿熟悉马路上的交通规则，知道如何过马路、看红绿灯。从这些内容可以看出，德国的学前儿童教育很重视幼儿的独立性及社会适应能力的培养。而他们的培养方式是玩，通过玩来教会孩子。

3. 澳大利亚

在澳大利亚的许多幼儿园，人员编制非常紧张，一个人往往要承担多种工作和角色。在对孩子的教育上，澳洲教育注重的是过程，而对教师教育工作的治理上注重的是结果。他们不会过多地对你的教育策划进行干预，但他们最终会从孩子的发展情况、家长的满足程度来评价教师教育工作的质量，从中得出教师教育工作是否有效的结论。多数教师都非常注重每一个孩子的发展状况,具体地做好他们的成长记录。在澳洲的幼儿园,每个班级的门口都会有一个桌子,上面是放着的是老师的记录本,家长们来接孩子时,可以从中找到自己孩子的记录,了解孩子一天在园的情况。班级里总会有一个老师不停地在观察孩子,并不断地记录。这样的记录有利于教师对每一个孩子发展状况的把握,从而制定出明天或后一阶段的教育策略,幼儿园的教育质量也因此得到保障。

在"机会均等"理念的影响下,澳大利亚的学前教育工作者们对孩子的培养目标不仅仅限于会读、会写等智力的发展,而是更关注儿童在成长过程中哪些素质是重要的、必要的。一些优秀的幼儿园教师着力研究儿童如何生活在一个受尊敬的社会中、如何和睦相处、怎样创造性地设计学习环境、通过科学教育培养创新思维、创造一个无压力的学习环境等课题。

澳大利亚幼儿教育十分关注对孩子创造力的培养。他们在幼儿艺术活动、科学活动、幼习方案、幼儿园日常环境布置中都溶入了发展儿童创造力的因素。在艺术活动中,教师们利用彩色碎瓷砖让幼儿合作拼画,漂亮的画面成为了桌面;孩子们在一块块的小方布上作画,老师则将几十块小布缝在一起,变成一幅巨大的作品;老师将白色的布交给孩子染色,并制作成窗帘;教室里到处是孩子们独一无二的艺术作品。在科学活动中,孩子们探索火山、研究人骨,各种假设由孩子们建立,又由孩子们推翻和肯定。整个过程中教师是孩子活动的观察者,孩子遇挫时的鼓劲者,孩子突发奇想时的支持者,孩子获得成功时的欣喜者。

在澳大利亚,有越来越多的大学向接受培训的教师推荐加德纳的多元智能理论,一些幼儿园的组织和课程主要以多元智能理论为基础设置。进入这样的特色幼儿学校,孩子们很快就融入学校的各个教学项目中去。在孩子入学的第一个星期,教师会跟踪仔细观察,弄清孩子各项技能达到的水平。这中间教师要完成一张综合测验表,表中列出与孩子各项智能相关的技能。这些技能包括:熟悉的物体;听并且跟着唱流传较广的短歌;根据图画复述一个简单熟悉的故事;知道数字有意义,例如,按顺序数数或唱数、在一堆不同的物体中识别特定的物体等,说出在他们四周看到的事物。

4. 美国

美国早在 20 世纪 70 年代已立法确立学前教育的重要地位。1979 年国会通过了《儿童保育法》(Child Care Act),1990 年通过了《儿童早期教育法》(Early Childhood and Education Act),同年还通过了《儿童保育和发展固定拨款法》(Child Care and Development Block Grant Bill),该法于 1995 年作了修订。总统布什于 1989 年召集全国 50 个州的州长研究制定了《美国 2000 年教育目标》,提出了六项全国教育目标,其中第一项是:所有美国儿童都要有良好的学前预备,整个美国社会对于学前教育都有足够的认识。

5. 日本

日本政府是十分重视幼儿教育,认为幼教问题是全社会的重大事情,并把发展幼儿教育作为其重要职责,对列入初等教育的幼稚园教育给予大力扶持。日本文部省(教育部)颁布的《幼稚园教育要领》中,将教育内容划分为五个领域,即健康、人际关系、环境、语言与表现,并确立了各个领域的具体培养目标与要求。各幼稚园可根据《幼稚园教育要领》结合地区特点及幼稚园的实际情况,非常自由地制订本园的各项教育计划,例如,教育目标和教育方针。日本《幼稚园教育要领》提出幼稚园改革教育课程,应重视培养幼儿具备有丰富的心灵和坚强的意志。日本幼稚园很重视幼儿的能力与技能的练习,例如,开展折纸、剪纸、编织、绘画、乐器弹奏以及各类大型体育器械的活动练习,目的是培养幼儿的注意力、观察力、记忆力、想象力和思维能力。日本幼稚园注重在活动中进行教育,例如,通过角色和情境表演、郊游、入园仪式、纪念会、欢送毕业生会、运动会等各式各样的活动,让每个孩子亲身参加并体验,在生动的活动中学到基本知识。幼稚园的老师和家长非常重视对幼儿自我生存能力、自我服务能力的培养,日常生活中对幼儿的事绝不包办代替,并重视幼儿体能的发展和意志力的培养。

日本的幼儿教育主要有两种形式,一种是幼稚园,另一种是保育所,即托儿所。幼稚园作为学校教育的一分子,被列入学校教育体系中,而保育所,即托儿所,则是一种福利性的设施,二者的目的截然不同。日本学制灵活,主要根据日本不少女性婚后不工作的特点,设有半日制、全日制、钟点制,一周两天制等。日本幼稚园的规模一般都不大。幼儿入托人数大约在50~200名之间的幼儿园占多数,公立园以4~8个班为主,私立园则多为3~7个班。幼儿每天在园的时间9:00至13:30左右,大多数幼稚园不开设午餐和午睡,午餐是家长早上带来的便当,14:00放学离园。

6. 韩国

韩国非常重视幼儿教育,不论是公立还是私立幼儿园每学期开学前,幼儿园会把当年的教学计划送给家长,每周也会把具体的活动内容计划送给家长。不过最令人称道的还是,韩国幼儿园的教育在注重培养孩子的素质同时讲究寓教于乐。例如,十月份的活动主题就有"领悟秋天的变化"、"中秋节"、"累累果实"、"韩国的秋天"、"世界的秋天"等。

20世纪80年代后半期,韩国就业女性急骤增加,1988年实行了《男女雇佣平等法》,据1989年统计,就业女性已占全体女性的45.6%,劳动部作为主管就业部门,从劳动女性的立场出发,积极呼吁设立岗位托儿所,以解除女工的后顾之忧。为此,韩国政府制订了《岗位托儿制度》。1990年1月14日韩国国会通过了《婴幼儿保育法案》,这标志着韩国的幼教事业将得到更加蓬勃地发展。

(二)《全国幼儿教育事业"九五"发展目标实施意见》和"二期课改"

中国的学前教育在国家教育政策的指导下迅速发展。特别是改革开放以来,随着整个国家经济的腾飞,幼教事业也得到蓬勃发展。尽管幼儿教育不属于义务教育,但它对推动社会进步、促进个人发展有不可替代的重要作用。为此,各级政府依照国家性法规,广泛地为儿童提供接受学前教育的机会,并努力提高学前教育的质量。在国务院颁布的《九十年代中国儿童发展规划纲要》和《国民经济和社会发展十年规划和第八个五年计划纲要》中,对儿童教育、儿童卫生健康等方面作出了明确规划,这些都表明了政府对幼儿教育的高度重视。1996年6月1日起正式施行《幼儿园工作规程》已将幼儿教育列为基础教育,使之成为我国完整教育体制的一个不可缺少的组成部分。1997年国家教委印发了《全国幼儿教育事业"九五"发展目标实施意见》(以下简称《实施意见》)和上海的"二期课改"再次将中国的学前教育改革推向发展的浪尖。

1.《全国幼儿教育事业"九五"发展目标实施意见》

《实施意见》就"九五"期间我国幼教事业发展的指导思想、具体目标、措施保障等提出基本要求。关于幼教事业发展的指导思想,《实施意见》指出:"九五"时期,我国将形成具有中国特色的、面向21世纪的社会主义教育体系的基本框架。幼儿教育必须适应这一要求并奠定坚实基础。

关于幼教事业发展的具体目标，《实施意见》明确提出：在城乡保障入园率的前提下，逐步建立和健全幼儿园（学前班）评估体系。关于实现发展目标的措施，《实施意见》强调：各级政府应提高认识，切实加强对幼儿教育的领导和管理，将幼儿教育工作纳入各级政府、教育行政部门和有关部门的重要议事日程，列入地方经济、社会发展的总体规划中。每年抽时间专门研究和检查幼儿教育工作，使其与当地经济、社会发展及"普九"工作相适应。

《实施意见》要求：深化教育、教学改革，全面提高保教质量。各级教育行政部门要积极引导广大幼儿教育工作者深入贯彻《幼儿园工作规程》，进一步转变观念，牢固树立正确的教育观、儿童观，注重幼儿素质和能力的培养，切实提高教师的保教技能，促进每一个幼儿在原有水平上得到发展。承担试点任务的省（市）应根据《幼儿园课程标准（试行）》要求，制定"课程纲要或细则"，以指导本地区幼儿园的教育活动。

《实施意见》要求：深化幼儿园办园体制的改革。应积极稳妥地进行幼儿园办园体制改革，进一步明确各级政府的责任，探索适应社会主义市场经济的办园模式和内部管理机制，逐步推进幼儿教育社会化。幼儿教育发展方向应该是建立以社区为依托的，适应当地经济和社会发展的，正规与非正规相结合的组织形式。实现幼儿教育社会化还需要一个长期的过程。目前，可在部分大中城市和经济条件较好的农村试点。在社会保障制度尚未健全，社区服务体系尚不配套的地区，主办单位还不能将幼儿园一步推向社会。

《实施意见》实施十二年来，我国的幼教事业有了进一步的发展和进步。理论研究已迈向国际水平，一些大中城市的幼儿教育机构无论在体制、课程、教材和教育理念上都在实施运用先进的教育模式，并逐步迈向成熟和创新阶段。为了迎合我国下一个生育高峰，2008年在政协会议和人大会议中对学前教育的发展作了更多更具体的关注、提议及措施，学前儿童教育在中国教育中占据着越来越重要的地位。

2. "二期课改"

"二期课改"是基于上海这座国际化大都市对市民的关注和对经历"一期课改"后教育现状的反思而实施的，是对国家教育政策性《实施意见》的地方性的回应和实践。因此，它在课程理念上实现了突破性变革，即树立起课程是为学生提供学习经历并获得学习经验的观念；以学生发展为本，构建体现时代特征和上海特点的课程体系；以德育为核心，强化科学精神和人文精神的培养；以学习方式的改变为突破口，重点培养学生的创新精神和实践能力；加强课程的整合，促进课程各要素间的有机联系。

随着"二期课改"的全面推广，教育越来越注重以人为本，注重的是学前儿童本身在学习过程中的心理感受和主体体验。在这个阶段，知识的积累是次要的，而在这个累积过程中，让学前儿童获得一次次成功的体验，充分挖掘他们内在的潜能则是非常重要的。这正是中国素质教育的全面探索和实施的重要基础环节，也为探索幼儿教师专业化成长指出了方向。

第5章　学前儿童音乐教育发展现状

学前儿童音乐教育领域比较系统的研究历史并不长。19世纪以来，随着科学技术、心理科学和其他相关学科研究的迅猛发展，学前儿童音乐教育的研究也进入了一个新的时代。了解研究一些近现代独立而富有特色的中外学前儿童音乐教育的体系、理论及实践方法的形成、确立和实践，能够更好地把握学前儿童音乐教育的科学研究动向，更有效地建设有效的儿童音乐教育体系。

一、近现代外国学前儿童音乐教育

（一）达尔克罗兹音乐教育体系

达尔克罗兹（Emile Jaques Dalcroze, 1865—1950），瑞士教育家。他的音乐教育体系及教学实践的基本内容分为体态律动、视唱练耳和即兴创作三个方面。他认为，这三者构成了音乐教育中的三个重要分支，其本质和核心部分是节奏运动，与它密切相关的是听觉能力和自发性创造能力，即视唱练耳和即兴创造活动。这三方面互相作用，不可分割，成为一个整体，以培养和发展学生的内心听觉、运动觉和创造性表现能力。

在达尔克罗兹的教学实验中，最初是以音乐学院的学生为对象，但是当他发现音乐与身体运动的结合训练特别适合于儿童的天性和本能时，便扩展到了儿童音乐教育的领域中。他认为，人无不具有天生的节奏本能，但需要加以诱发和培养。在儿童的音乐学习中，教师应尽可能去发现和研究儿童身体活动和他们周围世界的自然节奏，将其自然地引入教学过程中，从儿童本身所具有的节奏要素入手，以听音乐和身体运动为手段，去唤醒儿童天生的音乐本能。也就是将音乐表现中的音响力度、速度、音色的对比、变化等要素与儿童运动时的能量、时间、空间融合在一起，使他们具有联系和体验音乐情绪的能力。

达尔克罗兹一生从事音乐教育事业，他建立的这一整套音乐教育体系，在世界上具有广泛的影响，从1910年达尔克罗兹在其事业发展巅峰时期开始，至1950年达尔克罗兹去世后直至今天，他的音乐教育体系以其无限的生命力影响着许多国家的音乐教育事业，其中包括德国、美国、苏联、英国、日本和中国等在内的众多国家。他的音乐教育体系给同时代以及后世的音乐教育家以深刻的启示，对形成奥尔夫音乐教育体系、柯达伊音乐教育体系也有先导和积极作用。达尔克罗兹音乐教育体系不仅在普通学校音乐教育中占有重要位置，而且在舞蹈、戏剧、歌剧专业学校，特殊教育及音乐治疗中被广泛采用。世界五大洲都设有专门学校，负责培养、实施与推行达尔克罗兹音乐教育体系的教师。中国介绍达尔克罗兹音乐教育体系大约可追溯至20世纪上半叶，它是以结合舞蹈、幼儿律动等形式被引进的。专门为研究此体系而撰写、译编的书籍有：1986年安徽文艺出版社出版的英国德赖维尔的《达尔克罗兹体态律动学入门》（高建进译）；日本石井亨、江琦的《快乐的体态律动——儿童体态律动课例选》由缪力引进介绍到中国；蔡觉民、杨立梅编著的《达尔克罗兹音乐教育理论与实践》一书作为全国教育科学"八五"规划项目"学校美育理论与实践研究"成果于1999年出版,此书从课题研究的角度上系统、全面地撰述了达尔克罗兹的生平、艺术教育思想的形成和其音乐教育体系的教学内容,并结合大量达尔克罗兹音乐教育实例进行教学分析、研究,具有教育意义,可以作为深入学习达尔克罗兹音乐教育体系的教材范本。

(二)柯达伊教学法

柯达伊(Zoltan Kodaly,1882—1967),匈牙利作曲家、音乐教育家。柯达伊教学法从整体上说是建立在早期音乐教育基础上的。他认为,幼儿园能够为儿童提供一个集体创造音乐的环境,所以音乐教育应该从幼儿园开始,以便使儿童尽早获得音乐体验,而且越早开始,越能成功地发展音乐听觉。

在匈牙利幼儿教育改革中,柯达伊提出把民间歌曲和歌唱游戏曲作为幼儿园的主要音乐材料。在歌唱游戏中,歌唱联系着动作和活动,既符合儿童的天性,也培养了儿童的集体感和社交能力。儿童在身体的运动中感受、表现音乐,同时也可以消除紧张和不安情绪,体验到游戏带来的欢乐。由于幼儿阶段的音乐教育重点是通过对音乐的直接体验,能为以后进一步发展音乐感知和音乐技能做准备,因而柯达伊音乐教学法把幼儿期这个阶段的音乐教育目标归纳为:引导学前儿童通过听、唱歌曲,体验、感受音乐,唤起他们对音乐的兴趣,帮助学前儿童形成音乐的趣味和审美感。

(三)奥尔夫音乐教育体系

奥尔夫(Carl Orff,1895—1982),德国作曲家、音乐教育家。奥尔夫强调儿童音乐教育应该从"原本性"音乐教育入手,强调利用最原始、最简单的节奏和音高元素,以人类最根本、最自然,也是最古老的音乐实践形式——简单的拍手、打击乐器和即兴合作等方式唤起每一个儿童身上潜在的音乐本能,使音乐成为他们自发的需求,也符合在实践中学习音乐的教育原理。

原本性音乐是综合的,包括元素性的节奏、元素性的动作、元素性的作曲法、元素性的词曲关系,并使用元素性乐器——奥尔夫乐器,一种以节奏为主且比较容易学会的原始乐器。原本性音乐教育思想是奥尔夫音乐教育体系的基本核心。他倡导从原始的、基础的、初级的、元素性的、自然的音乐入手,其意义在于使每个儿童都可以参与并加以再创造,同时能够为再创造提供更多变化的可能性。这些在奥尔夫音乐教育体系的课程设置、教学组织形式、教学方法、教材和工具等多方面都被充分地显示出来。

(四)铃木教学法

铃木镇一(Suzuki,1898—1998),日本小提琴家、音乐教育家。铃木音乐教育的基本思想是:才能是通过后天的有效教育发展起来的,为儿童提供优良的教育环境是才能发展的第一个必要条件;才能是经过个体的艰苦努力获得的,坚持不懈的大量练习是才能的第二个必要条件;而个人的艰苦努力是以个人对所从事的事业的兴趣、热情为支撑点,因此,积极情感的不断激发是才能发展的第三个必要条件。敏锐的听力和直觉反应力的获得是以大量的高质量的倾听经验为基础的,所以,倾听习惯和倾听技能的培养是音乐才能发展的第四个必要条件。

铃木教学法提倡"教学六步":接触、模仿、鼓励、重复、增加和完善。不断地激励儿童的学习热情,是任何一个行之有效的儿童音乐教育体系的重要特征。而铃木体系在这方面有着一些独特的方法，其中最有特色的就是"母亲参与"和"集体教学"。母亲在音乐教学活动中和自己的孩子一起开始学习音乐，并以自己的学习态度和实际行动充当儿童的榜样，还可以以自己随时学到的知识技能来给儿童充当课外辅导。同样，在集体的环境中，儿童之间可以获得接近于自身水平的技术榜样和态度榜样的激励，从而促进他们之间的相互进步和对音乐学习的热情。

（五）蒙台梭利教学法

蒙台梭利（Maria Montessori，1870—1952），意大利医生、著名儿童教育家。蒙台梭利对儿童音乐教育的思想是建立在她对儿童教育整体看法的基础上，其特征是：运用专门的材料、器械和设备训练儿童的感觉和动作；让儿童在"有准备"的环境中，按照严格的顺序进行自动教育。

蒙台梭利指出，应该让儿童通过对音乐材料所进行的独立操作来发展自己对音乐的感觉水平和理解水平，并对此提出了基本做法。首先，提供最好的音乐材料。蒙台梭利为儿童专门设计的一种成套的有固定音高关系的小铃和一些著名的音乐作品。其次，提供机会让儿童能够独立操作材料。这些操作活动可分为两种类型：第一种是"听觉练习"，主要让儿童通过独立操作前述的那种成套小铃和与之配套的辅助教具来掌握不同音高的分辨，相同音高的匹配，各音的排序以及对乐谱符号的读、写等技能；第二种类型称为"节奏练习"，主要是让儿童通过各种模仿的和自由的随乐身体动作来发展儿童的动作能力，以及身体在运动中的平衡感、空间感、节奏感；发展儿童使身体动作与音乐相一致的能力；发展儿童对各种音乐的旋律、节拍、节奏以及情绪特点的认识能力。

不过可惜的是，蒙台梭利音乐教学系统中不太重视歌唱活动和器乐活动，但她关于重视儿童自己的感觉和行动，强调艺术教育使用最好的材料等看法对今天的儿童早期音乐教育还是十分有价值的。

（六）科尔曼与过程模式

过程模式是强调学习者、强调动态的一种教学模式。反映在音乐教育中，它强调课程设计的中心环节是儿童，应以儿童为标准。教师不需要去刻意塑造、改变儿童行为，而只是为儿童创设学习音乐的环境，让儿童主动地去探索、发现音乐，并在此过程中逐渐发展经验和能力。教师需要考虑的并不是教学内容和方法，而是不拘形式地为儿童制造、设计进行音乐探究的可能和条件，使儿童成为问题的提出者和解决者。

萨蒂斯·科尔曼是过程模式应用于儿童音乐教育的早期典范。她在20世纪20年代于美国哥伦比亚大学教育学院林肯学校进行了有关音乐教育课程模式的早期音乐教育实验——"儿童创造性音乐"教学。这项试验不仅对20世纪20、30年代美国的幼儿园、小学和家庭音乐教育产生过深刻的影响，而且它所体现出的过程模式的基本思想至今仍有借鉴意义。

科尔曼的"儿童创造性音乐"教学以培养儿童的自我创造能力为宗旨，通过最基本的音乐体验活动，培养儿童全面地参与音乐活动的能力，扩展其艺术欣赏的深度和广度，以达到音乐对人的培养的最终目的。科尔曼的实验以简单乐器的制作、即兴表演、歌唱跳舞和创作活动为基本内容，以3~9岁儿童为实验对象，在教学实验中将这些内容交织在一起，使不同的能力都得以发展。

1. 制作乐器

科尔曼认为，孩子学习音乐，体验是第一位。儿童最基本的音乐本能和冲动，莫过于敲打物体探究声音的行为。因此，她让孩子从制作简单的乐器入手，来体验音乐的发展并表达自己的音乐感受。用孩子生活中最熟悉的物品，诸如杯子、餐具、果壳等都可以是儿童创制乐器的自然材料。这样以孩子的小手为工具，通过简单的、适合于孩子演奏的小乐器制作，帮助儿童自由地表达自我感受。同时在制作过程中，从选材到构造，都会不断唤起、刺激儿童的探索热情。当孩子们完成自己的一个"作品"时，不仅会带来很大的成功和满足，而且会将这种喜悦之情融进演奏中。这种"做中学"，不仅将乐器制作与音乐技能、声学原理以及手工艺术相联系，同时还会涉及不同民族乐器的发展史以及世界地理和自然资源的学习。

2. 节奏感的培养与即兴表演

科尔曼认为，每个人都具有天生的配合协调的身体动作。所以，她强调用身体的自然感受来培养儿童的节奏感，以此作为音乐能力发展的自然起始点。而后天的教育、成人式的教育往往会局限、强制儿童做或者不能做某些事情，致使儿童肌肉僵硬、内心紧张，甚至阻碍他们音乐能力的发展。因此，不管是舞蹈还是器乐演奏活动，科尔曼提倡让儿童即兴表演，启发孩子用自己的身体、自己创制的乐器，用最简单的节奏、最基本的动作形式来适应、反映音乐，并从中初步体验到创作的快乐。如拍手游戏就是最简单的以节奏性的体验来感觉运动的训练，从中能使儿童得到最明确的节奏感受。再如一些原始性的初级舞蹈以及结合日常生活进行的节奏训练：让儿童边听音乐边搭积木，按音乐节奏的强与弱交替进行手的动作，以给儿童一个初步的音乐结构上的启示。总之，利用儿童生活中的基本活动和动作来培养儿童对节奏的感受能力，锻炼听觉的敏锐性及肌肉动作的协调性，并在儿童积极投入的最初级、最原始、最基本的创作中体验音乐。

3. 歌唱与声音控制

科尔曼认为，儿童最好的学习唱歌方式是在他想要去唱、去模仿情况下的一种体验。对儿童来说，唱歌体验是一种重要的音乐体验。教师应逐步帮助儿童建立一种自由、自然、放松的唱歌习惯，有了这个基础，才会有控制音高的自然机能的发展。科尔曼最初给儿童选的歌曲材料多是一些民歌、儿歌及自己创作的儿童歌曲，而对于音不准的孩子，她则从倾听入手，以培养、增强儿童对正在唱的声音的注意力和音高控制力。在科尔曼的"儿童创造性音乐"教学实验中，始终把唱歌作为其他音乐活动的基础。通过唱歌，给儿童提供一个用耳朵来演奏的自然方法，从中感受正确的音高，培养灵敏的听觉，形成倾听的习惯。

4. 创作

创作是贯穿于科尔曼教学实验的一项重要活动。科尔曼鼓励孩子只要有想法，就可以通过唱歌、跳舞和演奏表达出来。如鼓励儿童根据生活经验编出童谣，再根据童谣本身的节奏加上音高，边说边唱，即兴创作出音乐作品等。

科尔曼的"儿童创造性音乐"教学从儿童的发展立场出发，自然地激发儿童的音乐创造冲动和欲望，帮助儿童从中获得知识的、情感的、技能的、审美的积极体验，促进儿童创造能力、自我思考能力、自我行为能力、社会适应能力及鉴赏美的能力的综合发展，这就是此教学实验的积极意义和价值所在。

（七）曼哈顿维尔音乐课程计划——螺旋形课程模式

螺旋形课程模式是以布鲁纳的学科结构课程思想为理论基础的，把对学科的认识过程看成一个螺旋上升的环状序列,每个环中的学科结构都是不变的。由于每个学科都有自己的基本结构,因而教育的作用就是帮助学生去发现学科中存在的这种基本结构,进而理解事物的相互关联。

这一课程观应用于音乐教育课程编制,最具代表性的便是产生于20世纪60年代中期的曼哈顿维尔音乐课程计划。它是由美国国家教育总署资助的音乐教育课程研究项目。经过历时五年的研究和实验,最后确定了两套新音乐教育课程指南:一套是供学前至小学二年级使用的"Interaction"(交往:意指音乐与幼儿之间的交互作用);另一套是供3~12年级使用的"Synthesis"(综合)。在这一音乐课程编制体系中,每一层螺旋都是由音乐学科的基本结构要素组成的,即音高、节奏、曲式、力度和音色。儿童从最基本的循环开始,任何一个年龄段的孩子都能把握音乐最基本的整体面貌和结构,进而往复向上,在螺旋上升的循环中逐渐深化对整体音乐结构的认识。

在为学前至低年级儿童编制的"交互作用课程指南"中,把教学设计成自由探索、引导探索、即兴创作、有计划地即兴创作和强化巩固五个环节,并把音乐教育的目标归纳为认知目标(包括对有关音乐概念的掌握程度和水平)、情感目标(包括儿童自身对音乐的态度及儿童对音乐的情感认识)、技能目标(包括听的能力、发现美的品质等)三个方面。尤其值得一提的是,这种螺旋形模式的课程方案的宗旨是保证儿童参与并获得对音乐的理解,鼓励儿童进行独立的发展和创造性活动,倡导一种最有价值、最令人兴奋的发现式学习。因此,教学过程中的焦点和中心也就从教师转向了儿童,教师只是一个引导者、激励者、设疑者和观察者,引导儿童从音乐活动的所有方面(欣赏、分析、指挥、表演、作曲等)去获取音乐经验,在创造性的音乐过程中真正体验音乐的全部价值。

二、中国近现代学前儿童音乐教育

中国近现代学前儿童音乐教育的发展是普通音乐教育发展的历史脉络的一部分,大致经历了四个历史时期。

(一) 20世纪初至20世纪40年代末

1. 学堂乐歌

此时期因为受外来文化的影响较大,随着教会学校和新兴学堂的建立,曾用输入西洋音乐的途径来激励国民的进取精神,并主张在普通的学校中增设音乐课,在社会上举办音乐会、发展家庭中的音乐教育等。1904年左右,一些海外留学的知识分子把日、美等国广泛流行的曲调填上中文新词,编成新的歌曲带回中国,不仅使各种各样的唱歌书得以广泛发行和大量出版,而且唱歌活动也迅速成为社会文化中的一种新风尚。这些新的歌曲被称为"乐歌",而这一时期的学校歌曲业也通称为"学堂乐歌"。乐歌大多采用国外耳熟能详的儿歌、民谣、宗教歌曲等的曲调,内容广泛,涉及妇女解放和一些先进的人文思想。其中更有不少歌曲是专门向少年儿童进行思想教育和知识教育的。例如《勉学》、《运动会》、《地球》、《赛船》、《体操—兵操》、《竹马》等。

学堂乐歌的发展标志着中国民主主义新文化的萌芽。它不仅在思想启蒙方面给当时的青少年学生以深刻的影响,还将一种新的艺术形式——"群众集体唱歌"得以发展和确立。通过学堂乐歌运动的展开,才真正使西洋音乐文化的知识技能逐渐为中国人民所认识,并造就了一批现代音乐家和音乐教育家,对我国近现代普通学校音乐教育体系的创建和发展起了奠基作用。而一些优秀的学堂乐歌,一直到今天仍在我国各地的学校、幼儿园以及广大人民群众中广泛流传。

2. 教育家与儿童音乐教育思想

中国近现代的一些教育家,在论述普通教育和学前教育时,也论述了儿童音乐教育。

(1) 康有为

康有为,近代资产阶级改良派领袖,他首次设想了从人本院(实施胎教)到育婴院、慈幼院(实施幼教)的学前公共教育体系。他主张"人本院终日常有琴乐歌管早夕某某时停奏外,余皆有乐人为之,亦听孕妇自为之。盖声音动荡,最能感人,其入魂尤易,故佛氏清净在音闻。但取其最和平中正者,常以声乐养其耳,必能养性情而发神智"[①]。意思是说,要让孕妇能经常听到音乐,并任其自行弹唱,以便陶冶其情操。在育婴院内,他又主张"婴儿能歌,则教仁慈爱物之旨以为歌,使之浸渍心耳中"。意思是说,教婴幼儿唱有关待人接物的歌曲,使之受到熏陶。可见康有为把音乐作为胎教和幼教的重要内容,并注重音乐的德育功能。

(2) 蔡元培[②]

蔡元培,近现代资产阶级教育家,我国美育创始人之一。他作为"中华民国"第一任教育总长,在创立资产阶级新教育体制的过程中,不仅提出了"五育"(军国主义教育、实利主义教育、公民道德教育、世界观教育和美育)并举的教育方针,大力宣传和提倡美感教育。在当时教育部的文件中强调音乐教育的重要作用,规定了各级各类学校开设音乐课的要求、内容及课时,使音乐教育成为学校教育的一个重要组成部分。在学前儿童音乐教育方面,他主张以胎教为起点,从公共的胎教院和育婴院着手。在胎教院内,"每日可有音乐,选取的标准,……刺激太甚,卑靡的,都不敢"。在育婴院内,"音乐选简单静细的"。"舞蹈、唱歌、手工,都是美育的专科"。他还主张学校美育和家庭美育、社会美育三者结合,充分发挥美育"陶冶感情"的作用。

(3) 张雪门

张雪门,现代幼儿教育专家,他十分重视音乐对儿童的教育作用,注意音乐美本身对儿童心灵影响的价值,他认为既不应该过分强调对部分机能形式上的熟练掌握,也不应该把音乐当作德育教育的一种工具来看待。他主张音乐教材要与儿童的生活有关,要有民族性,要简单而完美,适合儿童的能力,容易引起儿童的情绪共鸣。他强调要给儿童更多的自己体验、自我展示和自由创作的机会。不应追求形式上的成绩,反对勉强儿童机械地模仿。他指出,教学中应首先引发儿童对音乐做出反应的内部需要、激起儿童学习音乐的主动性;不仅要安排聆听音乐作品的各种机会,也要安排倾听自然和生活中声音的各种机会,以培养儿童听觉的敏感性;在欣赏和辨认音乐性质的活动中,可以向儿童提供两种以上的不同视觉形象使之与音乐相对照。

(4) 陈鹤琴[③]

陈鹤琴,现代教育家、儿童心理学家、幼儿教育专家。他在1927年发表的《我们的

---

① 中国学前教育史编写组.中国学前教育史资料选[M].北京:人民教育出版社,1989:88—90.
② 中国学前教育史编写组.中国学前教育史资料选[M].北京:人民教育出版社,1989:120—121.
③ 北京市教科所.陈鹤琴教育文集(下卷)[M].北京:北京出版社,1985:339—401.

主张》一文中,将"幼稚园应当特别注重音乐"列为十五条主张之一。他认为音乐是儿童生来就喜欢的,音乐是儿童生活中的灵魂。关于音乐教育的目的,他指出:技能熏陶不能达到音乐教育的目的,音乐教育"应利用音乐来改善儿童的意志,陶冶儿童的情感,使儿童表现真实的自己,导向于创造性地发展"。他反对音乐教学中以唱为主,着重技能陶冶的偏向。他说:"所谓唱歌,有两方面的意义:一是肌肉运动的唱歌技术;一是从内心出发的精神活动"。他主张从内心而歌的精神活动是第一要素,而唱歌的技术则是次要的,这是因为儿童由于所处的环境和本身的素质的不同,彼此差异较大,如果用同一种方式,强制他们去学习音乐的特殊技能,是很不合理的。他认为音乐的真正价值"在于我们和音乐的接触,可由节奏的美,使肉体和精神起共鸣公感,而表现节度的行动;由和声的美,使人感到永久的统一,而养成调和性;再由旋律的美,使人感到永久的统一,而养成统一性"。进而,他又提出:"我们要凭着音乐的生气和兴味,都能有意志统一,行动合拍,精神愉快的表现,使儿童生活音乐化"。据此,陈鹤琴主张幼稚园应有音乐的环境,培养儿童的音乐兴趣,发展他们的欣赏能力和音乐技能、陶冶性情、鼓舞进取。

关于音乐教育的内容和教材,陈鹤琴强调要教儿童欣赏音乐,他指出:"欣赏指导是让儿童由听觉所感到音乐的节奏、和声、旋律等,而引起儿童对歌曲有自发的要求的一个教学过程;再由歌曲来表现儿童的情感,并使儿童的情感通过音乐的洗练,而得到致精致纯的陶冶,以至于引导儿童以快乐的精神来创造自己的生活"。他非常重视打击乐的教学,经他提倡和指导,20世纪20年代鼓楼幼儿园的小乐队和50年代初的南京师院附属小学、幼儿园的小乐队都闻名于南京市。对儿童音乐教材,他认为"我们要注意教材的选用,最优良的材料是取自儿童的生活经验,与他所学习的各项科目取得联系"。例如,为诗歌配曲谱,选用民歌及为民歌填词,选取大众和家庭生活的材料等,"使家庭音乐、学校音乐、社会音乐融入一炉,而使儿童整个生活,达于音乐的境界"。陈鹤琴还为此翻译选编了《世界儿童歌曲》和《世界儿童节奏曲》。

20世纪初到40年代末的近现代教育家关于儿童音乐教育的理论和实践,为中国儿童音乐教育的发展奠定了良好的基础,尤其是陈鹤琴和张雪门两位幼教专家,对学前儿童音乐教育的研究以及设计学前儿童音乐的教育目的、方法等,达到了相当高的水平,对当代学前儿童音乐教育仍有指导作用。

3. 学前儿童音乐教育的发展与国家相关的教育政策法规

(1) 1904年1月,清政府颁布《奏定蒙养院章程及家庭教育法章程》

《奏定蒙养院章程及家庭教育法章程》第二章"保育教导要旨"的第二节"保育教导条目"中,规定"歌谣"为四项条目之一:"幼儿在五六岁时渐有心喜歌曲之际,可使歌平和浅易之小诗,如古人短歌谣及古人五言绝句皆可,并可使幼儿之耳目喉舌运用舒畅,以助其发育且使心情和悦为德性涵养之质"[①]。在"游戏"条目中,规定"同人游戏者合众幼儿为诸种之运动,且使合唱歌谣,以节其进退"。可见《奏定蒙养院章程及家庭教育法章程》规定的音乐活动主要是唱歌和游戏。

(2) 1905年,湖北幼儿园将"唱歌"列为该园七项保育课目之一

我国最早由中国人自己办的幼儿园——湖北幼儿园的开办章程中,将"唱歌"列为该园

---

① 中国学前教育史编写组.中国学前教育史资料选[M].北京:人民教育出版社,1989:96.

七项保育课目之一。1905年湖南蒙养园的教课说略中将"乐歌"列为该园的七项科目之一，规定"乐歌为体育之一端，……以歌意发其一唱三叹之感情。盖关系于国民忠爱思想者，如影随形……各歌节教发育小儿身心；教育机关之唱歌者，培养美感，高洁心情，涵养性情也。有单音唱歌、轮环唱歌、复音唱歌之分，……幼稚园中准教单音。乐歌一道为用最大，凡立学堂不设乐歌，是为有教无育，是为不淑之教。盖不止幼稚园为然也。……体操发达其表，乐歌发达其里；强健四肢美善体操，乃全乐歌之妙生于舞蹈，以状所歌之事与词，而用音的节奏以发扬之。……应将本省名山大川盛迹名区，乡贤名宦，动植各物，剩为浅显歌词，谱出新腔，令学童歌唱以乐和之。……凡共同之唱，声音洋溢，最是感人。……本省地理历史理科是本省学童特性中事，先启发其爱乡之情，然后以言爱国。将来歌词有忠孝节义等发扬蹈厉之事，则爱国之教也"①。此期，不论官办园或是私办园，由于多效仿日本，故采用日本歌曲较多。到了二三十年代，由于受到西方文化影响较大，使幼儿园歌曲又增加了英美等国的歌曲，真正自编的不多。其中流传至今的有《公鸡打鸣》②等。

（3）1932年10月，国民政府教育部颁布，1936年7月修正的《幼稚园课程标准》第二部分中，音乐被列为七项科目之首，规定内容如表5-1所示。

表5-1 幼稚园课程标准

目标	满足唱歌的欲望
	启发并增进欣赏音乐的机能（包括歌唱和乐器两种）
	发展发声的功能、节奏的感觉，并训练节奏的动作
	发展亲爱、协同、快乐等的情感
	引起对事物的兴趣（诸如：动物、日常工作生活场景、游戏、故事、儿歌等）
内容大纲	各种歌词的演唱表演和欣赏
	家庭生活、纪念庆祝活动、时令节气、自然现象、动植物、日常工作、爱国、社交、表演用途、儿童歌谣、故事
	节奏的听和演作
	小乐器的应用（诸如：小锣、小鼓、小木鱼、小铃的合奏等），听音跑、跳、行、鞠躬等想象或表演
	自然声音的欣赏和模仿
	鸟鸣、鸡啼、猫叫等的声音，火车、轮船、飞机等声音
最低限度	唱歌的声音清晰，拍子大致无误
	对简单的律动（诸如：快慢高低等）有辨别和反映的能力
	明了四首以上歌词的意义，并能表演
	有独唱两首简单的歌词的能力

此标准是在陈鹤琴进行的幼儿园教育实验研究的基础上制定的，其目的涵盖音乐、情

---

① 中国学前教育史编写组.中国学前教育史资料选[M].北京：人民教育出版社,1989:108—109.
② 《公鸡打鸣》歌词：公鸡打鸣咯咯咯，家雀叫唤吱吱吱，抬头一看窗户白，快快起来快起来。

感和认识三个方面；音乐目标又包括唱歌的欲望、欣赏的机能、发声的功能、节奏的感觉和动作等方面，既突出音乐本身的目标，又顾及其他方面的目标，较为全面。其内容也由唱歌扩展到欣赏、打击乐、歌表演等方面。尤其应当肯定的是提出了"最低限度"的要求，以示区别。

（二）20世纪50年代初至70年代末

中华人民共和国成立以来，音乐教育作为德、智、体、美、劳全面发展教育的重要组成部分，受到重视。20世纪50年代初，教育战线和各条战线一样，全面向苏联学习，幼儿教育也不例外。1953年，在苏联专家戈林娜的指导下，教育部颁发了两个幼儿教育法规，在《幼儿园暂行规程（草案）》中，规定了"音乐"为幼儿园教养活动的六个项目之一。在《幼儿园暂行教学纲要》中，又具体规定了"音乐教学纲要"，包括目标、教材大纲、教学要点和设备要点等四个方面，下面具体介绍。

"目标"是：

➢ 培养幼儿爱好音乐的兴趣，发展幼儿的音乐听觉和对韵律的感觉；
➢ 培养幼儿正确的声音、歌唱、表演、舞蹈，并陶冶其活泼、愉快、热情、勇敢等康乐的精神；
➢ 培养幼儿爱祖国、爱人民、爱劳动等国民公德，以及团结友爱的集体主义精神。

"教材大纲"则从唱歌、听音乐、乐器演奏三方面分别提出小、中、大三个等级的班别提高的要求。如唱歌方面：小班的音域从E～A四个音，中班从D～A或B五至六个音，大班从D～C七个音；听音乐方面：小班听8～16小节的简短乐曲，中班听16～32小节的乐曲，大班则可听32～64小节的乐曲等。

"教学要点"中规定了每次音乐作业的时间，小班15分钟，中班20～25分钟，大班30～40分钟，每周两次音乐必修作业。并提出了选材的原则、教学的方法、作业的环境、教师的素养等，特别强调音乐可配合游戏、舞蹈、律动进行教学（此三项当时均属"体育"）。

"设备要点"开列了教具（例如：琴、口琴、留声机、二胡等）、玩具（例如：大小鼓、铃、钹等）、旗子等。

20世纪50年代中期，教育部委托北京师范大学的学前教育专业，在苏联专家马努伊连柯的指导下，编写《幼儿园教育工作指南》，在《幼儿园教育工作指南》初稿中指出：音乐是幼儿园艺术教育的一部分，实现着全面发展教育的任务。音乐本身是直观的、形象的，通过歌词及音乐的曲调、节奏、动作等可以培养儿童的情感和艺术的兴趣，增进对祖国和人民的热爱。在各种音乐作业中，学前儿童初步学会唱歌的技能技巧，记住歌词和曲调，也发展了动作，并将所学内容广泛地运用在游戏和其他创造性活动中。《幼儿园教育工作指南》初稿规定的幼儿园音乐教育的内容有唱歌、听音乐、音乐游戏和舞蹈等。特别强调要系统地进行音乐作业，并保证全班每个学前儿童都能巩固地掌握所学的唱歌和舞蹈。《幼儿园教育工作指南》虽未能正式颁发，但其基本精神已指导并影响了我国的幼儿教育工作。

可以说，我国幼儿音乐教育的体系已在20世纪50年代逐步形成，其特点是全面、系统、规范，保证了学前儿童音乐教育的质量。其不足之处是比较重视音乐的技能训练，着眼于教材的传授，即会唱多少首歌，会跳几支舞。教育要求规定得过于刻板，如周课时、作业时间等，过分注重作业中的音乐教育等。

跳过20世纪60年代末期到70年代末期的文革时期，20世纪50年代初至70年代末，我国学前儿童音乐教育发展的总趋势是向前的，但与世界发达国家的音乐教育相比，我们发展的水平还比较低、有差距。

（三）20世纪80年代初至90年代中期

进入20世纪80年代以后，随着社会政治经济情况的不断改善和改革开放政策的不断深入，社会对教育发展的需求引发了人们对重新认识音乐教育的作用的兴趣。在这一时期，国外特别是发达国家和地区的音乐教育理论和实践体系随着文化交流被介绍到国内来。如果说1985年以前我国普通音乐教育的改革还仅仅处在一种民间的自发的舆论、经验、资料的准备阶段的话，那么1985年之后可以说逐步进入由政府部门组织的、有领导、有计划地宣传发动和实际的调查、实验和实践研究的阶段了。

1986年4月我国的第七个五年计划（1986—1990）恢复了美育在教育方针中的地位。同年12月，国家教育委员会正式批准成立了国家教委艺术教育委员会。

1988年国家教委颁发的《全国学校艺术教育总体规划（1988—2000）》要求："到本世纪末，在幼儿园进行多种艺术活动，入园儿童普遍受到良好的早期艺术教育；在小学、初级中学按教学计划的要求开设艺术课，基本实施九年制义务教育阶段的艺术教育；在各级师范学校和较多的高级中等学校（含普通高中、职业高中、中专、中技等），普通高等学校增设艺术选修课，进行高中和大学阶段的艺术教育，从而为建设具有中国特色的时代精神的社会主义学校艺术教育体系打好基础"。

1989年2月，由国家教委委托人民音乐出版社编辑出版的我国最高级别的普通音乐教育学术刊物《中国音乐教育》正式出刊。在这一阶段中，中国音乐家协会、中国音乐家协会高等学校音乐教育委员会、中国教育学会音乐教育研究会等民间音乐教育社团相继形成。学术研讨、学术交流、学术研究以及学术著作的出版等呈现出百花齐放、百家争鸣的局面。至此，一个包含政府机构和民间团体的组织、计划、教学、科研以及信息收集、整理、传播的完善的音乐教育体系业已形成，我国的普通音乐教育也开始进入了一个加速发展的时期。

在学前教育方面，1981年10月，教育部制定了《幼儿园教育纲要（试行草案）》，将音乐列入教育内容的八个方面之一。《幼儿园教育纲要（试行草案）》中规定的音乐教育的要求是：教给幼儿唱歌、舞蹈的粗浅的知识技能。初步培养幼儿对音乐、舞蹈的兴趣和节奏感。发展幼儿对音乐的感受力、记忆力、想象力和表现能力等。陶冶幼儿的性情和品格。音乐教育的内容包括唱歌、舞蹈和音乐游戏、音乐欣赏及打击乐器等。此《幼儿园教育纲要（试行草案）》和50年代初的《幼儿园教育工作指南》相比，增添了"发展音乐能力"的目标，但在学前儿童各个年龄段如何分班、如何分层次地达到这一目标，此《幼儿园教育纲要（试行草案）》尚未具体落实。

20世纪改革开放以来，我国学前教育方面的专家、学者，大力开展了学前儿童音乐教育的科学研究工作。这一时期学前儿童音乐教育的科研重点经历了三个重要的阶段。

> 20世纪70年代末至80年代初，以促进学前儿童的音乐感的发展为主要的转折阶段。

> 20世纪80年代中期，以促进学前儿童创造力、思维能力、想象力的发展为主要研

究目标。

> 20世纪80年代末以来，开始探讨如何发挥音乐教育的整体功能，以促进学前儿童的身体、智力、情感、个性、社会性的全面和谐发展。

这几个阶段的发展内容与整个世界学前儿童音乐教育研究的发展趋势是一致的。

（四）20世纪90年代中后期至今

20世纪90年代中后期以后，中国学前儿童音乐教育的思想理念结合国家教育政策，一边学习诸如奥尔夫音乐教学法、蒙台梭利音乐教学模式等先进的国外音乐教学方法、模式，一边探索着适合时宜、符合国情的学前儿童音乐教育课程模式。国家、教育者和家长已经深深意识到儿童发展教育的重要性：学前儿童音乐教育既要遵循学前儿童学习音乐的自然过程，按照儿童心理发展的特点对学前儿童进行音乐基本知识、技能的认知和熏陶，更要以个体的全面发展为教育中心，通过有效的音乐教学活动和课程促进学前儿童身心、智力、情感、个性和社会认知的和谐发展。

1999年，中国教育部颁发了以《中华人民共和国教育法》、《幼儿园教育条例》和《幼儿园工作规程》为依据而制定的《幼儿园教育指导纲要（试行）》。总则中强调："学前儿童教育是基础教育的组成部分，是学校教育和终身教育的起始阶段。幼儿教育应为学前儿童的近期和终身发展奠定良好的素质基础；幼儿园应与家庭、社会密切配合，共同为学前儿童创造一个良好的成长环境；幼儿园应为学前儿童提供健康、丰富的生活和活动环境，满足他们多方面发展的需要，使他们度过快乐而有意义的童年；幼儿园教育应尊重学前儿童身心发展的规律和学习特点，充分关注学前儿童的成长经验，引导学前儿童在生活和活动中生动、活泼、主动地学习；幼儿园教育应重视学前儿童的个别差异，为每一个学前儿童提供发挥潜能，并在已有水平上得到进一步发展的机会和条件"。《幼儿园教育指导纲要（试行）》（以下简称《纲要》）还对学前儿童教育目标与内容要求、教育活动的组织与实施、教育活动评价作了详尽的解释。

孩子应该有怎样的发展？幼儿园究竟该为孩子做些什么？如何做才更有利于孩子的发展？这些令幼教工作者和社会各界人士共同关心的问题，在上海市学前教育第一、二期课程改革中逐渐变得明朗、清晰起来。2004年10月，上海市教委颁发了《上海市学前教育课程指南（试行稿）》（以下简称《指南》），它将近年来幼教实践中行之有效的教育观念、方法、措施等以文件的形式固定下来，通过"政府意志"引领、指导、规范幼教课程的实践。《指南》是幼儿园课程改革的一个指导性文件，为上海甚至全中国幼教新世纪的发展构筑了坚实的基础。《指南》指出：以幼儿发展为本的课程理念，以促进学前儿童和谐发展为取向的课程目标，以整合、开放为特点的课程内容，以发展为导向的课程评价的实施内容。

《指南》是对近年来上海学前教育课程改革探索经验的总结与提炼，同时也吸收了国内外早期教育研究的成果。《指南》努力体现学前教育课程改革的特点、时代的特征以及上海的地域特点。我们相信，《指南》必将成为中国幼儿园贯彻《纲要》精神、深化学前教育课程改革的行动指南。

第6章　学前儿童音乐教育的内涵及意义

音乐是人类生活中必不可少的一种艺术形式，能表现和传达文字、视觉艺术等不能传递的感情、思想和心智。音乐作为艺术不是独立的，广义上讲，它是多种文化的结合体，它同数学、历史、社会学、美学、语言和运动等学科密切相关，它的综合性在完整的教育情境中可成为学习的基础。可以说，音乐的学习不只是对音高、节奏、旋律的掌握，而是一个获取更多领域知识的综合性学习过程，通过充分发展学生敏锐的理解力、想象力和创造力，了解知识、技能、情感和感官之间的交互关系，从而通过音乐学习来使学生了解全面的学习过程，最终达到教育的目的。

音乐教育与人的发展问题是音乐教育领域的最基本问题。教育学研究中，幼童的启蒙教育决定着人未来的发展。热爱音乐是儿童的天性，随着科学技术的发展，人们对大脑的研究在逐步地深化，对音乐在学前儿童生理、心理上所起的作用进一步得到了科学证明。因此，学前音乐教育的学习内容一定首先要指向"音乐"学科。那么，了解音乐的本质特征、功能、内容与分类是选择与确定学前儿童音乐教育课程内容的基础，可以更好地认识学前儿童音乐教育的内涵和意义。

一、音乐的本质特征、功能、内容与分类

可以说，自有人类就存在音乐了，音乐是人类文化发展历史进程中的必然产物，音乐是人类历史上最古老的艺术形式之一，也是社会文化的有机组成部分。虽然人类社会从什么时候开始有音乐，已无法考证。但关于音乐的起源，古今中外的学者曾提出各种学说。其中，"模仿起源说"认为音乐起源于人类对客观世界的各种声音现象的模仿；"巫术起源说"认为音乐起源于人类早期的敬神活动；"情感表达说"认为音乐是人们有情感抒发的需要而产生的；"劳动起源说"认为音乐是集体劳动中人们相互鼓舞、相互协调的需要中产生的；还有一种"游戏起源说"则认为音乐艺术和游戏都是人类宣泄过剩精力，追求娱乐愉悦的一种活动方式。

那么，音乐究竟是什么呢？音乐是通过有组织的音响活动，创造音乐形象，表现感情思想，反映社会生活的艺术形式。艺术是人类社会生活在艺术家头脑中形象的反映，无论怎样的艺术现象，都能从现实生活中找到其根源。音乐是艺术的一个分支，自然要体现出艺术的特性，所以，音乐也是对社会生活的反映。但音乐对生活的描述并不是再现现实生活中的一些声音，或对现实生活的描述，而是由音乐作曲家将现实生活中相关的题材，结合个人对社会生活的体验、态度、理解和思考等，根据自己的审美理想、审美情感、审美习惯和审美需要，用音乐的素材对各种声音形象加以挑选、组合进行音乐艺术创作，并以音响的形式表现出来。因此，音乐是社会生活的主观反映，也是一种社会审美生活的主观体验。

（一）音乐的本质特征

音乐作为艺术的一种，它与其他艺术的表现形式不同，有着自己与众不同的、独特的本质特征。

1. 物理特性

音乐因其特殊的物理特性而具有特殊的表现形式。

首先，音乐是音响的艺术。音乐与其他艺术不同之处在于，音乐是以音响的形式引起人的共鸣，达到其审美的作用。音乐是以声音为物质材料构成的。音乐作品中的声音不是将生活中杂乱无章的各种声响随意堆砌，也不是单个的声音，而是具有高低（音高）、长短（音值）、强弱（音量）和音色等本质特征的乐音。这些乐音按照一定的关系（音程关系、和声关系、曲式结构、调式关系等），运用严密、逻辑的组织形式有机地构成了具有旋律起伏、和声张弛、音色变化等丰富音响表现形式的音乐作品，直接而即时地表达人的瞬间千变万化的情感态度，并包含着丰富的内涵、体验。

由于音乐是音响的艺术，音乐本身并没有形象，没有再现视角形象和表述思维概念的能力，不像其他艺术作品那样直观、形象、具体、容易理解。但音乐的形象、意境和感情通过乐音形成的音流在一定的时间内体现出来并直接作用于人的听觉，人们用听觉来感知声音，进行感受、体验、联想、理解，达到审美把握，获得美的享受。所以，音乐也是听觉的艺术。音乐作品中的旋律是由声音的高低、长短、强弱和音色等要素组成的，而他们是必须通过听觉被人们感知、感受的。听觉刺激所唤起的是音乐体验者身心多方面的兴奋。例如，肌肉的运动，想象、联想的产生，以及各种相应的情绪、情感的体验。由此可见，音乐听觉感受过程中既有物理的和生理的反映因素，也有心理的反映因素。积极的物理、生理的反映因素通常被称作"快感"，而积极的心理反应则被称为"美感"。经作曲家的创造可以塑造出各种诸如国家的、民族的、英雄的、反面的、欢乐的、忧伤的音乐形象。人们往往会不由自主地随它而悲、随它而喜、随它而激昂奋发、随它而手舞足蹈。

音乐还是时间的艺术。因为，音乐中音响的呈现是在时间的流动中进行声音组合的运动，音乐作品在时间中起伏变化，按照一定的构思、结构进行呈现、展开、发展和完结，使人获得连续不断的音乐形象。所以，音乐的表演和欣赏是不能间断和断章取义的，支离破碎的音乐片段不能给音乐体验者提供音乐作品完整的音乐形象，也激不起他们情感上的共鸣与联想。而音乐艺术能够表现出造型艺术所不能表现的时间延续、运动发展和过程。因此，一部音乐作品的完整表现还可以使音乐体验者的情感体验在时间流动中不断得到积累和深化，使音乐体验者长久地沉浸于审美享受的状态中。

2. 心理特征

由于音乐独特的物理特性，使得它不可能像其他艺术形式那样塑造出具体的生活图景或故事情节。音乐是通过声音来直接抒发和体验人们对客观事物的各种愿望和情感的审美活动，借声传情是音乐艺术的特点。音乐作品中有组织的乐音经过艺术加工而创作出来，用以反映生活、表达思想情感的艺术形象是十分具体感人的。例如，大、小调的色彩、明快的节奏、跳跃的旋律，再加上透明的音色，则表现了欢快明朗的情绪。虽然，音乐在表现外部景观时十分模糊，不能具体地刻画出一个景物，只能象征性地暗喻，通过感情的抒发、表达和体验来打动人、感染人。也正是因为音乐具有以情动人、以情感人的艺术魅力，才被人们称为情的艺术。

音乐对人类社会生活的主观反映不是直接的、再现的，而是间接的、表现性的。这也是由它独特的物理特性所决定，与其他艺术表现形式不同。画家能够直接逼真地描绘出物体的外形，文学家能够把五彩缤纷的大千世界通过文字符号描写出来，而且这些都可供人直接欣赏。而音乐不同，它所表现的是人对外部世界主观感受的心灵反射，音乐作品必须通过演唱、演奏等二度创作才能完成，才能把乐谱上的作品变成活生生的艺术品供人欣赏、感受。"音乐形象"是经过联想而形成于人们头脑中的艺术形象，是感情化、性格化的形象，表现性与再现性的互补。所以，音乐具有表演的特性，音乐是表演的艺术。如果离开了表演，谱面上的音符无法转化为流动的动人音响，也就失去了存在的意义。所以，表演在相当程度上体现和决定着音乐艺术价值，这种价值直接与表演者的技术、修养水平相关。由此可见，表演对音乐的表现起着举足轻重的作用。

音乐从欣赏者和作曲者的双重角度上来讲，由于它特殊的表达形式或组成结构，让作曲家源源不断的灵感在音乐的流动中带给欣赏者无穷无尽的联想。所以说，音乐也是想象的艺术。

（二）音乐的功能和学前儿童音乐的特点

音乐的功能，是指音乐在人类社会生活中所起的作用。音乐作为一门古老的艺术，它在社会生活中所起的作用是多方面的，人们对它的社会功能的认识也在不断地深化，随着时代的发展，人们对音乐的社会功能的认识有着新的发展和变化。

1. 音乐的教化功能

音乐作为一种艺术不是孤立存在的，某种程度上说，它是多种文化的结合体，它同数学、历史、社会学、语言、体育、哲学、美学等学科密切相关，它的综合性的体验、感受过程涵盖了认知、心理活动、情感态度和动觉等多种领域。因此，音乐可以说是一种审美与非审美的教育，与德育、智育、体育之间有着密切的关系，相互衬托、协调发展，从教育视野中审视音乐的教化功能，并给予其应有的地位，使我们的教育成为一种完全的育人教育。

（1）音乐与德育

道德可分为道德认识、道德情感和道德行为三个层次，以付诸行动的道德行为为主体。但是，如果没有道德情感的支配作用，道德认识也就难以付诸行动了。音乐教育的德育功能通过将人的审美情感内化为道德情感，并作用于人的道德行为。席勒曾说过："道德的阶段，只有通过审美的阶段才能实现，美是造就完善人格的必经之路。"

音乐教育对受教育者的道德行为完善和人格健全的作用，历来为教育家和统治者所重视。中国古代音乐文献《乐记》中写道："乐也者，施也。"又说："先王之为乐也，以法治也，善则行像德矣。"这说明"乐"有对人实施教化的功能，"先王"制"乐"，就是用来作为治理臣民的一种手段。从古至今，都有治世之音安、乱世之音怨、亡国之音哀，封建社会的各朝各代都重视音乐政治教化功能，强调音乐的政治、道德标准，以合乎"礼"的音乐来感化和安抚人民，以维护统治者的政治利益。在近现代的历史中，无论是资产阶级革命、无产阶级革命，以及被侵略、被压迫民族人民的民族民主解放革命斗争中，都曾产生过许多震撼人心的革命音乐作品。例如《马赛曲》、《国际歌》、《义勇军进行曲》等。这些作品为宣传人民、教育人民、鼓舞人民的革命斗志起到了非常重要的作用。仅此，就可以看到，音乐的政治教化功能是音乐社会功能的一个重要方面。

美妙动听的音乐作用于人的情感，以潜移默化的方式进行道德情操、精神品质、意识观念的渗透，乃至灵魂的陶醉，从而使人达到崇高的思想境界。而人之所以能造就健全、美好的心灵，使人成为一个真诚、善良、优雅的人，这是由音乐所具有的艺术特质所决定的。因为"真"是艺术的生命，"善"是艺术的品格，"美"是艺术的本质。真正的艺术家，通过其作品来表现对事物、他人、社会和人生的真实情感、真知灼见。当人们接触到艺术作品时，自然会被他们的真诚、激情所感动和激励，养成以诚待人、以真相见的良好道德行为习惯。音乐正是以生动的艺术形象作用于人的情感，在潜移默化中起到了德育作用，这往往比单纯的说教更能深入人心。例如，我们在欣赏小提琴协奏曲《梁祝》时，体会到了人类的崇高情感——爱情的美好，激起了对封建礼教的痛恨和追求自由美好人生的道德意识和愿望；电影《上甘岭》中的《我的祖国》不仅激起一代人的爱国主义热情，至今还能使人们为那高亢的旋律所鼓舞，这种情感的培养正是音乐教育所擅长的。此外，一些诸如《春江花月夜》、《二泉映月》等优秀的民族音乐作品中所蕴含的民族文化精髓，既具有民族精神的独特气质，还能够增强民族认同感，激发民族的自豪。

需要指出的是，在音乐的参与、学习过程中可以培养受教育者的整体意识、协作关系和集体主义精神。可以说，音乐教育参与了学前儿童从"家庭"迈向"社会"的过渡。

（2）音乐与智育

音乐的益智功能是一个古老常新的话题，雨果说过："开启人的智慧宝库有三把钥匙，一把是数学、一把是文学，一把是音符。"这句名言道出了音乐在开发人类智力方面的重要作用。听、视、触觉等知觉能力是智力的重要内容，音乐的体验和学习对发展人的这些知觉能力的作用是毋庸置疑的，同时音乐对发展人类的注意力、记忆力、想象力及创造力也具有十分关键的作用。

法国钢琴家埃米尔·绍厄尔曾说过："音乐学习也许比其他学习更能发展学生的思想集中能力，要弹奏的音符都必须同时认出来并正确地弹奏出来，在音乐里，没有时间给你开小差。"只有对音乐美的体验，才能达到"忘我"的境界，这种注意力是其他的训练很难达到的。

记忆力是人类非常重要的智能之一。有人说："什么是学问？学问是关于记忆力的游戏。"音乐的学习对记忆里的发展和强化具有很大的益处。另外，音乐是时间的艺术，在瞬间由音符转化为音响，又能及时暂忘前一音而投入后一音，使音符连续不断地奏出，这种瞬间记忆锻炼了思维的灵敏性，由不同特征符号组成的乐谱动静相宜，疏密相间，处于不断运动的音乐强化了音乐体验者的听觉反应能力和记忆能力。而对大脑左、右半球兴奋抑制机理的研究，也有力地支持了音乐促进记忆力的作用。在紧张的科学思维（大脑左半球在工作）之后，听听音乐（大脑右半球在工作）就能转换兴奋中心，使左半球大脑皮质进入抑制状态，心理学上称为"假消极状态"，在这种状态中，左半球大脑得到必要的休息，从而提高学习和工作的效率。科学家研究证实：借助优美的音乐使大脑左半球进入"假消极状态"后，人的记忆力是平常记忆力的 2.17～2.5 倍。

优美的音乐不仅能活化人的右脑，而且能调节、平衡左右脑，促使智力敏捷，发挥创造才能。没有任何艺术形式能像音乐一样激发人无穷的想象力，而想象力正是一切创造力的基础。例如，人在日常工作生活中遇到困难或心情郁闷时，听听优美动听的音乐来协调心里的困惑，使之在音乐中重新获得愉悦的心情和灵感。这正是音乐诱发了人们心中潜在的巨大力量和智慧的火花。

想象力和创造力是人类文明的助推器。爱因斯坦说过："想象力比知识更重要，因为知识是有限的，而想象力比知识更重要，推动着进步，并且是知识进化的源泉。"联想与想象是音乐审美中的重要环节，音乐是想象的艺术，音乐教育则是开启人类想象力之门，它使人具有丰富的情感和较强的形象思维能力，对右脑的开发、强化作用是非常明显的，从而使左右脑发育平衡。右脑发达的人，能将右脑记忆和储存的大量信息作为图像储存在脑内，并使其直观化。无论是音乐创作、表演还是音乐的欣赏，音乐艺术运作的各个环节无不渗入联想与想象的因素。音乐培养人的审美感受——感性思维和形象思维的品质，这种品质在用新的方式解决问题时是相当重要的。

科学和艺术是人类文化长河的两个源头，都依赖于人类社会实践，靠人的头脑中创造力火花之闪现，创新是科学和艺术共同的灵魂。古今中外，凡有重大创新的科学家，往往都有很深的艺术修养，它们是艺术化的科学家、发明家等。爱因斯坦在小提琴演奏中发明并完成了"相对论"，牛顿擅长作诗，伽利略是一位文学评论家。李政道在《科学和艺术》中写道："现在大家可以相信科学与艺术事实上是一个硬币的两面。它们源于人类生活最高尚的部分，都追求着深刻性、普遍性、永恒性和富有意义。"直觉是艺术的思维特征，是科学创造的一种重要的思维方式，当人表现出所谓的想象力和直觉能力，也就是摆脱严格桎梏的能力，从而有灵感创新的意识，促进各种能力的发挥和发展。

音乐对人的智慧开发作用，正随着对脑科学的研究逐步深入而有更深刻的认识。而音乐和音乐教育在当代人类生活中也越来越重要，人们也逐渐意识到音乐对智力开发的潜在作用的重要性，在学前教育中，音乐已经被作为一种重要的教育手段在实施开发学前儿童的智力和各方面的认知能力。虽然音乐教育的作用不是显性、直观的，但是它的教化功能在科学研究中被不断地证实，并一直发挥着它的功能。

（3）音乐与美育

冼星海有言："音乐，是人生最大的快乐；音乐，是生活中的一股清泉……"对于音乐的美及其美誉作用，无论是人类先哲的论述，还是世人的感知，都认同一件事，就是音乐作为人类生活中不可缺少的精神食粮，它可以陶冶人的情操和品格，净化人的心灵。

精神生活是人类生活的重要组成部分，而音乐是最擅长表现人类情感的一种艺术形式。培养与提高人的感受和鉴赏音乐美、表现和创造音乐美的能力，对提高人类精神生活层次，满足人类生活的精神需要起到积极的作用。

音乐是最具有情感的艺术，在培养人的高尚情感及审美趣味方面自然起着别的艺术所不能替代的作用。它以鲜明、生动的音乐形象感染着每个人，使人的心灵在潜移默化中得到美的净化和陶冶。一曲《黄河大合唱》激发了多少人的抗日热情；一曲《爱的奉献》又唤起了多少有良知的人们的爱心和善心；即便很简单的儿童歌曲，也无不以优美动听的音乐本身，潜移默化地产生着作用。例如，儿童歌曲《一分钱》[①]，通过一个儿童的语气，却非常自然地体现了拾金不昧的美德。由此可见，每一件优秀的音乐作品，都蕴含着一个

---

① 《一分钱》歌词：我在马路边捡到一分钱，马上交到警察叔叔手里边。叔叔拿着钱，笑着把头点。我高兴的说了声：叔叔，再见！

高尚的灵魂，这许许多多高尚的音乐，会使人在困难面前增添勇气，在痛苦中变得坚强，进而激发人们对美好未来、光明前景不懈追求的热情，而这种热情正是成就一切伟大事业所不可缺少的。

2. 音乐和健康

音乐是情感的艺术，音乐教育是一种"情育"，它对人类情感的陶冶、净化、启迪、培育作用。现代社会优胜劣汰、竞争激烈、变化复杂、发展迅速，对每个人来说，成功与失败同在，机遇与挑战并存。特别是在父母百般呵护下成长起来的儿童，他们不能缺少在挫折中前进、在逆境中抗争的能力。古代《乐记》中谈到："乐行而清，耳聪目明，心平气和……"明确指出了音乐的治疗保健作用。我国古代名医朱震亨说："乐者，亦为药也。"优美的音乐可以促进人的身心健康发展，还可以医治人的心理疾病，从多角度调治人类在现实生活中的不如意的心境，克服妒忌、冲动、任性、自卑等不健康的心理倾向，增强心理承受能力，启动乐观向上、勇于挑战、意志坚强、不怕困难的进取心，培养独立的人格和良好的个性。同时，人们在日常生活中所造成的心理压力很大，恐惧、忧虑、多思、失眠、软弱、身体素质下降。音乐作为情感艺术，它以悦耳的音响作用于人的神经，调节情绪、减轻思想压力，医治心理疾病。

马克思说："一种美好的心情，比十服良药更能解除生理上的疲劳和痛楚。"那些优美健康的乐曲，能给人以轻松愉快的审美享受，有消除疲劳、调节精神的功效，还能使欣赏者产生高尚的快乐感和满足感。人们在欣赏和享受这些美妙音乐的过程中，情感得以升华，心灵得以净化，身心得以愉快和休息，进而会情不自禁地陶醉在音乐之声当中。

音乐以抑扬顿挫的音高、张弛变化的节奏、起伏相间的力度、或缓或急的速度、色彩绚丽的音色等表现人类复杂丰富的情感。通过听觉，音乐信息传入大脑，借助有效生理电，使人产生一种特殊的不同凡响的心灵共鸣。音乐的声波衍射于四方，对人的听觉神经具有强迫性，能左右人的情绪。由于音乐和人的心理、感情活动具有形态上的一致性：都是运动、不可见的、有节奏的。所以，音乐能非常迅速强烈地直接接触欣赏者的心灵。利用音乐中不同的旋律、节奏、调式刺激人的听觉器官，能对机体产生兴奋、镇静、止痛降压等生理疗效和治疗作用。随着现代医学、生理学、心理学研究的不断深入和发展，用音乐疗法来医治各类慢性病、精神病、孤独症、训练弱智和自闭症等已日趋普遍，从而使人们确信，通过轻快美妙的音乐来调节人的情绪，进而调节生理节律以达到治疗疾病、增进健康的目的。在音乐的调剂下，人的内心平静、情绪稳定，表现出积极的情绪，焕发神采。

除此之外，音乐还具有其他一些实用功能。例如：商业广告功能、风俗礼仪功能，还在传递信息、鼓舞士气等人类生活领域中起过相当重要的作用。概括起来，音乐的社会功能是多方面的，但又是有机联系、相互渗透的。随着社会的进一步发展，人类对音乐的潜在功能的研究和利用，渐渐渗入到了更多的领域，如音乐胎教、音乐强化学习、音乐刺激动植物成长和生长、音乐提高运动员的训练成绩等。当然，要真正把这些功能转化为卓有成效的价值，任务还是很艰巨的，它的真正实施必须依赖于音乐教育。

3. 学前儿童音乐的特点

（1）愉悦性和感染性

叶圣陶先生说过："音乐是世界的语言"。因此，音乐面前人人平等，对音乐的理解和热爱是不分国界、种族、年龄，不需要翻译就能进行思想情感交流。

在音乐活动中，学前儿童的身心自始至终都处在愉快欢乐的状态中，这不仅是因为学前儿童好动性和对音乐喜爱的天性在音乐活动中得到了满足而快乐无比，更重要的是音乐本身的艺术美感发挥了其愉悦性和感染性的作用，那些学前儿童喜爱和熟悉的音乐通过不同的活动形式给学前儿童带来了愉快的情绪。一部优秀的音乐作品，可以给学前儿童带来无限的遐想和喜悦，他们无论是在欣赏一段乐曲还是在音乐活动中，常常会被音乐作品所描述的感人的形象、生动的情景、激烈的高潮段落所感染，产生情感的共鸣，他们总是情不自禁地被音乐中的小故事吸引或深深的陶醉在乐曲所描绘的情景中，领悟着大自然、人类、社会和知识体系的种种。

所以，音乐艺术的愉悦性和感染性特点在学前儿童音乐教育活动中体现得尤为突出，这些特点正是吸引学前儿童积极参与音乐教育的重要原因之一。

(2) 教育性

音乐既然具有教化功能，所以，它就有其教育意义。利用音乐艺术愉悦性和感染性的特点引导学前儿童在玩中学，在乐中学，把音乐教育寓于愉快的音乐感受和音乐表现之中，学得愉快，学有所得。同时，引导学前儿童在愉快、活泼、富有艺术特色的教育活动中受教育，把教育寓于欢乐的音乐活动之中，以"乐"作为对学前儿童进行教育的有效手段，促进学前儿童性格活泼开朗、身心健康、精神饱满，使他们德、智、体、美等各方面同时受到教育，这就是学前儿童音乐教育性的特点体现。

当然，音乐教育的影响往往不像语言说教或其他科学性学科教育表述的直截了当和立竿见影，而是要经过一个循序渐进的、不断熏陶、感染、引导、渗透的潜移默化的过程，像雨露般点点滴滴渗透到学前儿童的内心情感、心灵深处，引起震撼，激发他们学习的主观愿望，从而达到音乐的教育性。

(3) 个体性和创造性

音乐不仅仅是听觉、感官的艺术，而且还具有极强的艺术个性化的特点。每一位作曲家对作品内容的表达，每一位表演者对作品内容的理解和表现，每一位欣赏者对作品内容的感受都是不同的，这正是音乐艺术个体性特点的体现。

音乐是儿童个体成长发展的一种表现。不同年龄阶段的儿童对外部世界的认识和体验是不相同的，他们表达自己情绪和情感的方式也是各有差异的，这就是儿童独特个性的表现。我们在教孩子学习音乐的时候，往往会遇到这样的现象：有的孩子很快就能学会，有的孩子却很困难；或者孩子们在欣赏音乐作品时，有不同的欣赏方向和联想情节，这其实很正常。正如这世界上没有两片相同的树叶一样，每个孩子的认知、情感、个性发展、能力等都是不同的，因为他们对外部世界的认识和体验不同，表达自己情绪和情感的方式自然也不同，即使一百个孩子在一起聆听或同时学习同一首音乐作品，每个孩子的心理活动、听觉感受和技能接受能力也会各不相同。由此可见，儿童音乐在一定程度上反映着学前儿童的认知、情感和个性发展的状况，同时对其发展也有一定的促进作用。

每个儿童对音乐的认知、感受和学习大相径庭，他们对音乐都会自觉或不自觉地进行感知、想象、理解等具有个性化的心理活动，而且我们在生活中还时常发现儿童会自发地运用音乐自娱自乐，甚至自我编创，发挥他们对音乐创造性的能力。美国的道罗西·麦克唐纳曾在《儿童早期音乐教育》一书中详细地描述了三至四岁学前儿童在自编歌曲、自由即兴创作曲调、自由敲击节奏等方面多种自发创作的个案观察记录。他认为，音乐对于儿童是其生命过程的一部分，是代表其作为一个独立的人、独立的社会成员的内在表达。由此可见，正是因为儿童音乐是儿童发展的一种个体化表现，使得儿童音乐活动在唤醒学前儿童的个体意识、促进他们的个体性发展以及创造性思维等方面有着特殊的教育价值。

（三）音乐的分类与内容

现实生活中，我们通过接触常规性的音乐活动，更多接触的是音乐实用的、艺术性的能力的展示，例如声乐演唱、器乐演奏、音乐剧作（诸如：歌剧、舞剧）、指挥和媒体技术运用能力（诸如：作曲、电子及电脑音乐），即实践类音乐。

但我们也知道，音乐是一门涉及面很广的学科，它通常和社会学、心理学、哲学、文学、艺术史、民族学以及其他一些社会科学和自然科学相关的学科紧密相连。所以，音乐作为一门科学来理解的话，称作为音乐学，它应该包括一切和音乐有关的研究。而音乐学作为音乐分类的一种又包括三个大的领域：历史音乐学、体系音乐学和民族音乐学（或称音乐人类学）。

音乐学是全面了解从古至今艺术文化史中与音乐相关的音响系统、乐器、乐器的使用、作曲元素、曲式、风格、体裁的发展等。历史音乐学研究的内容是音乐发展的历史，其研究重点是八世纪以后的欧洲传统音乐。通常风格的变迁是每个时代划分的界碑。每个时代都有许多出色的、有代表性的音乐家，对一个伟大音乐家生活和作品的研究，能够帮助我们更好地了解音乐在那个艺术时代的发展情况。与此相关联的学习内容还包记谱法、文献学、演出实践或音乐社会史。体系音乐学致力于音乐理论的历史、配器法的发展、音乐心理学问题和音响学问题的研究，还包括了音乐社会学和广义的音乐美学。民族音乐学一方面是对欧洲民族音乐的研究，另一方面指的是对非欧洲音乐，以及音乐原生态文化的研究，今天我们把这两方面统一归为"音乐人类学"的研究内容。民族音乐学研究者必须通过实地考察来收集研究素材，亲身体验文化风俗，运用科学的方法系统整理有效相关的信息，最终进行理论归纳。

二、学前儿童音乐教育的特点

科学研究，根据学前儿童生理和心理发展的特点对儿童实施音乐教学活动，使学前儿童音乐学习和进行学前儿童全面发展教育有机地结合在一起，不仅对学前儿童进行音乐基本知识、技能的教育和熏陶，而且将音乐作为教育手段和实施教育的途经，促进学前儿童个体在身体、智力、情感、个性和社会融合性等方面的和谐发展，进行人的基本素质教育。学前儿童的音乐教育是通过音乐学科本身的情感性、感染性和愉悦性的特点来引发儿童的情感体验，从而获得审美的感受。由于儿童天性活泼好动，所以学前儿童音乐教育对教育过程中生动活泼的气氛有着更高的需求，这种需求是由学前儿童生理和心理发展的特殊性所决定的，不同于其他年龄段的要求。

学前儿童音乐教育活动中的生动活泼，不仅体现为更强的形象性、更强的情感性，而且更集中地体现为"自然性"。所谓自然性，主要是指音乐教育的内容和手段都更加接近学前儿童的天性，使他们能自然而然、自由自在地走进音乐的天地，和音乐融为一体，成为音乐的朋友。因此，学前儿童音乐教育的内容、手段和形式更贴近儿童的天性，呈现出以下特点。

（一）想象性与创造性

艺术和社会科学一样，都是对社会生活的反映，他们的反映形式有所不同。社会科学是用概念和事实反映生活，而艺术是用想象性和创造性的艺术形象来反映生活的。形象是艺术反映现实生活的一种特殊的手段。音乐，作为内容和形式有机统一的一种艺术美的样式，其内容总是通过由一定的色、声、形等物质材料所构成的外在的、感性的具体形式而表现出来的，总是可以凭着欣赏者的感官直接感受到的。虽然音乐是以流动的印象为物质材料，依靠于听觉来感知的特殊艺术，它的形象也是非视觉的，但由于它不是抽象逻辑思维的产物，可以通过联想、表象、想象，甚至创造等活动来构成有思想情感的、有审美价值的内容。因此，音乐形象的想象性和创造性在学前儿童音乐教育中有着重要的意义。

学前期的儿童随着生活圈子和活动范围的扩大，他们的感性经验也在赠加，语言逐步丰富，思维也有了一定的发展。学前儿童在音乐教育活动中对音乐的理解和把握是不可能脱离其本身认知、思维发展水平的。这一年龄段儿童的思维主要依赖于对事物具体形象的联想及对事物表象的拟人化的想象而进行的。因此，学前儿童音乐教育的内容、形式及方法都更多地体现出根据形象所体现出来的想象性和创造性的特点。

在儿童音乐作品中，无论是声乐作品、器乐作品或其他形式、题材的音乐作品，无不具有鲜明的音乐形象，并通过这些形象反映儿童所熟悉的生活、事物，通过儿童对音乐的联想产生生动的形象、栩栩如生的音乐画面，从而感知、理解具体的事物形态。例如：圣桑的管弦乐组曲《动物狂欢节》以生动的手法，描写了动物们在热闹的节日中各种滑稽有趣、谐趣横生的情景，变幻的旋律、乐音构成了一个个生动可爱的动物形象：快速跳跃的声音表现了小白兔活泼伶俐的音乐形象；缓慢、滞重的旋律使儿童感受到大象笨重迟缓的音乐形象……又如乐曲中还有一些自然现象的模拟音响：风声、雨声、钟声、小鸟鸣叫等，通过节奏、力度、音色的变幻透出其生动的音乐形象。这种声音作用于儿童的听觉，使他们在感受的同时能联系生活中所熟悉的事物产生一定的联想和想象，在情绪上受到感染和陶冶。可以这样说，儿童对音乐作品中的音乐形象的想象和联想使儿童更加喜爱音乐、亲近音乐、深入音乐。

但儿童天性明显又要求直观性。对学前儿童来说，直观形象既可以是具体化的视觉形象，也可以是听觉形象，而后者虽不能像前者那样以具体的画面呈现在欣赏者面前，但它可通过教师、成人设计的非音乐辅助手段，如图片的展示、语言的讲解、动作的表演等外在形式帮助儿童展开丰富的想象和联想，从而领略、体验到音乐的意境。

音乐艺术的美不仅是具体、形象的，而且还具有很强的感染力。它不直接诉诸于人的理智，而是诉诸于人的感情。以情动人、以情感人、以情悦人是音乐艺术的魅力所在。音乐艺术美的感染性是其本身固有的特点，它既不是单纯表现在内容上，也不是单纯表现在形式上，而是从内容和形式的统一中体现出来的。学前儿童在接触音乐作品、学习音乐的过程中，通过感知音乐作品的艺术美，能使他们在情感上产生共鸣，从而培养他们对音乐作品及事物的是非、善恶、美丑的初步鉴赏和判别能力。

此外，学前期儿童正处于个人情感由低级向高级逐步发展的重要时期，其情感体验也趋逐步丰富，富有情感性和感染性的音乐教育活动对学前儿童的情感发展有着明显的促进作用，它既可以使学前儿童兴奋，又可以使他们镇静、轻松，消除紧张和不安，以获得情感上的平衡。因此，利用音乐本身美的感染力于儿童音乐教育之中，让学前儿童多参加各类富有感染性、情绪性的音乐活动。通过体验音乐本身所表现出的形象美和形式手段美,即能使学前儿童的积极情感逐步丰富、深刻起来,又能对儿童的思想意识、道德行为、情绪体验、个性特征等方面产生潜移默化的影响。感染性也是音乐教育的特殊性之一。

(二) 趣味性与游戏性

儿童时代是游戏的时代。学前儿童无忧无虑、生动活泼的游戏与学前儿童的生活、活动密切相连。学前儿童所追求的就是如何使自己的生活愉快欢乐,趣味成了他们参加一切活动的准则。而儿童音乐本身的娱乐性特点,正是吸引学前儿童喜爱音乐活动并积极参加音乐活动的原因之一。

利用音乐的娱乐性和儿童追求、向往游戏的天性引导学前儿童在玩中学,在乐中学。把音乐教育寓于愉快的音乐感受和音乐表现之中,把"乐"、"趣味"作为向学前儿童进行音乐能力培养及整体发展和教育的有效手段,可以更好地促进儿童形成活泼开朗的个性及积极向上、主动探索的精神。

学前儿童音乐教育的趣味性、游戏性最直接地体现在"音乐游戏"上。音乐游戏是借用游戏的形式以发展儿童音乐能力的一种音乐活动,它是一种有规则的游戏。无论是侧重于创造和表现的歌舞游戏,还是侧重于情节、角色的表演游戏,或侧重于音乐要素分辨能力的听辨反应游戏,都能在听听、唱唱、动动、玩玩的趣味活动中增强儿童的节奏感,促进学前儿童动作的协调性,提高儿童辨别音乐性质的能力。同时,又使学前儿童获得愉快的情绪情感体验。

1. 内容上的趣味性和游戏性

除了上述音乐游戏内容之外,在学前儿童的歌唱、韵律活动、打击乐演奏和音乐欣赏活动领域的具体内容中,趣味性的特点也是十分突出的。例如,在学前儿童歌唱活动中的歌曲作品,节奏鲜明、歌词富有童趣及表现儿童游戏活动的歌曲占了很大的比例。幼儿园常见的传统游戏歌曲有猜谜歌、反话歌、手指游戏歌、跳皮筋歌等许多种类。表现儿童游戏的歌曲更是多得不胜枚举,可以说儿童有什么游戏,就可能有表现这种游戏的歌曲。当然,更有一些游戏歌曲本身就是传统儿童游戏中不可分割的一部分,例如《编花篮》、《城门城门几丈高》、《丢手绢》等。而运用趣味性的游戏活动来引导幼儿进入音乐欣赏,也已成为幼儿园音乐欣赏活动倾向的形式之一。例如,音乐欣赏曲《登长城》是一首三段式的带有中国传统民族音乐特色的作品。教师在给学前儿童欣赏该曲时,采用了游戏化的手段,引导儿童做"登长城"的游戏。通过角色扮演,用动作体验、表现音乐所体现的爬长城、小憩及到达山顶欢呼等情节内容,把境界、角色、规则等游戏的因素引入儿童欣赏过程,用外显动作表现式的游戏来激发儿童对欣赏活动的兴趣以及对所欣赏乐曲的充分感受和理解。

2. 形式上的趣味性和游戏性

学前儿童音乐教育形式上的趣味性和游戏性主要体现在教育活动的形式是自由、灵活而多样的。

首先,学前儿童音乐教育活动的组织形式具有很大的灵活性和自由性。虽然大多数的活动组织形式是一种集体的音乐活动,但在同一次活动中,个体活动、集体活动、小组活动、自由结伴活动等不同的教学组织形式,可以根据需要多次交替出现。例如,歌唱活动的形式既可以是集体的齐唱,也可以是个别的独唱、小组的接唱或同伴间的对唱等,可以根据活动的需要交替出现多种形式。

其次，在音乐教育活动中，作为活动主体的儿童可以自由地选择合适的活动空间，选择合作活动的同伴，选择自己喜欢的活动小组，具有自由选择的机会。

最后，教师与儿童的关系具有灵活性和多变性。教师可以用各种不同的角色身份（观察者、表演者、示范者、参与者、引导者、学习者……）直接或间接地指导儿童的音乐教育活动，儿童也可以尝试以不同的角色身份（学习者、表演者、欣赏者、示范者、组织者……）参与音乐教育活动。

3. 方法上的趣味性和游戏性

方法的趣味性和游戏性在学前儿童音乐教育活动中体现得也十分广泛，也是学前儿童音乐教育最具有特色的一个方面。根据儿童身心发展及年龄阶段的特点，教师可以在音乐教育活动的设计与组织中，创造性地采用趣味化、游戏化的口吻来诱发儿童对音乐活动的兴趣，以及对将要学习内容和技能的理解、把握。

示范、讲解、提问是音乐教育中最普遍的方法。教师在使用这些方法的过程中要注意通过语言、表情、体态上的变化，通过创造一种具有游戏性质的假想情景，使儿童自然而然地跟随教师的要求积极地参与活动。此外，当儿童由于过分兴奋或萎靡而不能很好地介入活动内容、完成活动要求时，教师还可以用趣味化、游戏化的角色扮演滑稽的动作吸引儿童的注意，调控他们的情绪，从而使儿童较快地进入当前的学习情境之中。

（三）技能性与综合性

1. 技能性

音乐是一门艺术，而任何艺术都有它必须具备的技术。不进行基本的训练，不掌握一定的技能，就不可能获得完美的艺术。基本的音乐技能技巧训练是儿童音乐能力及非音乐能力发展的必要前提。学前儿童音乐教育的技能性的特点是区别于其他学科教育的明显特征之一。众多的实验和事实证明，音乐技能的早期训练对儿童日后的成长和发展是十分必要的。

因此，在学前儿童音乐教育中体现技能性可以给我们两点启示：第一，作为教师，需要运用一定的音乐技能技巧去启蒙儿童，为儿童示范、演奏，带领并指导儿童练习，这使得教师的音乐素养、音乐技术成为保证音乐教育活动卓有成效的重要前提；第二，儿童学习音乐、探索音乐、创作音乐，必须有一定的音乐技能技巧作为基础，有了这些基本的音乐表达"语汇"，儿童才能在听、唱、跳、奏等各种音乐教育活动中大胆地表现，积极地探索和创造。

2. 综合性

学前儿童音乐教育的综合性主要体现在以下三个方面。

形式上的综合性。我们知道，人类早期的音乐活动是一种初始的、尚未分化的综合活动形式，是歌、舞、乐三位一体的。在学前儿童音乐教育活动中，同样呈现出一种综合的活动形式。在儿童感受、表现音乐的过程中，"载歌载舞"、"唱唱跳跳"是最普遍的形式。儿童不可能同成人一样安静端坐于音乐厅倾听欣赏美妙的音乐，他们欣赏音乐的方式通常是外化动作的表现，而这正是儿童心理发展特点及年龄特点的写照。虽然有时为了教学的需要，为了强化某个要求，学前儿童会在音乐活动中按照教师的要求进行单纯的唱歌、跳舞或者演奏活动，但这并不是儿童本意所选择的音乐表现形式。因此，我们不必人为地划分音乐表达的不同内容和形式，而应以幼儿熟悉、喜爱的综合形式，在歌、舞、乐三者密切相融的音乐活动中使他们体验到参与音乐的快乐。

过程上的综合性。在学前儿童音乐教育活动的过程中，既有运用一定的音乐技能技巧进行的表演活动，也有以启发儿童感受和理解音乐为主的欣赏活动，还有鼓励儿童自由探索、表达音乐的创作活动。因此，在学前儿童的音乐教育过程中，体现出表演、欣赏、创作"三位一体"的综合性特点。在学前儿童音乐教育中，培养儿童对音乐的主动探究，是指导教师教育教学观念以及体现教育任务的一个重要方面。为了让儿童更多地体验到音乐学习的快乐和满足，为了让儿童有更多的机会进行大胆的自我表达、自我欣赏、自我教育，我们不必过早地将音乐教育的过程人为地割裂开来，这样既不利于音乐教育活动的生动活泼氛围的形成，更扼杀了儿童刚刚萌芽起来对音乐的主动探究和积极表现的欲望。所以，在学前儿童音乐教育活动中，实践表演、欣赏、创作三者相互融合的过程十分重要。

方法上的综合性。学前儿童音乐教育的方法是灵活而丰富多样的，其中，示范的方法、语言降解的方法、联系的方法、引导探索的方法等，都是从音乐学科本身的特点以及幼儿感知、理解音乐的特点和规律出发而形成并被普遍应用的。这些方法并不是孤立的，而是相互融合的一个整体。它们共同应用于学前儿童音乐教育活动的实践之中，相互交融、相互渗透，以促进学前儿童在意志、情感、个性及社会性方面的和谐发展。

三、音乐教育与学前儿童个体发展

音乐教育的发展历史已经证明：人们将越来越准确地从宏观和微观的角度把握音乐的教育目标、途径、效果之间的一致性。理想的学前儿童音乐教育是要求教育者努力研究和尽力追求真正能够更加有效地促进儿童发展的目标和途径，尽力避免任何损伤和阻碍学前儿童发展的可能性。

学前儿童音乐教育对学前儿童个体发展的作用和功能是与社会发展的作用与功能相统一的。音乐教育作为全面发展教育中不可缺少的一个部分，是促进幼儿在生理、心理及认知方面协调发展的重要途径之一。

（一）音乐教育与学前儿童生理发育

1. 促进大脑发育

首先，音乐教育能促进学前期幼儿大脑两半球机能的发展。人的大脑分左右两个半球，中间由两亿多条神经纤维组成的胼胝联系，信息相互传递，协调人的活动。现代科学证明：大脑两半球的功能并不相同，有一定的分工。左半球掌管语言学习、数字理解、概念构成、时间连续性感受以及分析性思维活动；右半球掌管音乐、图形感知、面孔识别、空间直觉、距离判断以及综合型思维活动等。大脑两半球的功能虽各有侧重，但它们不是相互割裂的，而整个大脑也只有在两半球机能同时高度发展并能够很好地协同活动的情况下，才能更好地发挥其整体功能。学前期是儿童的大脑发育的重要阶段，如果此时的教育过于偏重语言学习、抽象符号记忆、抽象思维能力训练，而忽视音乐、美术等以发展形象感知、思维能力为主的活动领域，会致使学前儿童大脑的发育不能平衡协调发育，右半球不能得到应有的开发，最终会影响整个大脑工作能力的最优发挥。

其次，音乐教育能促进大脑皮层重要中枢的发展。人的大脑皮层是一个整体，在发育的过程中逐步分化出一些功能专门化的细胞组织，形成了许多重要的中枢，这些中枢在大脑的整个机能系统中发挥着各自的作用。人在从事不同的活动时，大脑的各个不同的中枢所接受的刺激量是不同的，因而其获得的锻炼和发展也是不同的。学前期既然是儿童大脑发育的重要阶段，音乐活动也将刺激着大脑中枢各个神经良好的发育和发展。

学前阶段是人脑生长发育最快的阶段，在这一时期中，大脑各个部分所获得的积极活动的机会越多，就越有可能获得充分的发展。而有效的音乐教育活动的实施，对学前儿童大脑功能的开发具有重要的作用，也为学前儿童的心理发展提供了一个坚实的物质基础。

2. 提高运动能力

生命在于运动，学前期是人的身体发育最迅速的阶段之一，运动对于处于这一时期中的儿童有着特别重要的意义。因此，与身体运动联系紧密的音乐活动也具有其特殊的价值。

学前儿童的音乐教育活动很少完全脱离身体运动。在各种伴随音乐进行的动作表演活动和乐器演奏活动中，学前儿童可获得锻炼身体各相应部分的大小肌肉、骨骼、韧带，提高神经系统发育的速度和协调能力，增强心肺等器官的耐受力。经常参加韵律活动的幼儿还能获得健美的体形、端正的姿态和良好的发育。歌唱活动对发音器官、共鸣器官和呼吸器官的发育也能起到一定的促进作用。因此教育者可以有意识地利用音乐教育活动来促进学前儿童的身体发育，提高学前儿童的身体运动能力。

3. 促进语言发展

音乐教育对学前儿童的语言发展的促进作用是显而易见的。一首好的歌曲往往同时又是一首好的诗歌。学前儿童在大量接触优秀歌曲和有节奏的诗歌朗诵的过程中，不仅积累了音乐语汇，而且也扩大了词汇的积累，增加了对文学语言的理解和运用能力。语言学习也是一种听辨、技艺、再现声音符号的学习。教师在教儿童唱歌时，坚持要求正确的咬音吐字，会帮助儿童养成口齿清楚的语言表达习惯。此外，音乐与口头语言同样具有高低、强弱、快慢、音色变化等表情因素，在音乐活动中，教师可以有许多机会促进学前儿童认识这些表情因素，这对提高学前儿童的口语表达能力大有帮助。音乐和语言中都有节奏、句子，都有音调起伏，也都有韵和重复。经常听音乐可使学前儿童的听觉要素更加敏感，学习歌唱还能够在喉部形成一种肌肉运动的模式，这对说话能力也会起到积极影响作用。

4. 增进身体健康

身体活动固然和身体健康紧密相连，心理活动也是身体健康的主要影响因素。随着科学的发展，人们已经能够通过仪器对音乐体验者的生理反应做定量分析，以证实什么样的音乐能产生什么样的生理刺激作用，且研究成果已经开始应用于慢性病治疗、身心康复等领域。可见，通过音乐调整情绪进而调节生理状态以达到促进或维护身体健康是完全可能的。

音乐教育活动与学前儿童身体健康的另一种联系渠道是：科学的音乐教育活动会给学前儿童提供更多获得积极情绪体验的机会。例如，学前儿童天生好动的需求容易在音乐活动中得到满足；音乐中的节奏要素能够节省体能消耗，使机体内部环境形成最佳状态，使生理上的自我需求容易得到满足；音乐活动中容易产生更为密切的人际关系，使心理上希望获得接纳的需求容易得到满足；音乐活动中可以获得更多的自由想象、自由表现的机会，使得希望实现自我价值的需求容易得到满足……以上这些内部需要的满足可以直接引发学前儿童的积极情绪体验，而积极的情绪体验不仅是保证学前儿童心理健康的重要基础，同时也是维护、增进学前儿童身体健康的重要条件。因此，教育者应充分发挥音乐的教育作用，更好地促进学前儿童身心的和谐发展，提高学前儿童的身体健康水平。

（二）音乐教育与学前儿童心理发展

音乐教育主要影响着学前儿童心理发展的四个方面：情感、意志、个性、社会性。

1. 情感发展

所谓情感，是指人的社会需要是否得到满足而产生的体验。它虽然无影无形、捉摸不定，但却伴随着人的认识活动而产生，同时又对认识的发展起推动或阻碍的作用。因此，培养积极情感是教育的重要任务之一。音乐是通过旋律、音响等手段来表现人类最为细腻的心理活动和情感波动的艺术，它的最大特点就是以情动人、以情感人。因此，通过音乐教育促进学前儿童情感的发展，是音乐本身应有的意义。

学前阶段是个人情感由低级到高级逐步发展的重要时期。随着学前儿童社交活动的日益扩大、情感体验的日趋丰富及分化的逐步细腻，富有情感性的音乐活动已逐渐成为能促进学前儿童情感发展的有效手段之一。音乐既能帮助儿童明确构建自己的感情，也能帮助儿童与其他人的感情沟通。一首好的音乐作品，一次成功的音乐教育活动，都能使儿童产生对音乐的情感共鸣，培养和激发起儿童良好的情绪情感。此外，在音乐教育活动中，儿童能广泛接触到表现不同情感、内容的音乐，由此他们的情感世界会逐渐变得丰富充实。

2. 意志发展

意志是人根据一定的目的对自己的行为进行激发、维持、抑制等调节的一种心理过程。音乐教育也具有促进学前儿童意志品质得到发展的作用。因为，音乐教育活动是一种有目的、有计划的实践活动，无论是歌唱或乐器演奏，都需要有一定的音乐技能学习，这对学前儿童来说，没有坚持不懈地刻苦精神和克服困难的勇气和意志，是无法达到一定的目标的。铃木儿童音乐教育体系强调坚持不懈的大量训练，其教育理念看重的不仅是技能的习得和娴熟，也在于锻炼坚忍不拔的意志品质。

3. 个性发展

所谓个性，是指区别于他人的稳定的、独特的、整体的特性。个性化作为学前儿童人格发展过程的一个侧面，是个体在生理上、心理上获得独立的过程，即自我确立、自我形成的过程。他强调的是个体的需要、特征、独特的权利、个人发展、自我实现、个体在世界上的唯一性等。

音乐教育活动对学前儿童个性发展的促进作用，首先表现为能促进儿童积极的个性意识倾向性的发展。所谓个性意识倾向性，是人进行活动的基本动力，它包括需要、动机、兴趣、理想、信念、世界观等。其中兴趣是指人积极探求某种事物的意识及行为倾向，它是产生主动学习行为的内动源。音乐作为一种与儿童关系最为密切的艺术形式，其丰富的音响、鲜明的节奏、动听的音调能让他们直接体验到快乐，从而培养起对音乐的兴趣。在生活中，儿童自发的音乐活动随时可见，而且孩子们对此投入了巨大的兴趣。此外，在幼儿园的音乐教育实践中，儿童创造性音乐学习的价值已普遍受到重视。这些都体现了儿童的自然需要。儿童在教师提供和创设的自由、宽松、信息量大且充满创造氛围的环境中，其参与活动的态度主动而积极，兴趣也由直接指向材料本身的短暂兴趣发展演变为稳定而持久的浓厚兴趣。在这类学习活动中，儿童不仅获得了认知、情感和音乐操作技能等方面的有效发展，享受并获得了快乐的体验，同时更促发了儿童对任何事物的积极态度的初步养成，而这种积极态度、探究精神、创造精神及自信心等在适当的条件下又是发展成为积极人生态度的重要基础。由此，我们可以说，良好的音乐教育有助于促进学前儿童积极个性意识倾向性的发展。

音乐教育对学前儿童个性发展的作用，还表现为能促进儿童自我意识的发展。所谓自我意识，是指个体对自己存在的感觉，即自己认识自己的一切，包括生理状况、心理特征以及与他人的关系等。在音乐教育活动中，学前儿童对音乐的感受和表现正需要他们能有意识地认识到自己的活动状况，有意识地调控自己的身体动作和活动与音乐协调一致。随着学前儿童活动范围的扩大，他们逐渐开始意识到自身与他人的区别，会在比较的过程中产生简单的自我评价。学前儿童音乐教育活动多为一种集体性的音乐活动形式，能给儿童一种引发他们积极主动参与的活动环境。在这类音乐活动中，学前儿童会逐渐产生日益明显的探索行为的倾向，其自尊心在探索过程中迅速发展。他们迫切地要求表现自己、要求资助，这正是儿童自我意识的显著特征。而且，集体的音乐活动形式还能够使儿童获得来自伙伴、教师的各种评价，这些对儿童自信心、自尊心和自我评价、自我态度的形成产生重要的影响。

4. 社会性发展

音乐不仅能够给学前儿童提供美感和创造性发展的机会，而且也能提供发展社会性的机会。对于尚未社会化的儿童来说，在其以自身的思维和行为方式去适应社会时会遇到很大的障碍。因为儿童的社会性是在与周围人群的交往中逐渐发展起来的，其发展的过程是一个渐进的、日益丰富和日益完善的过程。它不仅是社会发展的需要，也是儿童自身发展的需要。音乐活动作为艺术活动的一种形式，其重要的功能之一是拓展人际交流的手段，使人们得到更多新的沟通，进而建立感情上的和谐关系。学前儿童音乐教育活动能够为儿童提供大量的人际交往和合作交流的机会，有意识地培养他们的交往观念和交往技能。通过幼儿园组织的集体形式的音乐活动，例如合唱、合奏、集体舞等要求高度协作的音乐表演形式，儿童不仅能够懂得只有齐心协力、共同合作才能演唱、演奏出优美动听的歌曲和音乐，而且能够体验到集体协作的快乐，逐渐学会理解、尊重、接纳和欣赏他人。此外，音乐本身内在的节奏、韵律、合奏中各个声部间的配合及律动、舞蹈动作的编排、音乐游戏的规则等，都能使学前儿童在一种愉快的、不强迫的形式下养成自愿遵守规则的习惯，从而培养儿童形成自律、责任感和自我激励的意识，而这些正是儿童将来进入有秩序的社会交往活动所必须具备的基本素质。

（三）音乐教育与学前儿童认知发展

音乐是一种抽象的艺术，它包括感知、记忆和概念化的过程。布鲁纳把儿童从环境中理解和处理信息的方式描述为三种：一是通过活动和操作；二是通过组织感觉（诸如听觉、动觉和视觉）和想象；三是通过词和符号。音乐活动能够为学前儿童提供使用这三种认知方式的机会。

1. 促进感知能力的发展

音乐是一种听觉艺术，音乐活动主要是借助听觉器官来进行的，音乐认识活动也必须建立在听觉感知的基础上。因此，音乐教育对学前儿童认知发展的促进作用首先表现在能促进感知能力，特别是听觉感知能力的发展。

学前儿童听觉的发展先于视觉，学前阶段是听觉能力发展最迅速的时期。瑞士心理学家皮亚杰曾经把儿童认知发展过程归纳为四个阶段：第一个阶段是感知运动阶段（0～2岁），幼儿对外界的感知主要通过视觉、痛觉、触觉、味觉等感觉器官来进行。这个阶段的儿童已有了对音乐最初的感知体验，不同音乐中的不同音色、织体、节奏、风格会刺激他们的音乐听觉和动觉，为他们日后的音乐学习和音乐兴趣的培养建立基础。第二个阶段是前运算阶段（3～7岁），这个阶段的儿童随着其语言和逻辑思维的发展及有关概念的形成，在音乐的感知能力上也有了更进一步的发展，他们能辨别音乐中力度的强弱、速度的快慢、音的长短和高低。有关研究者曾经对成年专业的音乐家做过调查，发现在2～4岁开始接受音乐教育的人中，有92％的人可能获得绝对音高感；在4～6岁开始接受音乐教育的人中，这个比例便下降到了68.4％。可见，及早地、更多地为儿童提供各种音乐活动的机会和环境，并有意识地引导儿童进行听觉的感知和分辨活动，是十分有意义的。

2. 促进记忆力的发展

听觉能力的培养不仅仅涉及听觉感知、听觉辨别、听觉注意力，更表现在听觉记忆力方面。所谓听觉记忆力，是指记忆音乐、再现音乐的能力。音乐是在时间的流动中展开音乐形象、深化音乐表达内容的，因此，任何音乐的表演、欣赏或创作活动，都不可能脱离对音乐表象的记忆、再认和再现。

此外听觉记忆与听觉感知、听觉注意能力是密切相关的。听觉感知、注意力制约着记忆表象的形成，同时听觉的记忆表象又直接影响到对音乐的感受和理解。众多的研究表明，学前期是培养听觉能力的最佳时期，学前儿童的音乐学习和体验能使他们在这种活动中增强听觉的敏感性、发展听觉感知和记忆表象的能力。

3. 促进想象、联想、思维能力的发展

音乐教育对学前儿童认知发展的促进作用，还表现在能发展幼儿的想象、联想和思维能力。想象是由表象深入发展而形成的一种较高级的心理现象，它与感知、记忆表象、思维等认识过程共同构成了一个人完整的心理过程。正如音乐活动离不开记忆表象一样，音乐活动也往往离不开想象和联想，它是儿童沉浸于音乐活动之中并获得快乐的重要表现之一。我们经常可以看到，当儿童在欣赏富有感染力、表现力的音乐作品时，往往会情不自禁地陶醉于充满乐趣的想象活动之中，对音乐产生一定的共鸣。

音乐教育也能发展学前儿童的思维能力。心理学中根据思维发展水平及凭借内容的不同把思维概括为知觉行动思维、具体形象思维和抽象概念思维三种形式，音乐教育与它们都有着一定的联系。首先，直觉行动思维与儿童的实际行动是直接联系的，儿童在模仿成人的歌唱或做身体动作的过程中，是边做动作边思考，直接完全学会的。学前儿童还能在此基础上逐渐积累起初步的概括能力、判断能力。例如，分辨音乐的风格、性质，知道这首歌曲或乐曲是活泼的还是宁静的，是快乐的还是忧伤的；能对不同的风格、体裁和情绪性质的乐曲做出比较，进行分类，初步建立起音乐与音乐之间关系的体验等。其次，尽管学前儿童对音乐的感知、理解带有明显的直观、形象性，儿童的音乐思维方式是以一种外化的、直觉的、整体的、形象地把握方式为主的，但音乐思维本身有形象思维，又有抽象思维。因此，教师有必要在音乐教育的活动中利用一切机会和手段来帮助学前儿童加深对音乐与音乐之间、音乐的整体与部分之间、音乐与其表现的客观事物之间、音乐与主体的感知体验之间关系的把握和理解，逐渐建立起最初的音乐抽象概念。例如，经过合理的一系列感受、体验和分析、比较活动可以帮助学前儿童逐渐了解和掌握进行曲、摇篮曲、舞曲等不同性质乐曲的基本概念，并会用一定的语言来描述。

　　同样，根据思维的主动性和创造性不同，可以把思维分为习惯性思维和创造性思维两种不同的形式。习惯性思维也称常规性思维，是指某种新的思想的产生是按照一定程序，逻辑地、辩证地导出正确的结论。他是指用通常人们常用的方法来解决问题的思维方式。创造性思维也称超常规思维，它是思维活动的高级水平，是指在已有知识经验的基础上，从问题中找出新关系，寻求新答案的过程。它具有突出的新颖性、独创性和发散性。而音乐中正蕴含着音乐性质的超常规思维。人们常说，音乐是三度创作：作曲家、表演者、鉴赏者。"音乐美的本质是反映作曲家不同凡响的超常规思维力，它可以把人类各种复杂的思想感情细腻地谱写成异乎寻常的集美的乐章。"事实上，我们确实可以从经典而优秀的音乐作品中亲身体验到伟大艺术家活生生的超常规思维的美和力。除此之外，我们还可以从音乐的特征上来认识音乐活动中创造性教育的特点和价值。通过渗透着音乐艺术美的潜移默化的音乐教育活动来激发、培养学前儿童的超常规思维（创造性思维）。首先，音乐是运用旋律、节奏、音色以及速度、力度等变化要素来展现音乐形象、表达思维情绪的艺术。它能刺激作用于学前儿童的大脑，使右脑中棘突触数增加，从而促进学前儿童形象思维能力，特别是想象和创造性思维的开发。其次，音乐本身是一种抽象化的个性艺术，对音乐的感受和体验没有固定、统一的标准答案，因而它恰恰能给学前儿童提供更广阔的创造空间。所以，在学前儿童的音乐教育过程中，学前儿童的生理、心理条件以及音乐本身的独特性都为他们创造性思维的培养和发展提供很好的契机。对于儿童随意哼唱或拍击出的某一个节奏或旋律，即使是很幼稚的，有时还是儿童无法重复的，我们都应加以珍视，因为这都是学前儿童最可贵的创造性思维的萌芽。这种创造性活动的尝试并没有对错之分，关键是能让学前儿童体验到发现、创造的乐趣和成功的喜悦。在当今学前儿童音乐教育的实践中，教育者已经更多地注意到了为幼儿提供参与、探索、迁移、表现和实践的环境，使他们有更多的机会独创、试验自己的艺术想象，进而最大限度地挖掘儿童的创造潜能，鼓励求异思维。

　　毋容置疑的是，学前儿童通过有效音乐教育手段得以促进、协调个体、情感、意志和社会的融入感，使身心协调得到全面成长和发展。

第7章 学前儿童音乐教育活动的内容

学前儿童音乐教育是在学前儿童参与音乐实践活动中进行的,学前儿童音乐教育活动的基本内容包括:歌唱活动、韵律和舞蹈活动、乐器演奏活动、音乐欣赏活动、歌唱韵律活动、音乐游戏、识谱教学等。学前儿童教育机构中的音乐教育通过这几类音乐活动,从不同的教育层面、运用不同的教育手段展开有效教学,培养学前儿童的基本音乐素养和能力。

一、学前儿童的基本音乐素养和能力

通过不同表现形式实施学前儿童音乐教育活动,可以培养学前儿童的基本音乐素质和能力,即音乐感的培养和创造能力的培养,这也是学前儿童音乐教育内容的指导目标。

(一) 音乐感的培养

学前儿童音乐教育中的音乐感主要是指对音乐基本要素的感知和再现能力,主要包括节奏感、旋律感、结构感、音色感、速度感和力度感,这些乐感的培养可以通过歌唱活动、韵律和舞蹈活动、乐器演奏活动、音乐欣赏活动得到开发。

1. 节奏感的培养

节奏感是指对音乐材料中的节奏和节拍的感知和表现。利用各类材料,诸如歌曲、舞曲、器乐曲等对学前儿童进行节奏感的培养,可以通过以下几种形式。

(1) 运用身体动作进行节奏感的培养

① 自由节奏:即让学前儿童自由地用自己感到舒服的节奏伴随着音乐做简单的身体动作,例如拍手、点头等。对那些动作完全与音乐节奏不协调的儿童,教师可以做一些暗示,例如握一下他们的手,提示、引导儿童正确地感受节奏。

② 均匀节奏:即让学前儿童用简单的身体动作按一拍一下、一拍两下或两拍一下的要求击拍,例如用拍手、跺脚或打击乐器等来均匀地表现音乐的均匀节奏。请参看下面谱例:

$$
\begin{Vmatrix}
1\ 2\ 3\ 4\ 5\ 5 \mid 6\ \dot{1}\ 5\ - \mid \cdots\cdots \\
\text{天 上 多 少 星 星 亮 晶 晶} \\
\text{x x x x} \mid \text{x x x x} \\
\text{或: x } - \text{ x } - \mid \text{x } - \text{ x } -
\end{Vmatrix}
$$

③ 旋律节奏:即让学前儿童根据音乐片段的旋律节奏,用简单的身体动作或打击乐器等来表现,例如用拍手来表现音乐的旋律节奏。注意,一般节奏较简单的音乐适合小班歌唱活动中实施。请参看下面谱例:

```
‖: 5 5 3 6 5 5 3 | 1 3 5 3 2 2 1 |……
   树 上 许 多 红 苹 果，一 个 一 个 摘 下 来
   x x x x x x x | x x x x x x x |
```

④ 伴奏节奏：即让学前儿童以简单的身体动作或打击乐器等用一种有规律的固定节奏，例如用拍手来表现音乐的伴奏节奏。请参看下面谱例：

```
‖: 5 3 4 2 | 3 — | 5 3 4 2 | 3 — |……
   大 雨 哗 啦 啦      小 雨 淅 沥 沥
   x   x  xxx  | x   x  xxx |
```

⑤ 节奏动作表演：即引导学前儿童用身体动作的组合来表现音乐本身的节奏或配合打击乐器等，同时带有表演性地反映出歌词的内容。请参看下面谱例：

```
         ‖: 1 1 1 2 3 2 1 | 2 2 2 3 4 — |……
            小 小 黄 色 迎 春 花， 开 在 大 路 旁
第一声部    x   x   x   x | x   x   x   x |
第二声部    0   xx  0   xx| 0   xx  0   xx|
```

(2) 运用视觉材料进行节奏感的培养

运用图片、PPT、Flash等多媒体方法来帮助学前儿童感受和表现音乐的节奏是十分有效的形式之一。

① 看图形做动作：即让学前儿童根据图形卡片显示的节奏为熟悉的音乐配上简单的节奏动作。请参看图7-1，引导儿童拍出节奏××××。

图7-1 例图一

基本节奏型××××为歌曲配伴奏，启发儿童自由地摆放和组合图形卡片，以得到不同的节奏型，如图7-2所示。

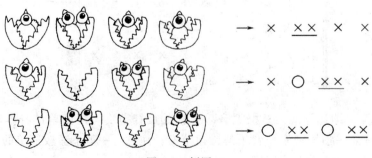

图7-2 例图二

② 听音乐画节奏：即教师和学前儿童一起边唱歌，边用画线段的形式将音乐的节奏画在黑板上。开始时可由教师来画，最后鼓励儿童自己边唱边画，还可以启发儿童自由地选择熟悉的旋律，划出节奏。请参看以下谱例：

| 1 1 5 5 | 6 6 5 - | 4 4 3 3 | 2 2 1 - |
| 天 上 星 星 | 亮 晶 晶 | 好 像 许 多 | 小 眼 睛 |

（3）运用嗓音对学前儿童进行节奏感的培养

在歌唱活动中，运用嗓音对学前儿童进行节奏感的培养，是目前比较普遍且有效的一种教育形式。它包括以下几种表现形式。

① 音节歌唱游戏：即利用各种单音音节、双音音节或多音音节、象声词等填入乐曲中，替换原来的歌词，让儿童边唱边做简单的动作、游戏来培养和训练节奏感。请参看下面谱例：

5. 6 5 4 | 3 4 5 - | 2 3 4 - | 3 4 5 - | ……
头 发 肩 膀 膝 盖 脚， 膝 盖 脚， 膝 盖 脚，

单音音节　啦————————————————
　　　　　嘀————————————————
双音音节　嘀哒——————————————
多音音节　喵呜喵呜————————————

② 语言节奏朗诵：即用有趣、易记的字、词、句、短语或简单的儿歌，配上歌曲的节奏进行朗诵来培养儿童的节奏感。这是学前儿童比较喜欢的一种节奏练习活动，还可以加上其他象声词，例如，用"叽嘎叽嘎"的节奏来配歌曲。请参看下面谱例：

三 轮 车

童谣歌曲

陈惠龄编配

$1=C \dfrac{2}{4}$

| 1 1 | 2. 3 | 5 5 | 3 5 | 5 6. 7 | 1̇ 1̇ 5 |
| 三 轮 车 | 跑 得 | 快， 上 | 面 坐 个 | 老 太 太。 |

| 1̇ 1̇ | 6. 5 | 3 6 5 3 2 | 1 2 3 | 5 6 5 | 3 2 1 ‖ |
| 要 五 毛 | 给 一 | 块， 你 说 奇 | 怪 不 奇 | 怪？ |

（4）运用特别选择的音乐材料进行节奏感的培养

为培养、训练学前儿童的节奏感，可以有针对性地选择一些音乐材料，以帮助他们感受某种特定的节奏。例如，歌曲《小猫走小猫跑》，可以帮助幼儿感受节奏的疏和密；歌曲《跑跳步与踏步》，可以帮助幼儿感受附点节奏的跳跃和二分音符节奏的平稳。请参看下面谱例：

小猫走小猫跑

汪爱丽曲

$1=C \frac{4}{4}$

| 5 3 5 3 | 5 5 3 - | 5.6 5 3 2 3 1 - |
| 喵 喵 喵 喵 | 喵 喵 喵 | 我 的 小 猫 慢 慢 走。|

| 5 3 5 3 5 5 3 | 5.6 5 3 | 5 3 2 3 1 - ‖
| 喵 喵 喵 喵 喵 喵 喵 | 我 的 小 猫 | 快 呀 快 快 跑。|

跑跳步与踏步

汪爱丽曲

$1=C \frac{4}{4}$

3.3 5.5 3.3 5.5 | 4.4 6.6 6 - |
跑 跳 步　　　　　　踏 步

2.2 4.4 2.2 4.4 | 3.3 5.5 5 - |
跑 跳 步　　　　　　踏 步

1.1 3.3 1.1 3.3 | 2.2 4.4 6 - 32 |
跑 跳 步

1　1　7　7 | 1 - - 0 ‖
踏　步

（5）改变熟悉的音乐材料进行节奏感的培养

通过改变学前儿童已熟悉的某些歌曲的节奏或节拍，与原来的歌曲作品进行对比，以加强儿童节奏感的培养。请参看下面歌曲《苹果》谱例：

苹 果

选自香港教材

$1=C \frac{4}{4}$

| 5 5 3 6 | 5 5 3 - | 1 3 5 3 | 2 2 1 - |
| 树 上 许 多 红 苹 果，| 一 个 一 个 摘 下 来。|

| 5 5 3 6 | 5 5 3 - | 1 3 5 3 | 2 2 1 - ‖
| 我 们 喜 欢 吃 苹 果，| 多 吃 苹 果 身 体 好。|

改变原歌曲的节拍，将4/4拍换成3/4拍。请参看下面谱例：

$1=C \dfrac{3}{4}$

$5 - 5 \mid 3 - 6 \mid 5 - 5 \mid 3 - - \mid 1 - 3 \mid 5 - 3 \mid 2 - 2 \mid 1 - - \mid$
$5 - 5 \mid 3 - 6 \mid 5 - 5 \mid 3 - - \mid 1 - 3 \mid 5 - 3 \mid 2 - 2 \mid 1 - - \parallel$

改变原歌曲的节拍，将均匀节奏换成附点节奏。请参看下面谱例：

$1=C \dfrac{4}{4}$

$\underline{5 . \underline{5}} \underline{3 . \underline{6}} \underline{5 . \underline{5}}\ 3 \mid \underline{1 . \underline{3}} \underline{5 . \underline{3}} \underline{2 . \underline{2}}\ 1 \mid$
$\underline{5 . \underline{5}} \underline{3 . \underline{6}} \underline{5 . \underline{5}}\ 3 \mid \underline{1 . \underline{3}} \underline{5 . \underline{3}} \underline{2 . \underline{2}}\ 1 \parallel$

2. 旋律感的培养

在学前儿童音乐技能中，音准是最难学习把握的，唱歌走音现象很普遍。为了尽早帮助儿童形成有关声音高低的正确概念，以促进儿童音乐感受力和表现力的发展，有必要在学前儿童的音乐活动中有意识地加强旋律感的早期培养。

（1）运用听觉、视觉和动觉的协同配合进行旋律感的培养

在歌唱活动中，为了帮助学前儿童掌握歌曲的旋律，唱准音高位置，教师可以在教儿童唱歌的同时利用一定的直观教具、学具，配上手指动作，以引导儿童把视觉、动觉上的高低与听觉上的高低一致起来，从而形成正确的旋律感。例如，歌曲《闪烁的小星星》，教师边指图片中的小星星边唱旋律，儿童边看"视觉图"图片边听旋律，并用手指指点星星的动作，以增强旋律的音高感。请参看下面谱例和视觉图（如图7-3所示）。

闪烁的小星

法国童谣

$1=C \dfrac{4}{4}$

$1\ 1\ 5\ 5 \mid 6\ 6\ 5 - \mid 4\ 4\ 3\ 3 \mid 2\ 2\ 1 - \mid$
一 闪 一 闪 亮 晶 晶，满 天 都 是 小 星 星。

$5\ 5\ 4\ 4 \mid 3\ 3\ 2 - \mid 5\ 5\ 4\ 4 \mid 3\ 3\ 2 - \mid$
挂 在 天 空 放 光 明，好 像 许 多 小 眼 睛。

$1\ 1\ 5\ 5 \mid 6\ 6\ 5 - \mid 4\ 4\ 3\ 3 \mid 2\ 2\ 1 - \parallel$
一 闪 一 闪 亮 晶 晶，满 天 都 是 小 星 星。

（2）运用嗓音进行旋律感的培养

① 移调歌唱：教师可以有选择地对某些歌曲作移调歌唱练习，如原来歌曲是C大调，可试着转入D大调来唱。在移调过程中教师经常反复使用正确的描述乐音高低的术语，也可促使学前儿童形成正确的音高概念。

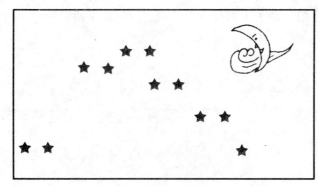

图 7-3 视觉图

② 唱旋律唱名：在歌唱活动中，如经常把唱旋律唱名作为一种有趣的音节游戏，不仅能在反复的练习中刺激儿童的听觉，以形成正确的音高概念，而且能促使儿童自觉地将唱名与所听到的歌曲旋律匹配起来，也为儿童日后的视唱练耳打下基础。

③ 默唱：默唱是培养和训练学前儿童旋律感的一种十分有效的手段和形式。所谓默唱，即不发出声音地唱。在歌曲演唱的过程中，采用部分字、词默唱的形式，不仅能够保持儿童重复练唱的兴趣，而且也有助于培养儿童的听觉表象能力，以形成正确的旋律感，同时也发展了儿童的自我控制能力。默唱游戏设计的形式可有多种：可以是有规律地一小节（或一句）默唱；可以由儿童自由选定任意部分进行默唱；也可以是按字的递增（或递减）方式进行默唱。例如歌曲《小花狗》，请参看下面谱例：

小 花 狗

选自《欧美童谣》
佚　名填词

$1=^bE$（或 F）$\frac{4}{4}$

```
5 | 1 1 5 5 6 6 5 5 | 1 1 2 2 3 1 | 3 3 4 4 4 — |
看张 家爷 爷有 只小 狗 名字叫做(小花),名 字 叫 (小花),

2 2 3  3 | 1 1 2 2．1 | 7 5 6 7 1．‖
名 字 叫 (小花), 名字叫 (小花),它 名 字叫(小花)。
```

（注意：括号中的部分为默唱）

3. 结构感的培养

结构感的培养即在音乐活动中，帮助学前儿童理解乐句、乐段的起、止、重复和变化等，以及区分歌曲的主要部分和附加部分，以初步形成曲式结构的概念。

（1）运用动作身体进行结构感的培养

在歌唱活动中，为了更好地帮助学前儿童感知、理解乐句的开始和结束，可以适当采用身体动作参与的方法，一个乐句完成一个动作。例如，感知《闪烁的小星星》的乐句结构时，可以让幼儿自由地在每个乐句开始的第一拍做星星闪烁的动作，在每个乐句的最后一拍做动作定格，以此身体动作来感知四个乐句的结构。

(2) 运用嗓音进行结构感的培养

运用嗓音表现乐句结构也是一种很有效的形式。可以采用对唱或接唱的方法，通过分句演唱来培养乐句感，既可以是教师与全体儿童的轮流或对答，可以是幼儿和幼儿之间的轮流或对答；也可以采用默唱的方法，有规律地分句默唱；还可以采用节奏插句的方法，即在一个乐句与另一个乐句之间插上有趣的节奏语言，以体会不同的乐句。例如歌曲《大雨小雨》，请参看下面谱例：

$$\underline{5\ 3}\ \underline{4\ 2}\ |\ 3\ -\ |\ (x\ x\ x\ |\ x\ x\ x)\ |$$
大　雨哗　啦　啦　　　　哗　啦　啦　哗　啦　啦，

$$\underline{5\ 3}\ \underline{4\ 2}\ |\ 3\ -\ |\ (x\ x\ x\ |\ x\ x\ x)\ ……$$
小　雨淅　沥　沥，　　　淅　沥　沥　淅　沥　沥

4. 音色感的培养

(1) 运用视觉进行音色感的培养

在歌唱活动中，利用视觉表象与听觉表象的相互类比，可以帮助学前儿童体会用恰当的音色来表现特定的音乐材料。例如，在歌曲《洋娃娃和小熊跳舞》的学唱中，画一只大狗熊，儿童体会运用类比思维想象歌曲的音色可能是粗粗的、厚厚的、重重的。

(2) 运用嗓音进行音色感的培养

用嗓音加强音色的表现是比较直接有效的一种方法。例如，歌曲《我爱我的小动物》，在演唱不同小动物的叫声时，应用不同的音色处理：小狗的叫声有力，小猫的叫声柔美，小牛的叫声沉闷，小鸡的叫声细细的，小猪的叫声粗粗的等。通过嗓音的模仿来表现各种常见的不同音色，更有利于对音乐情感的表达。

5. 速度感和力度感的培养

速度和力度是歌曲表现的重要因素之一。培养学前儿童的速度感和力度感，可以结合音乐作品的内容、形象和情感等特征来进行。

(1) 运用视觉进行速度感和力度感的培养

教师可以向学前儿童出示比较直观的视觉图，使儿童将图像与音乐材料相匹配，从而选择恰当的速度和力度来表现歌曲。例如，在处理歌曲《学做解放军》和《摇篮曲》时，教师可以出示两幅图（请参看图 7-4、图 7-5），询问儿童：哪根线画的是快快地唱？哪根线画的是慢慢地唱？哪首歌曲要快快地唱？哪首歌曲慢慢地唱？大锤子重重的，很有力，哪首歌曲要唱得有力？小鸟轻轻的、柔柔的，哪首歌曲要唱得轻柔一些？

学做解放军

杨　墨词曲

$$1=F\ \frac{2}{4}$$

$$\underline{3.\ 3}\ 3\ 0\ |\ \underline{3.\ 2}\ 1\ 0\ |\ \underline{3.\ 2}\ \underline{1\ 3}\ |\ 5\ -\ |$$

敲　起锣，　打　起鼓，　吹　起小　喇叭，
向　左转，　向　右转，　齐　步向　前走，
挂　着刀，　握　着枪，　背　着手　榴弹，

```
  3  5  3 | 6    5 | 2. 2 2 3 | 2  0 |
  排 好 了   队     伍, 学 做 解   放 军。
  挺 起 了   胸     膛, 跑 步 向   前 冲。
  勇 敢 呀   杀     敌, 争 取 立   大 功。

  1 1 5 1 | 3  -  | 3 3 1 3 5 | 5  - |
  打打打打 打底,      底 底 底 打 底 打,
  打打打打 打底,      底 底 底 打 底 打,
  打打打打 打底,      底 底 底 打 底 打,

  3  5  3 | 6  6  5 | 2 2 2 2 3 | 1  - ‖
  人 民 呀   解 放 军   多 呀 么 多 光 荣。
  人 民 呀   解 放 军   多 呀 么 多 威 风。
  人 民 呀   解 放 军   多 呀 么 多 英 雄。
```

摇篮曲

俞梅丽词
王瑜珠曲

1=D（♭E 或 F） 3/4

```
  3  5  - | 3 2  - | 2 3  - | 1 6 5  - |
  星 星     月 亮     睡        了,
  
  1 1 6 5 | 1 3 2 - | 3 5  - | 3 2  1 |
  天 上 白 云 不 动 了,  虫 儿     不 叫 了,
  
  2 3  - | 1 6 5  - | 1 6 5 2 3 | 1  - ‖
  小 鸟     不 飞 了,   小 宝 宝 睡 着 了。
```

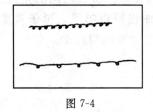

图 7-4

图 7-5

（2）选择特定的音乐材料进行速度感和力度感的培养

教师可以有针对性地专门选择一些在力度、速度上有明显对比的音乐作品，帮助学前儿童进一步感知和理解。例如，歌曲《小燕子》的第一段（1~8 小节）、第三段（17~24 小节）可唱得稍慢、柔和些，第二段（9~16 小节）表现小燕子辛勤的劳动，可唱得稍快、跳跃些。请参看下面谱例：

小燕子

佚 名词
江 玲曲

$1=C \dfrac{3}{4}$

5 6 3	5 - -	i 6 6	5 - -
小 燕 子		真 美 丽，	

5 6 i	5 - -	5 3 2	1 - -
我 们 大 家		都 爱 你。	

3 5 5 5	6 i i i	6 i 6 5	3 3 2 -
除 害 虫 呀,保 庄 稼 呀,	你 为 丰 收	出 力 气,	

3 5 5 5	6 i i i	1 2 3 5	2 2 1 -
除 害 虫 呀,保 庄 稼 呀,	你 为 丰 收	出 力 气,	

5 6 3	5 - -	i 6 6	5 - -
小 燕 子		真 美 丽，	

5 6 i	6 - -	6 5 6	i - - ‖
我 们 大 家		都 爱 你。	

（二）创造能力的培养

在音乐活动中，教师要在有意识地引导学前儿童的同时，为他们提供有利于培养创造性的活动和机会，以发展学前儿童的创造性。其活动形式一般有以下几种。

1. 创编动作

为音乐创编动作是歌唱韵律活动中最常见的一种形式。对于结构简单、工整，歌词内容富有动作性的歌曲，可以引导学前儿童展开一定的想象，为歌曲编出生动形象而有趣的表演性动作。例如歌曲《小花狗》，歌词浅显易懂、生动，对动作有很强的暗示性，小班或中班的幼儿能根据歌词内容编出简单的表演动作——两手放在头上做小狗的耳朵，依歌曲节奏招手；蹲在小椅子边，拍手；两手放在嘴边，做啃肉骨头的动作等。请参看下面谱例：

小花狗

育 苗词曲

$1=C \dfrac{2}{4}$

3 3 2 3	1 x x	3 2 3 6	5 x x
一 只 小 花 狗,(汪 汪)	蹲 在 大 门 口,(汪 汪)		

6 6 5 3	2 x x	5 5 2 3	1 x x	(x x.) ‖
两 眼 黑 油 油,(汪 汪)	想 吃 肉 骨 头。(汪 汪)	汪 汪。		

还有一类歌曲，歌词中既有具体的动作描写，又有较抽象的情感体验的内容。例如歌曲《泥娃娃》①，这类歌曲对动作创编的要求比较高，一般中、大班的幼儿可以在教师的引导下完成创编。这首歌曲中，教师可以重点启发学前儿童怎样用动作来表现"我做它爸爸，我做它妈妈，永远爱着它"以及"它是个假娃娃，不是个真娃娃"等。

除了为歌曲创编配合歌词的表演性动作外，还可以进行表演性的节奏动作。例如，在歌曲《杀鸡宰鸭》中，教师可以引导幼儿在歌唱活动中自发性地加入小动物的动作，正确配合歌曲节奏。请参看下面谱例：

杀鸡宰鸭

印度尼西亚童谣

$1=^bE(或F)\ \frac{4}{4}$

| 5 5 1 1 1 1 | 7 1 2 7 1 1 | 5 5 1 2 3 3 |
| 我们 杀鸡宰鸭煮在锅 里呀,朋友 们快来呀 |

| 2 3 4 2 3 3 | 4 6 4 2 4 4 | 3 5 3 1 3 |
| 快来唱呀跳呀.跳到那 东来又 跳到那 西呀, |

| 2 3 4 2 7 6 | 1 3 5 0 | 4 6 4 2 4 4 |
| 啦啦啦啦啦啦啦啦啦。 跳到那东来又 |

| 3 5 3 1 3 | 2 3 4 2 7 5 | 6 7 1 3 1 0 |
| 跳 到那 西 呀,啦啦啦啦啦啦 啦啦啦。|

无论进行哪种形式的动作创编，教师都应该注意启发学前儿童的生活经验，引导幼儿多观察周围的生活和环境，积累一定的动作语汇。在创编过程中，教师还可以将歌曲适当地分段、分句或放慢歌唱速度等，等学前儿童熟练掌握动作以后再把歌曲完整而连贯地表现出来，恢复到原有的歌曲速度。

2. 创编歌词

在学前儿童自发性的歌唱活动中，幼儿常常喜欢重复地歌唱某些儿歌中的片段，或将一些滑稽、有趣的词语填唱在这些歌曲片段中替代原有的歌词，这正是学前儿童创编歌词的活动内容。因此，在学前儿童歌唱活动中，利用"创编歌词"活动来培养幼儿的创造性，已是学前儿童音乐教育中一种普遍的教学活动形式。学前儿童在这种自创性的活动中表现出极大的热情、快乐和满足，可以增强幼儿歌唱的积极性和主动性，使他们充分体验和享受自我表达的乐趣。

学前儿童的歌词创编主要是"替换词"的形式。歌曲的形式多以重复段落为主，歌词简单易懂、易记忆和替换。切记根据不同年龄段的幼儿在认知和知识能力上的差异性来选

---

① 《泥娃娃》歌词：泥娃娃泥娃娃，一个泥娃娃。也有那眉毛，也有那眼睛，眼睛不会眨。泥娃娃泥娃娃，一个泥娃娃。也有那鼻子，也有那嘴巴，嘴巴不说话。它是个假娃娃，不是个真娃娃。它没有亲爱的爸爸也没有妈妈。泥娃娃泥娃娃，一个泥娃娃。我做它爸爸，我做它妈妈，永远爱着它。

择歌曲曲目。

① 小班：一般为小班幼儿所选择的歌曲应该有较强的形象性，词句中有较多规律性的重复语句，便于此年龄段幼儿记忆。例如，歌曲《小鸡在哪里》，可将歌词划曲线部分"小鸡"换成"小鸭"，"叽叽叽叽"换成"嘎嘎嘎嘎"等其他幼儿熟悉的小动物和家禽。请参看下面谱例：

小鸡在哪里

佚 名词曲

$1=C\ \dfrac{2}{4}$

1 1	3 3	2 2	1 —	3 3	5 5	4 4	3 —
小 鸡	小 鸡	在 哪	里？	叽 叽	叽 叽	在 这	里。

6 6	5 3	4 5	3 —	6 6	5 3	2 2	1 — ‖
小 鸡	小 鸡	在 哪	里？	叽 叽	叽 叽	在 这	里。

② 中、大班：为中、大班的幼儿选择歌词创编的歌曲时，可以适当地选择歌曲中有多处重复部分的歌曲，进行多处替换和改变。同时，歌曲中歌词的意义可由具体的形象向较抽象的情感过渡。例如，歌曲《雪花和雨滴》，可以从启发学前儿童热爱四季（春、夏、秋、冬）的情感入手，在丰富幼儿相应的生活经验、语言经验的基础上，引导幼儿将曲线部分的歌词替换和改变，进行创编活动。请参看下面谱例：

雪花和春雨

佚 名词曲

$1=C(D\ 或\ ^bE)\ \dfrac{2}{4}$

	1 1̂2	3 3 3 4	5 5 6 6 5 —	5̂4 3
mp	是 谁	敲 着 窗 户	沙沙沙沙沙？	是 我
mf	是 谁	敲 着 窗 户	嘀 嗒 嘀 嘀 嗒？	是 我

4̂ 3	2	4 4 4 2	3 —	1 1̂2	3 3 3 4
是	我	我 是 小 雪	花。	我 从	天 空 中
是	我	我 是 春 雨	呀。	我 从	天 空 中

5 6̂ 5	3 —	5 4 3	4 3 2	3 3 2 2	1 — ‖
飘 下	来	告 诉 你	告 诉 他	冬 天 来 到	了！
飘 下	来	告 诉 你	告 诉 他	春 天 来 到	了！

二、学前儿童音乐教育活动中音乐作品的选择

学前儿童音乐教育活动的设计应从选材出发,如何识别、甄选适合学前儿童音乐教育的音乐作品是至关重要的,我们可以从题材和具体音乐活动内容性质着手选择符合学前儿童身心发展和学前儿童音乐教育特点的音乐作品。

(一) 学前儿童音乐的题材

1. 游戏题材

游戏是幼儿自发、自主的活动,在教师支持下幼儿游戏与幼儿园课程息息相关。在学前儿童音乐教育中生成的活动,经常和游戏联系在一切,这非常符合儿童天性好动的情况。可以说,游戏是儿童的主要存在方式和儿童教育的主要方式。把游戏融入音乐教学中,或在游戏中学习、体验音乐,都能使儿童获得积极愉快的情绪情感体验和享受,培养并形成对音乐活动的兴趣和积极、主动的个性。因此,学前儿童音乐的内容中也是经常融入游戏的因素,在游戏题材中发展幼儿的音乐能力。例如,《找朋友》、《编花篮》等音乐作品就是根据现实生活中的儿童游戏活动编创的儿童音乐作品。

2. 生活题材

学前儿童的认知体验是离不开生活的,日常工作生活场景、家庭生活、纪念庆祝活动、爱国、社交等题材的音乐作品能使儿童认识、体验生活中的种种,还可通过音乐更深地感受生活。例如,《一分钱》、《健康歌》、《刷牙歌》、《我爱我的幼儿园》等儿童歌曲不仅生动地描述了生活中的品德和习惯,还具有积极的教化意义,更是学前儿童生活认知的好范本。

3. 童话题材

所有的儿童都喜欢童话故事,因童话故事能配合儿童认知之发展程度,在所谓"原本思考程序"里,容许儿童沉醉于幻想境界,用象征的语言、魔术的方法,可以打败比自己还大的对方,满足弱小儿童的心理。虽然儿童故事是由成人所写的,但成人内心仍有一片童心,也有自己小时的回忆与存留的欲望,通过童话与幼小的小孩沟通,拨动儿童的心弦。

由于童话故事由社会人们所创作、传颂,并经社会与文化的传递、筛选、保存,常反射文化环境里的思想、价值观与人际关系,特别是成人与儿童的关系,可作为了解文化的一个捷径。音乐作为社会文化的一个重要组成部分,在音乐作品中融入童话的题材,使得儿童与生活更加融合。

想象力作为人最宝贵的思维品质,也正是童话故事最美好的品质。一个好的故事必定充满灵动的想象力。儿童生活在想象中,想象力使儿童的精神疆域得到无数倍的扩张。在阅读童话故事的过程中,想象力为儿童插上翅膀,从远古飞到未来,从仙女飞到小动物,从孤岛飞到战场。形成了这样的"飞行"习惯,儿童的思维将长久地处于活跃状态。音乐本身就具有想象性的特点,学前儿童音乐选择童话题材更能激发儿童的联想力,愉悦身心。

童话故事中隐含着现实的逻辑,它用艺术的手法再现真实的生活。从童话故事中,儿童可以看到自己、自己的父母和朋友。在童话故事中,理解他人并站在别人的角度来看待自己成为可能。在阅读故事的过程中,大多儿童并非运用理智,而是通过喜恶来同情或厌恶某个人物,分出所谓的"好人"与"坏人"。例如,根据童话故事编写的歌曲《小兔乖乖》、交响

童话《彼得和狼》、舞剧《胡桃夹子》等。这种情感上的选择可以让儿童练习对社会道德判断。美好的故事时时鼓励儿童，面对困难时拿出勇气和毅力，困难终可克服，奇迹会在最后关头出现。一个相信童话的儿童，会把童话所给予他的美好、感动、震撼实现为高雅、真诚、执著。所以，音乐中的童话故事也有助于儿童分辨是非、形成自己特有的人生观。

4. 大自然题材

学前儿童音乐作品的题材也经常选择自然的声音作为音乐欣赏和模仿对象，诸如鸟鸣、鸡啼、猫叫等声音，火车、轮船、飞机等声音，风雨雷电的声音都能直接刺激幼儿的听觉，这对帮助学前儿童理解自然物质大有帮助。例如，圣桑的《动物狂欢节组曲》的音乐中所塑造的那一幅幅栩栩如生的动物肖像画令人而拍案叫绝：发威的雄狮、灵巧的袋鼠、迟钝的乌龟、旷野中毛驴的长鸣和空谷幽林中杜鹃的低吟……都传神地刻画出了动物的独特个性和习性，每段刻画不同动物的音乐都可以采用到学前儿童音乐教育活动中，或做律动或做欣赏。

(二) 学前儿童音乐教育活动中的乐曲选材

1. 学前儿童歌曲作品的选材

一代又一代少年儿童是在唱着"我在马路边捡到一分钱"的歌曲中学会了"拾金不昧"，是在唱着"李小多分果果"的歌曲中学会了关心他人，是在唱着《让我们荡起双桨》的歌曲中感受着童年生活的幸福与快乐……唱歌是儿童的天性，让儿童唱什么歌，却是教育者的责任。学前儿童歌曲包括儿童歌谣和儿童歌曲两类，为学前儿童选唱的歌曲和歌谣应注意以下选材事项。

(1) 歌词方面

首先，日常生活是儿童歌曲的主要内容。孩子们日常生活的每一天都是他们品德、习惯、认知、情感、社会性表现等与外界环境互动的过程。寓歌曲于儿童的一日生活之中，在歌曲中捕捉儿童身边的感人事、有趣事和应该摒弃的事，用发生在儿童身边的事来教育儿童本人。儿童的生活给创作儿童歌曲提供了很好的素材。有的孩子喜欢玩娃娃家，就有《过家家》、《你我他》、《布娃娃摇篮曲》、《彩色积木真漂亮》等歌曲的产生，让孩子们在玩娃娃家的过程中，学习交往、学习摆放物品、理解娃娃家角色之间的关系，发展孩子们的游戏语言；有的孩子喜欢追逐、喜欢跑跳，就产生了《安全与快乐》、《我最喜欢的地方》、《放风筝》等歌曲，让孩子们懂得在玩耍中要注意安全、在安全中才能快乐玩耍的道理。

其次，儿童的心灵是纯真的，儿童的向往是美好的。寓歌曲于儿童的美好愿望中，在创作中激励儿童对自己身边的事情感兴趣，引导儿童对祖国建设美好未来的向往。一首又一首好听的儿童歌曲，诸如《我爱我的家》、《我的祖国好》、《五星红旗真漂亮》、《梦幻曲》、《我到太空去游玩》、《航天叔叔好榜样》等儿童歌曲，都是孩子们生活中最喜欢唱的歌曲。

再次，是什么力量让孩子们能情不自禁地唱着朗朗上口的儿童歌曲和歌谣？是什么力量让孩子们做着平时做不到的事情？是通俗易懂的儿童歌曲让孩子们有了属于自己的歌声；是有教育意义的儿童歌曲引领孩子们做了自己能做到的事情……寓歌曲于儿童的思想品德教育中，积极向上的歌曲能引领儿童健康成长。有的孩子在《关心他人我快乐》、《雨天去上学》、《猴哥请帮手》的歌声中，学会了关心他人，学会了克服困难，学会了看到别人的优点；有的孩子在《环保功劳数不清》、《陌生人敲门我不开》、《过马路》、《我会干》等歌声中，懂得了如何爱护我们的环境，如何远离陌生人，如何遵守交通规则，如何自己照顾自己的道理；还有的孩子在《学会等待也快乐》、《小动物玩滑梯》、《淘气的小猴子》、

《我是快乐的值日生》等歌声中学会了等待，学会了遵守纪律，学会了为集体做事情……有趣的儿童歌曲给孩子们的生活带来了快乐，有教育意义的儿童歌曲激励了孩子们积极向上的情绪。

最后，应尽量注意歌词内容的可表达性，在边唱边做动作的歌唱韵律活动中能自然而直接地发展学前儿童的肢体动作能力。学前儿童在对音乐感知的过程中也往往表现出自然的动作摇摆。选择适宜于肢体动作表现的歌词内容的歌曲，不仅有利于学前儿童更好地记忆、理解歌词，还能充分地发展学前儿童的动作协调能力，加强对歌曲情感的表达。

（2）曲调方面

第一，为学前儿童选择歌曲时应注意歌曲的音域不宜太宽，选调应参照各年龄段学前儿童音乐能力发展的具体情况，根据不同年龄段学前儿童的实际演唱音域范围来确定，第5章中可查到具体的参照内容。

第二，为学前儿童选择歌曲时应注意歌曲的速度要适宜，不能太快，一般以中速或中速稍快、中速稍慢、行板或小快板指导歌曲速度。特别是四岁以前的学前儿童的肺活量小、呼吸浅、气息短，加之语言能力发展有限，歌唱中的呼吸、发生、咬字等方面的技能掌握困难，使得歌曲的演唱速度一定要适中，不宜太快或太慢，适宜中速。

第三，为学前儿童选择歌曲时应注意歌曲的节奏和节拍不宜太繁杂，节奏应简单而清晰，多以四分音符、二分音符、八分音符的均分节奏为主。中、大班时逐渐添加带有附点音符、少量的十六分音符、切分音节奏以及弱起节奏的歌曲，配合理解有特殊音乐内容的歌曲的学习，培养对音乐的表现力。节拍主要是2/4和4/4拍，偶有三拍子的歌曲配合表现特殊的音乐情感。

第四，为学前儿童选择歌曲时应注意歌曲的旋律起伏应平稳适宜。学前儿童最容易掌握的旋律音程关系是三度或以下的音程，其次是四度、五度和八度音程的音高关系。六度、七度及其他增减音程，即使是六、七岁的儿童也不容易唱准。因此，根据学前儿童的年龄段，小班适宜选多为三度音程的旋律音高关系的歌曲，中、大班儿童的歌曲旋律可适当增加一些三度以上音程的跳进。

最后，为学前儿童选择歌曲时还应注意歌曲的曲式结构应短小而工整。小班儿童的歌曲以四个乐句为宜，中、大班的歌曲可有六至八个乐句，偶尔也可唱稍长乐句的歌曲。歌曲中的每个乐句不宜太长，一般每四拍或六拍一个乐句配合二拍子、四拍子和三拍子的歌曲节拍，且乐句间的长度最好相等。歌曲的曲式结构简单工整，可以是简单的二段体或三段体的歌曲，一般没有间奏或尾奏等附加音乐。

2. 韵律和舞蹈活动的配乐选材

韵律和舞蹈活动的配乐体裁广泛而有特色，诸如歌曲、器乐曲、舞曲等，他们的选择应考虑到符合学前儿童发展的以下特点。

（1）旋律优美，节奏感强

美妙的音乐能自然地激发儿童参与和表现的欲望，韵律和舞蹈活动能引发他们积极地模仿各种肢体、舞蹈动作，以表现音乐的感情色彩。此外，选择不同节奏、不同性质和风格的音乐，能丰富学前儿童对音乐节奏及乐感的体验和培养，根据音乐中不同的节奏来变换动作，帮助他们理解动作和音乐的关系，从而协调动作和音乐的配合能力，提高对动作的反应能力。

(2) 音乐形象鲜明

学前阶段儿童的知识经验、社会实践和音乐感悟都处在启蒙阶段，形象生动、鲜明、有趣的音乐有助于学前儿童对动作的模仿和理解。例如，流畅而优美的音乐旋律可配合模仿鸟类的飞翔动作，活泼轻快、跳跃的节奏旋律配合动物跳跃的动作（诸如小兔跳、袋鼠跳等），沉重而缓慢的音乐旋律就像大象在走路。

(3) 结构工整

韵律和舞蹈活动的配乐同样要遵循结构工整的原则，简洁的结构和清晰的段落有助于学前儿童区别对比音乐形象，理解不同的韵律、舞蹈动作及队列的变换如何与音乐曲式的展开配合。

3. 打击乐器演奏的音乐选材

学前儿童教育机构中的乐器演奏活动主要是打击乐器演奏。为学前儿童选择配合打击乐演奏的音乐，要节奏鲜明、结构工整、旋律明快优美。配合打击乐器演奏的音乐体裁一般是进行曲、舞曲或其他富有情趣性和艺术性的音乐作品，这些作品具有明显的节奏特征，曲式结构工整、段落清晰，一般是二段体或三段体，段落旋律对比鲜明，适合启发学前儿童用不同音色、音量的乐器和特色的节奏变化来表现音乐的内容情感。

在幼儿园的打击乐器演奏活动中使用的"打击乐曲"一般可以分成两类。一类是伴随歌曲或旋律乐器演奏的器乐曲进行的打击乐器演奏乐曲；另一类是纯粹由打击乐器或替代性的打击乐器来演奏的打击乐曲。这些打击乐曲的演奏方案，有的是由专业音乐工作者创作的，有的是由幼儿园教师创作的，也有的是在幼儿教师的帮助下由幼儿自己创作的。

4. 音乐欣赏作品的选择

为学前儿童选择音乐欣赏的音乐作品时，首先要考虑学前儿童的年龄特点以及他们的感知、理解音乐的实际能力和接受水平。无论选择什么样体裁、风格的音乐作品，都要注意音乐作品的题材、形象要贴近学前儿童生活中熟悉的事物和情感认知，能唤起他们的兴趣。其次，还要从音乐的题材、体裁、内容、曲式、风格等音乐元素上考虑音乐作品的艺术性。例如，钢琴作品《洋娃娃的梦》描写了娃娃睡觉、做梦和跳舞三段不同音乐表现内容：第一段"娃娃睡觉"的速度标记是行板，3/4 拍，旋律音符是二分、四分音符，摇篮曲风格；第二段"娃娃做梦"的速度标记是中速，4/4 拍，旋律音符是四分、八分音符，叙述风格；第三段"娃娃跳舞"的速度标记是小快板、中速，2/4 拍，旋律音符是四分、八分、十六分音符并伴有附点节奏音型，谐谑风格，活泼欢快。这样的欣赏曲不仅为孩子们所喜欢，更便于学前儿童对作品内容、风格、情绪的感受和理解，从而引起他们情感上的共鸣。

同时，学前儿童欣赏的音乐作品还应考虑内容、曲式、体裁等方面的丰富多样性，扩展学前儿童对音乐作品的大容量认识、理解。

三、学前儿童音乐教育活动的基本内容

(一) 学前儿童歌唱活动

歌唱是人类表达、交流思想感情最自然的方式之一，更是儿童表达自己思想情感的一种方式。对于学前儿童来说，歌唱是他们日常生活中不可缺少的一个重要组成部分。歌唱既能给儿童的生活带来无穷的乐趣，同时它还具有中介的教育价值，能在潜移默化的审美

熏陶中陶冶儿童的情操、启迪儿童的心智、完善儿童的品格。因此，歌唱是学前儿童音乐教育的一个重要内容。

1. 歌唱的基本知识与技能

（1）保护嗓音

关于保护嗓音的一些基本常识，也应及早地让学前儿童掌握：不大声喊叫着唱歌；不在剧烈运动时或剧烈运动后大声地唱歌；不长时间地连续唱歌；不在空气污浊的环境中唱歌；不在咽喉发炎时唱歌等。关键是要及时教给儿童正确的唱歌发声方法。

（2）姿势

正确的唱歌姿势是指无论站着或坐着唱歌，都应保持身体和头部的正直、放松；两臂自然下垂或放在腿上；两眼平视，两肩放松；口型保持长圆形，嘴唇的动作要求自然，根据正确的咬字及发音的需要适当地张开嘴，应避免嘴角向两边延伸成扁圆形。

（3）呼吸

呼吸是歌唱的动力。歌唱时有气息的支持，才能保持或延长歌声。歌唱中正确的呼吸方法应该是自然地吸气，均匀地用气，并尽量在呼吸时一次吸入足够的气息并保持住，然后再在演唱时根据乐句和表情的需要慢慢地、有节制地运气。另外，在呼吸的时候还应注意不抬头、不耸肩、不发出很大的呼吸声，一般不在乐句的中间换气，必须按照一定的乐句规律来换气。

（4）发声

正确的发声方法是使歌声优美、动听的基本要求。要使儿童学会用"自然美好的声音"来唱歌，就必须运用一定的发声技巧。首先，儿童的下巴放松、嘴巴自然打开，用自然的声音唱歌。其次，不大声喊叫，也不过分地克制音量。一些害羞、胆小、自卑的孩子往往在歌唱时非常拘谨、紧张，而一些表现欲望强的孩子往往会大声喊叫着唱歌，这都是要加以纠正的。

（5）咬字吐字

唱歌和说话一样，需要咬字吐字清楚，才能表情达意。但由于受到歌曲旋律和节奏的影响，对学前儿童来说，歌唱时的咬字吐字要比说话和念儿歌困难。有的儿童会因为吐字器官配合不当，出现个别字音咬不准、吐不清；有的儿童由于对歌词词义的不理解而吐字含糊不清；还有的儿童由于歌曲速度快、个别乐句节奏短促或一字多音而产生吐字咬字方面的困难等。针对这些情况，要教给儿童正确的吐字咬字方法。这可以从培养吐字器官唇、齿、舌、喉的相互配合协同动作开始，所以小班的歌唱活动一般都是以"歌曲韵律"的形式来组织的。

（6）协调一致

协调一致是指在集体唱歌活动中，学前儿童能够掌握一些正确地与他人合作的技能。首先，表现在歌唱时不使自己的声音太突出，能够有意识地将自己的歌声和谐地融入集体的歌声之中；其次，在接唱、轮唱、二声部合唱等不同歌唱表演中，能够做到准确地与其他儿童、其他声部相衔接，保持音量、音色、节奏、力度等方面的协调，以及声音表情、脸部表情和动作表情方面的和谐一致。而集体唱歌协调一致的训练是在幼儿年龄的成长中逐渐要求以达到目标，对年龄小的儿童应该只进行基本要求。

2. 歌唱的基本表现形式

不同的歌唱表演形式可以表达出歌曲不同的演唱效果。在学前儿童的歌唱活动中，可以根据参加歌唱者的人数及合作、表演方式的不同，将歌唱的形式分为以下几种。

（1）独唱

独唱是指一个人独立地歌唱或独自表演唱。

（2）齐唱

齐唱是指两个或两个以上的人在一起整齐地唱同一首歌曲，这也是幼儿园集体唱歌活动的一种最主要形式。

（3）接唱

接唱是指将一首歌曲分成几个乐句，由幼儿分组轮流一句句接唱。例如歌曲《咚咚锵》，请参看下面谱例：

咚 咚 锵

金　本词
汪　玲曲

$1=F\ \dfrac{2}{4}$

$\underline{3\ 3}\ \underline{3\ 1}\ |\ 3\quad 3\ |\ \underline{2\ 2}\ \underline{2\ 3}\ |\ \dot6\quad \dot6\ |\ \underline{1\ 1}\ \underline{6\ \dot1}\ |$

（甲）我 敲 小 鼓　咚　咚（乙）我 敲 小 镲　锵　锵（丙）咱 们 两 个

$\underline{3\ 1}\ 2\ |\ 3\quad \dot6\ |\ \underline{\dot6\ 3}\ \underline{6\ 3}\ |\ \dot6\quad 0\ \|$

一　起 敲（丁）咚　锵。咚　　锵咚锵 咚咚锵。

（4）对唱

对唱是指个人与个人、小组与小组之间以问答的方式各自唱歌曲中的问句和答句。例如歌曲《小朋友想一想》，请参看下面谱例：

小朋友想一想

潘振声词曲

$1=C\ \dfrac{2}{4}$

$\underline{1\ 2}\ 3\ |\ \underline{1\ 2}\ 3\ |\ \underline{3\ 2}\ \underline{3\ 4}\ |\ 5\quad 6\ |\ 5\ -\ \|$

问：小 朋 友 想 一 想，什 么 动 物 鼻　子 长？
问：小 朋 友 想 一 想，什 么 动 物 耳　朵 长？

$\underline{5\ 6}\ 5\ |\ \underline{4\ 3}\ 2\ |\ \underline{5\ 6}\ \underline{5\ 4}\ |\ 3\quad 2\ |\ 1\ -\ \|$

答：鼻 子 长 是 大 象，大 象 鼻 子　最 最 长。
答：耳 朵 长 是 白 兔，白 兔 耳 朵　最 最 长。

（5）领唱

领唱是指由一个人或几个人唱歌曲中比较主要的部分，集体唱歌曲中配合的部分。例如歌曲《小鸟小鸟你真好》，请参看下面谱例：

小鸟小鸟你真好
（领唱 齐唱）

刘同仁词
戈宗远曲

$1=F \quad \dfrac{2}{4}$

(5.3 25 | 1 2 1 6 | 5 2.3 5 3 | 2 3 2 1 2 2.3 5 3 |
2.3 2 1 6 1 5 6 1 6 5 0 5 6 1 2) 3 5 3 2 | 1.2 5 3 |

（领）树 上 住 着 两 　 只
（领）小 鸟 捉 虫 往 　 回

2． 3 | 1 3 2 0 | 3 5 6 1 2.3 1 6 | 5． 1 |

鸟（齐）哎！两 只 鸟，（领）一 只 老 来 一 只 小（齐）哎！
叼（齐）哎！往 回 叼，（领）先 让 老 鸟 吃 个 饱（齐）哎！

6 1 5 0 | 1 5 1 | 5 3 3 2 0（3 5 3 1 2 0）| 2.3 5 5 |

一 只 小。 老 鸟 行 动 不 方 便， 再 去 捉 鸟
吃 个 饱。 我 对 小 鸟 点 点 头， 小 鸟 小 鸟

1 3 2 0 | (1 6 1 3 2 0) | 2.3 5 3 2.3 2 1 6 1 6 |

真 苦 恼， 再 去 捉 虫 真 苦
你 真 好， 小 鸟 小 鸟

5 — | 6² 1 6 5 2 3 5 — | 5 0 ‖

恼。 你 真 好（齐）你 真 好 哎！

（6）轮唱

轮唱是指两个声部按一定时值的间隔先后开始唱同一首歌曲。例如歌曲《欢乐颂》，请参看下面谱例：

欢 乐 颂

贝多芬曲
佚名填词

$1=D \quad \dfrac{4}{4}$

第一声部：‖: 3 3 4 5 | 5 4 3 2 | 1 1 2 3 | 3.2 2 — | ……
　　　　　　蓝 天 高 高 白 云 飘 飘，太 阳 公 公 在 微 笑。

第二声部：‖: 0 0 0 0 | 3 3 4 5 | 5 4 3 2 | 1 1 2 3 | ……

（7）合唱

合唱是学前儿童的歌唱学习中的重要音乐体裁，是指两个不同声部相配合的集体演唱形式。合唱有助于培养幼儿的合作能力，有助于幼儿美化心灵、扩大视野、陶冶情操和身心健康的发展。合唱的概念即由两个或两个以上声部组成的歌曲，每个声部由一组人演唱，称为合唱。人数较多，音响效果更为丰满，表现力更强，色彩更丰富。合唱是一个整体协调要求较高的艺术，在教育活动中特别注意指导幼儿学会协调各声部之间的关系。使各声部形成相互配合、相互支持的关系，而不是相互竞争、相互干扰。在合唱的过程中要注意声音的统一、层次清晰、声部和谐均衡。在共同歌唱的时候使自己的声音与同伴协调一致也是一种重要的歌唱能力。共同歌唱要求儿童在歌唱时不仅要注意监听自己的歌声，而且还要注意倾听同伴的歌声和伴奏的声音。要达到在共同歌唱中能够与同伴相协调，对于学前儿童来说并不容易。5～6岁儿童，即大班儿童在良好的教育影响下，已经积累了一定的合作经验，已经发展起较强的合作协调意识和技能，已能从合作歌唱中体会到更多的愉快感。他们在歌唱时不仅会较多地注意到声音表情上的整体协调性，而且也能产生较多的情感默契和共鸣。他们会比较自觉地主动控制自己的声音，也会比较敏感地注意到集体歌声中的不协调因素及其产生的原因。同时，他们还能掌握独立的对唱、接唱、领唱、齐唱、轮唱及简单的二声部合唱等合作的歌唱表演形式。

适宜于学前儿童的合唱形式一般可以有三种。"同声式"指两个声部的旋律、和声相同。可以是一个声部唱歌词，另一个声部用同一旋律唱衬词；也可以是一个声部用哼鸣的方式唱旋律，另一个声部按节奏朗诵歌词。"固定低音式"是指一个声部唱歌词，另一个声部唱固定音型或延长音等。"填充式"是指一个声部唱歌词，另一个声部在歌曲的休止或延长音部分唱适当填充式的词曲。例如歌曲《柳树姑娘》，请参看下面谱例：

柳树姑娘

罗晓航词
夏晓红曲

$1=C \dfrac{3}{4}$

第一声部： ‖ 6. 3 3 2 | 3 — — | 5. 1 2 3 | 3 — — |
　　　　　　 柳　树　姑　娘　　　　　　　辫　子　长　长，

第二声部： ‖ 0　0　0 | 0 3 3 3 | 0　0　0 | 0 3 3 3 |
　　　　　　　　　　　　沙 沙 沙　　　　　　　沙 沙 沙

第一声部： ‖ 6. 6 5 6 | 5　3. | 6. 6 5 3 | 2 — — |
　　　　　　 风　儿　一　　吹，　甩　进　池　　塘。

第二声部： ‖ 0　0　0 | 0 3 3 3 | 0　0　0 | 0 2 2 2 |
　　　　　　　　　　　　沙 沙 沙　　　　　　　沙 沙 沙

```
第一声部: | 1̣ 6̣ 1 2 2 | 3̣ 6̣ 1 2 2 | 5 3 5 6 6 | 5 3 5 6 6 |
         洗 洗 干   净 多 么 漂 亮,  洗 洗 干   净 多 么 漂 亮。

第二声部: | 1̣ 6̣ 1 2 2 | 3̣ 6̣ 1 2 2 | 5 3 5 6 6 | 5 3 5 6 6 |
         沙 沙 沙 沙 沙 沙 沙 沙 沙 沙 沙 沙 沙 沙 沙 沙 沙 沙

第一声部: | 1  -  3 1.3 1 6̣ | 6  -  -  5 6 6 0 |
         多    么 漂   亮         啊 里 罗。

第二声部: | 1  -  3 1.3 1 6̣ | 6  -  -  5 6 6 0 |
         多    么 漂   亮         啊 里 罗。
```

(二) 学前儿童韵律和舞蹈活动

著名的音乐教育家奥尔夫说过:"音乐教育应开始于动作。"所谓韵律和舞蹈活动是指在音乐的伴奏下以协调性的身体动作来表现音乐的活动,是一种常规性的音乐教育活动。在实际的学前儿童音乐教育活动中,身体动作和音乐往往是密不可分的,动作是儿童表达和再现音乐的一种最直接而自然的手段。韵律和舞蹈活动既能满足儿童对音乐的参与、探究的需要,获得表现和交流的快乐体验,更能够促进儿童身体运动能力和协调性的发展以及音乐感受力、表现力和创造力的培养。因此,学前儿童韵律和舞蹈活动能力的发展是一个渐进的过程,体现出一定的年龄段特点,也要结合儿童生理机能的发展来设计活动的律动和舞蹈动作的内容,学前儿童韵律和舞蹈活动的主要内容是学习音乐伴奏下的韵律动作和舞蹈。

1. 儿童舞蹈活动的基本知识与技能

儿童舞蹈是学前儿童音乐教育经常使用的一种体裁,是由儿童表演或表现儿童生活的舞蹈。它是对儿童进行德、智、体、美综合教育的重要手段,它的特点是边歌边舞,形象直观,易于被儿童理解和接受。儿童舞蹈对儿童的身体素质、情感、审美、注意力等方面有着十分重要的意义,明显促进儿童身心的健康成长。20世纪20年代,中国就曾流行过黎锦晖创作的儿童歌舞剧《小小画家》、《麻雀与小孩》、《葡萄仙子》等。中华人民共和国成立后,在舞台上出现了《拔萝卜》、《吉庆有余》、《摸螺》等儿童舞蹈。

从生理的角度上来看,儿童骨骼较软、容易变形、弹力小、收缩力差,容易疲劳,而他们的大脑发育很快、容易兴奋,而且弹跳力较好。儿童舞蹈的内容要考虑到儿童身体发展的自然规律,动作力求舒展,短促有力,节奏欢快,从而表现出了他们活泼可爱的性格。学前儿童舞蹈在音乐上要针对儿童特点选择一些节奏鲜明、动感很强而且歌词朗朗上口的音乐来配合练习动作或律动。

儿童舞蹈必须从内容上反映儿童的生活和他们的情趣,而不能是成人舞蹈的再版;必须表现儿童的喜、怒、哀、乐,并加以提炼,成为反映儿童生活的舞蹈。同时,根据儿童的思想、感情、生理特点以及程度加以变化、发展成为儿童形式的舞蹈,要用儿童能够理解的知识去引导,用儿童熟悉的对象去比喻,利用自己掌握的舞蹈技巧去表现。

2. 韵律和舞蹈活动的基本技能类型

（1）律动

律动是在音乐伴奏下的韵律动作，可分为基本动作、模仿动作和舞蹈动作。

① 基本动作是指儿童在反射动作的基础上发展起来的日常生活动作。例如走、跑、跳、拍手、曲膝、晃手等。

② 模仿动作是指儿童模仿特定事物的外在形态和运动状况所做出的身体动作。内容如下：动物的动作——鸟飞、兔跳、鱼游等；自然现象——花开、风吹、下雨等；日常生活的动作——洗脸、梳头、照镜子等；成人劳动或活动的动作——摘果子、锄地、骑马、打枪等；儿童游戏中的动作——跷跷板、拍皮球等。

③ 舞蹈动作是指学前儿童要学习和掌握的舞蹈动作，主要是一些基本肢体、步伐动作。例如：小班儿童要掌握碎步、小跑步；中班儿童在此基础上要掌握蹦跳步、垫步、侧点步、踵趾小跑步、踏点步、踏踢步；大班儿童要掌握进退步、交替步、溜冰步、跑跳步、跑马步、秧歌十字步等。除此之外，还包括一些简单的手和臂的动作。例如：中班的儿童要学习和掌握"手腕转动"；大班儿童则学习基本的"提压腕"，手臂的动作主要是平举、上下摆、弯曲和划圈等，这些也属于专业性舞蹈动作学习的内容，有一定的技术难度要求。所以，在常规性的学前儿童韵律活动中，使用频率不多，更多的是为了韵律活动的完整性而运用。

（2）律动组合

律动组合是指按照一首结构相对完整的乐曲组织起来的韵律动作组合。一般可分为身体节奏动作组合、模仿动作组合。

① 身体节奏动作组合是指最基本的身体动作的组合。例如击掌、跺脚、拍腿、捻指等身体动作组合，其动作本身没有特别的意义，注重的是动作的节奏性。

② 模仿动作组合是指以模仿为主的韵律组合。例如，小树苗睡着→醒来→生长成大树→开花→结果……既注重模仿动作的组织结构，更注重对模仿对象的表现。在此基础上，可以结合所选的乐曲旋律及内容对韵律动作进行创编，生成"创作性律动"。创作性律动活动比较适合于中班（包括中班）之前的学前儿童，也属于学前儿童常规性音乐教育活动，经常和歌唱活动一起教学，即"歌唱韵律活动"，例如《捏拢放开》、《小猪睡觉》等。

（3）学前儿童舞蹈

学前儿童舞蹈的专业学习要遵循学前儿童年龄和身体生理的发育情况科学地进行指导和练习。学前儿童舞蹈专业学习包括芭蕾、民族、国标、集体舞等。学前儿童基本舞蹈训练、学前儿童基本舞步的学习主要以模仿、练习为主。使学前儿童懂得幼儿舞蹈的基本知识（包括特点、风格及类别），掌握一定的舞蹈基本动作及舞蹈训练的一般规律，增强他们良好的舞蹈审美情趣，并在学习、表演中获得丰富的艺术审美体验。学前儿童舞蹈的内容及表现形式主要有：舞蹈动作、舞蹈动作组合和儿童舞蹈。

① 舞蹈动作是指经过多年文化积淀，已经基本程式化的艺术表演性动作。学前儿童要学习和掌握的舞蹈动作，主要是一些基本舞步和肢体动作：芭蕾舞的基本动作、民族舞蹈的基本动作、国标舞蹈的基本动作等。

② 舞蹈动作组合是指以舞蹈动作为主的韵律组合。它比较注重动作的组织结构，可

以有表现简单情节的表演舞组合，也可有结构较自由、松散的自娱舞组合和以队形变化、舞伴间交流为主的集体舞组合，除此之外还有芭蕾舞组合、民族舞组合（包括西藏舞组合、彝族舞组合、秧歌舞组合、铃鼓舞等）、国标舞组合（包括牛仔舞、恰恰等）、环操、绳操等。

③ 舞蹈是动作的艺术。它是以经过提炼加工的人体动作作为主要表现手段，运用舞蹈语言、节奏、表情和构图等多种基本要素，塑造舞蹈形象、表达人们思想感情的一种表演艺术。学前儿童舞蹈的表现形式主要有集体舞和表演舞。

➢ 集体舞是幼儿园舞蹈律动的一种重要表现形式，是有许多小朋友参加的、有一定的队形和动作规定并可交换舞伴的一种舞蹈形式。它有利于儿童交流和分享音乐感受的一种很好形式。例如《找朋友》，请参看下面谱例：

找 朋 友

$1=C \ \frac{2}{4}$　　　　　　　　　　　　　　　佚　名词曲

5 6 5 6 | 5 6 5 | 5 1̇ 7 6 | 5 5 3 | 5 5 3 3 |
找呀 找呀 找　呀 找, 找到一个 好　朋 友, 敬个礼 呀,

5 5 3 3 | 2 5 3 2 | 1 1 1 | × × ‖
握握　手呀, 你是我的 好 朋 友。再　　见！

跳法提示：在音乐声中，按四分音符的节奏走路，并根据歌词的内容作动作。当唱到"找到一个好朋友"时，必须找到一个小朋友（任意一个）站定并做动作。唱完"再见"后可离开，重新再唱一遍歌寻找新的朋友。

➢ 邀请舞是集体舞的一种变形，是儿童比较喜欢的一种舞蹈形式。通常由一部分儿童作为邀请者，与被邀请者跳完一遍后，可以互换角色再继续跳舞。例如《猜拳游戏舞》，请参看以下谱例：

猜拳游戏舞

$1=C \ \frac{2}{4}$　　　　　　　　　　　　　　　王履三编曲

稍快地

　　(1)　　　　　　　　　(3)　　　　　　　　(5)
5. 5 5 6 | 5. 4 3 4 | 5 5 1̇ 7 6 | 5 - | 5. 1̇ 1̇ 5 |

　　　　　　　　　　(7)
3. 5 5 1 | 2 2 4 3 2 | 1 - ：‖ × × × | 0 ‖
　　　　　　　　　　　　　　　(9)

跳法提示：全班儿童站成圆圈，面向圆心拍手。请几名幼儿在圈内作为邀请者。第一遍音乐：1~8小节，邀请这在圈内边拍手边做跑跳步前进；8小节时，邀请者站在圈上任何两个小朋友面前，这两个小朋友便是被邀请者。第二遍音乐：1小节，邀请者与被邀请者左手叉腰，右脚跟在右前方点地，同时右手向右前方摊开做邀请状；2小节，右手和右脚还原；3、4小节的动作同1、2小节，但方向相反；5~8小节，三个幼儿手拉手成圆圈，依逆时针方向做跑跳步；9、10小节，三个幼儿猜拳（手心或手背），如有一幼儿不

同,则出去作邀请者,如都相同,则原邀请者仍作邀请者。

> 表演舞是一种带有表演性质的舞蹈形式,可以在一般歌曲表演或舞蹈动作组合的基础上加工而成。一般限定舞蹈者人数,还可以适当采用一些舞蹈刀具等辅助材料,通常在节日活动或文艺演出活动中被采用。包括独舞和双人舞。

- 独舞:是指一人独自进行的一种舞蹈形式。即使是许多儿童一起表演,也是各自单独地跳,相互间没有任何协作和交流。
- 双人舞:是指两个人相互配合的一种舞蹈形式,也包括三个人或三个人以上的组合形式。例如《小世界》,请参看下面谱例:

小 世 界

(美)舍 曼 曲

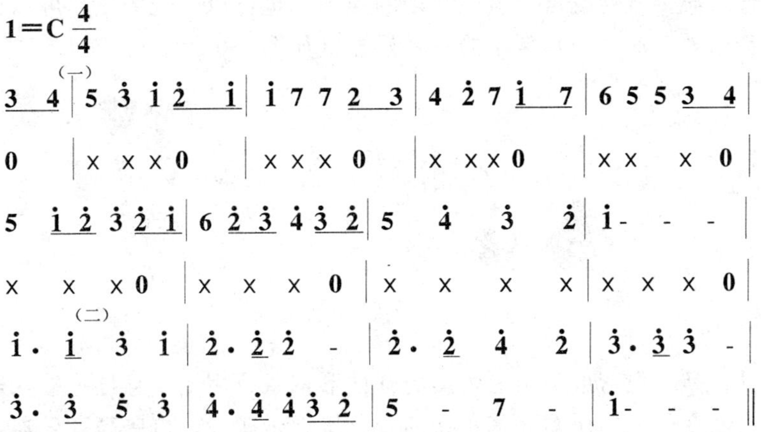

$1=C \quad \frac{4}{4}$

（此处为简谱谱例）

跳法提示:两人一组,面对面。第一部分音乐:单数小节,甲按节奏轻轻碰乙三下,可用任何方式,碰任何地方,各组可不相同;双数小节,乙用同样的方式碰甲三下。第二部分音乐:两人手拉手做各种即兴的自由舞蹈。

3. 韵律和舞蹈活动的道具

在学前儿童韵律和舞蹈活动中,道具不仅能增强活动的艺术性,还可以辅助儿童更有效地参与活动。所以,在为学前儿童韵律和舞蹈活动选择道具时应注意以下几点。

(1) 艺术表现力

特别是在专业舞蹈活动中,通过专业的舞蹈道具来配合舞蹈动作的编排,使音乐表现更准确、丰富,同时帮助儿童展开一定的想象和联想,促使学前儿童对动作和音乐的表现更充分。例如,"新疆舞"的编排中对铃鼓的学习和使用,能更好地表现少数民族舞蹈的韵味;秧歌舞中的扇子和手绢的编排生动地体现了劳动人民的对生活的热情以及欣欣向荣生活场面。在韵律歌唱活动中,可通过制作形象生动的诸如动物脸谱、头饰等道具,增强学前儿童活动的趣味性和对音乐的理解力。

(2) 制作简单,操作便捷

在韵律歌唱活动中,可通过制作简单的小沙锤(酸奶瓶里装上大米或豆子)展开韵律操活动,充分有效地锻炼学前儿童的手腕运动,并锻炼其节奏感。

(三) 学前儿童乐器演奏活动

学前儿童教育机构中的乐器演奏活动主要指打击乐器的演奏。因为打击乐器是以身体大肌肉动作为主，符合学前儿童生理发育的阶段性特点。所以，打击乐器是学前儿童最易掌握的乐器之一，学前儿童通过对打击乐器的操作，可以自然、简便地来展示、表现音乐。学前儿童打击乐器演奏能力既是儿童节奏能力的表现，也是学前儿童音乐感知、理解及创造音乐能力的具体体现。

1. 打击乐器演奏的基本知识与技能

（1）常用打击乐器的种类

常用的打击乐器可根据乐器的音色进行分类。

① 音色明亮、柔和。

> 碰铃（小铃）：是一对用金属制成的小铃，用一根绳子或可握的木柄固定两个金属铃，通过相互撞击引起振动发音。碰铃的音色清脆、柔和且高而轻，在打击乐器中属高音乐器。碰铃既可以表现音乐的强拍，也可以表现弱拍。可以说，碰铃是学前儿童音乐教育活动中最常用的一种乐器（如图 7-6 所示）。

图 7-6　例图三

> 三角铁：是一根弯成等边三角形的圆柱形钢条，用绳子悬挂一端，通过另一根金属棒敲击发音的一种乐器。三角铁的音色接近于碰铃，也属高音乐器，但音量和延续音都大于碰铃。三角铁的演奏方法有两种：一种是一手提悬挂三角铁的绳子，另一只手持金属棒敲打三角铁的底边；另一种是一手提悬挂三角铁的绳子，另一只手持金属棒快速地敲打三角铁的左右两边，或转圈连续敲击三角铁的三个等边，会产生激烈而特殊的音响效果。三角铁不仅是学前儿童音乐教育活动中最常用的一种乐器，也普遍应用于音乐作品中（如图 7-7 所示）。

图 7-7　例图四

② 音色干脆、圆润。

> 响板（圆弧板）：传统的响板是用松紧带连接两片贝壳状木块中间制成的一种乐器。响板是通过两片木块的撞击引起振动并发音，其音色清脆圆润。响板的演奏方法有两种：一种是一手的中指套上松紧带，靠中指和拇指的捏合使两板相击发出声音；另一种是将响板放在一只手的手心中，用另一只手的整个手掌相击发出声音，这种

演奏法适合学前儿童。当下专门设计的适合学前儿童演奏的响板，形状有别于传统的响板，可使小朋友们轻易地做到第一种演奏方法（如图 7-8 所示）。

图 7-8　例图五

➢ 木鱼：是使用木头刻制的，形状似鱼，中间镂空且顶部有发音孔的一种乐器。木鱼是通过一根木制的小榔头（敲击棒）敲击木鱼顶部发音，其音色接近响板而清亮饱满。木鱼的演奏方法为一手托持木鱼的底部，另一只手持小榔头按节奏敲打木鱼的顶部（如图 7-9 所示）。

图 7-9　例图六

➢ 双响筒：是一段中间装有把柄的有节的木筒，可通过一根木制的小榔头（敲击棒）敲击木筒发音的一种乐器。双响筒的音色与木鱼相似，干脆而清亮，没有延续音，通常用来模仿马蹄声。敲击双响筒由节分开的两端会发出不同音高，一般两个音之间相差约五度。双响筒的演奏方法为一手持双响筒的木柄，另一只手握木质小榔头敲击双响筒两端的木筒，可根据配器要求敲击一端的筒，也可以同时交替敲击两端的筒，发出类似于"的笃、的笃"的马蹄声（如图 7-10 所示）。

图 7-10　例图七

➢ 蛙鸣筒：是由一节中间镂空且有发音孔的毛竹或木头制成的，外部表面刻有一道道棱子，且一端有可握持的短把柄的筒状乐器。演奏者可通过一根木质的小敲棒擦、刮蛙鸣筒身上的棱子发声，其音色类似于青蛙的鸣叫声，并因此得名"蛙鸣筒"。蛙鸣筒的演奏方法有两种：一种是一只手持握蛙鸣筒的握柄，另一只手持小敲棒刮奏；另一种是一只手持握蛙鸣筒的握柄，另一只手持小敲棒敲击筒身，音色接近于木鱼类乐器（如图 7-11 所示）。

图 7-11　例图八

③ 颤音效果。

➤ 铃鼓：是用皮革或塑料蒙在带有可活动的金属小钹的木质围框上，通过手指或手腕的敲击或手腕的抖动、摇晃引起金属小钹的振动而发音的一种乐器。铃鼓也是学前儿童音乐教育活动中最常用的一种乐器，可以通过音乐教学的形式锻炼学前儿童的手腕、膀臂等大肌肉运动能力。铃鼓也是民族音乐常用的伴奏乐器之一。铃鼓有多种演奏方法：一只手持握铃鼓，另一只手以手掌击鼓面中心，其音色柔和稳重；也可以一只手持握铃鼓，用鼓面击身体部位（诸如肩、肘、膝等），其音色较明亮活泼；还可以以手（一只手或双手）持握铃鼓，用手腕连续抖动，会产生颤音效果。铃鼓的演奏可以配合身体韵律动作进行乐器演奏韵律活动，发展学前儿童的身体协调能力（如图 7-12 所示）。

图 7-12　例图九

➤ 串铃：是用金属穿成的马蹄形或半圆形、棒状（有木柄）的若干个小铃，通过敲击、抖动或摇晃引起振动而发音，分别在音乐的强拍或弱拍上使用，音响效果类似铃鼓（如图 7-13 所示）。

图 7-13　例图十

➤ 沙球：是一种用椰壳或塑料制成的空心球体，内装有细小的沙粒状物体。传统的沙球下端还装有握柄，学前儿童所用的沙球也可只有球体没有握柄，两种沙球都是依靠臂腕的抖动、摇晃而振动发音。沙球的演奏方法为双手各持握沙球，用手臂带动手腕上下振动发声，可以同时双手进行演奏，也可以两手交替、轮换演奏，其音色轻柔而干脆（如图 7-14 所示）。

图 7-14　例图十一

④ 特色乐器或加强乐器。

➢ 大鼓：是用皮革蒙在木质或金属质的筒状共鸣箱上，通过木质的鼓槌敲击皮革鼓面引起振动发音的一种乐器。大鼓的音色低沉、音量较大，如果演奏时轻轻击打，也会产生柔和而绵长的音响；敲击鼓面中心，将会产生浓厚的音响且有较长的延续尾音；敲击鼓面的边缘部位，则音色脆硬单薄且延续音较短。击奏大鼓时，手臂放松、手腕有力而富有弹性（如图 7-15 所示）。

图 7-15　例图十二

➢ 锣：是由铜合金制成的圆盘状的一种乐器，并配有锣槌。锣分大小两种，演奏时，大锣由绳子固定在可抓握的木柄上或固定在特制的架子上，小锣一般手持即可，通过锣槌敲击锣面引起振动而发音。大锣的音色低沉，共鸣强烈，有较长的延续音。大锣一般用软槌（槌头包有软垫）敲击，敲击大锣的鼓面中心时，音色较柔和且低沉冗长；敲击大锣的鼓面边缘部位时，音色较毛糙尖锐。小锣的音色较明亮，也有延续音。小锣一般用硬槌（木质槌头）敲击，重击小锣时，声音尖锐刺耳；轻击小锣时，声音清脆明亮。如要停止延续音，可以用手按住锣面或将锣抱向怀中即可（如图 7-16 所示）。

图 7-16　例图十三

➢ 钹：是一对用铜合金制成的圆盘状的，中间部位微凸，两个钹相互敲击、摩擦而发音的一种乐器。钹的音色响亮，有较长的延续音，能造成强烈、刺耳的音响效果。钹的演奏方法有两种：一种是左右手各持一片钹，相互合击、摩擦发声；另一种是将单片钹悬挂在支架上，一只手持握鼓槌敲打其边缘部位，可以产生另一种类似于锣的音响效果。如要停止延续音，可以用手按住钹面或将钹抱向怀中即可（如图 7-

17所示）。

图 7-17　例图十四

为学前儿童选择打击乐器时，应注意以下几点。

第一，乐器的音色要好。例如：铃鼓的皮制鼓面要比塑料或铁制的音色好。

第二，乐器的大小要适中，便于学前儿童演奏。考虑到学前儿童的年龄和生理发育，还应注意乐器的大小和重量。例如：铃鼓一般直径在12～15厘米为宜；沙球不宜选用大号；三角铁钢条的直径最好早在0.5厘米左右等。

第三，乐器的演奏方法要适合学前儿童的不同发展水平。不同年龄段的学前儿童，其动作发展水平存在着一定的差异，因而在乐器的选择和演奏方法上应有所区别。例如：2～4岁学前儿童演奏铃鼓时可用手掌打击鼓面，4～6岁的学前儿童演奏铃鼓时可用敲奏、摇奏等不同的方法；2～5岁学前儿童演奏响板时易用手掌击手心的方法敲击响板，5～6岁的学前儿童则可以运用捏奏的演奏方法；再如双响筒和三角铁的演奏需要能均匀地用力并且做到手眼协调，对于运用能力和小肌肉发育上不完全的2～4岁学前儿童来说存在一定的困难，而5～6岁的学前儿童则相对可以胜任。

（2）乐谱及演奏方法

学前儿童打击乐器的演奏谱一般可分为"单乐器类"和"总谱类"。"单乐器类"又分为"节奏谱"和"演奏谱"两类。"节奏谱"一般为节奏练习之用；"演奏谱"一般是一个简单的曲子，有音乐内容、顺序结构（诸如：儿歌、音乐片段等），在特别的位置做打击乐器演奏标记。当然，乐谱只是演奏的初步引导，还有很多手指、手掌、肩肘、压、点、拍打、敲、击等很多种的识谱标记。请参看下面歌曲《国旗国旗真美丽》的谱例、"节奏谱"和"演奏谱"。

国旗国旗真美丽

王　森　词
上海第六师范学校
学生儿童歌曲创作组　曲

$1=C \dfrac{2}{4}$

| 5 3 | 5 3 | 1̇ 6 | 5 — |
| 国 旗 | 国 旗 | 真 美 | 丽， |

| 3 1 | 3 1 | 5 3 | 2 — |
| 金 星 | 金 星 | 照 大 | 地。 |

```
3. 2 | 1 2 | 3 5 | 6 - |
我   愿   变 朵   小 红   云,
6 5 3 6 | 5 - | 5 2 3 | 1 - ‖
飞 上 蓝 天    亲 亲   您,
```

为歌曲《国旗国旗真美丽》的伴奏:

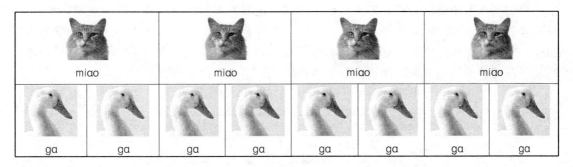

图 7-18 《国旗国旗真美丽》的演奏谱

在集体参与的、多声部的乐器合奏活动中,学前儿童应用自然、协调的动作来演奏,用适中的音量和好听的音色来表现。在演奏过程中,随时注意倾听音乐和其他声部的演奏,使自己的演奏与集体整体音响相辅相成。

(3) 打击乐曲的编配

① 配器设计的原则。

第一,适合幼儿使用乐器的能力。即从以大肌肉(手臂)动作为主、手眼协调要求较低的动作,逐步过渡到部分利用腕、指动作,手眼协调要求较高的动作。注意配器应适合幼儿适应变化的能力,总体上应该是简单和多重复的。

第二,有一定的艺术性。即情绪、风格与原音乐作品相贴近,有一定的个性与趣味性,能够通过重复,强调出作品的整体统一性,也能够通过适宜的变化使作品内容更加丰富。请参看以下谱例。

② 配器的步骤。

第一，熟悉原音乐作品。对音乐作品进行反复弹奏、倾听和感知体验。

第二，揣摩、分析。即揣摩、分析音乐作品的情绪、风格和趣味，注意抓住主要矛盾，对非主要细节作"省略"处理或"模糊"处理；分析音乐作品的节奏特点和结构特点，感知作品结构中部分与整体的关系及重复与变化的关系。

第三，安排节奏型和音乐作品的布局。既可以通过节奏和音色的改变"变化"，又可以通过节奏和音色的重复强调"统一"。对于小班年龄的幼儿，比较简单的作品，可多采用"相辅相成"的处理方式，即作品的节奏密、配器的节奏也密；作品的节奏疏，配器的节奏也疏。对于年龄较大的班级的幼儿，比较复杂的作品，偶尔也可以采用"相反相成"的处理方式，即作品的节奏密，配器的节奏反而疏；作品的节奏疏，配器的节奏反而密，甚至可以巧妙地使用演奏与休止交替处理的方式。请参看以下谱例。

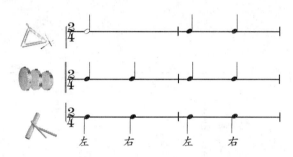

第四，试奏曲调等。

第五，记谱和转换成幼儿可以使用的变通乐谱。

③ 配器方案。

为学前儿童选择的打击乐曲配器方案一般要适合他们使用乐器的能力；适合学前儿童对变化做出反应的能力；配器音响效果与原来的音乐相协调；配器本身富于趣味性、新颖性和整体统一的美感。例如：碰铃可根据体积大小及增减个数来改变音色和音量，得到不同的音色效果。

2. 演奏教学方法

从教学模式来看，由于多声部音乐是按纵向和横向两方面的关系构成整体音响审美形象的，所以，只有在整体感知、形成整体音响表象的条件下，学习、表演和欣赏多声部音乐才会更有情趣和效果。正如感知心理学和审美心理学所示，整体不是部分的简单相加，当整体中的部分发生变化时，整体亦变化而成为另一个新的整体。在音乐中，部分和整体的关系包括：部分与部分、部分与整体之间是相互依存的。

（1）传统模式

程序上是从分声部入手进行教学。方法上是单纯使用示范、模仿的教学方法。在"合乐"（即所有声部的演奏者同时各自演奏自己的声部）是强调"不要去听其他声部的演奏，以免相互之间会受到干扰"。目的是着眼于学习的结果，学会演奏某个打击乐作品。

（2）打击乐整体教学法

近年来，学前儿童打击乐器的演奏教学创造设计出打击乐器演奏教学程序，提出了"打击乐器"整体教学法。"整体教学法"强调在教学中随时引导幼儿注意倾听演奏的整体音响效果，注意倾听自己的演奏与他人声部是怎样一种协调一致的关系，并注意体验整体音响在流动中不断变化的趣味性以及与他人协调合作的乐趣。"整体教学法"简化了传统的打击乐谱，便于教师对乐谱的记忆与掌握，也便于幼儿掌握整首乐曲的结构特点和乐曲配置情况。打击乐整体教学法的具体方法主要有三种："总谱法"、"指挥法"、"创作法"。

① 总谱法。

"总谱法"是打击乐整体教学法中一种主要的教学方法，它是通过使用幼儿可以接受的"变通总谱"来帮助幼儿掌握作品整体音响结构的方法。

"变通总谱"是针对通用标准总谱（即简谱和五线谱）来讲的。由于标准总谱的认知过程比较复杂，幼儿在学的过程中认知负担比较重，因此体会不到乐曲的音乐趣味。因此，我们设计了一些易被幼儿直观把握音乐总体结构的乐谱，主要有："动作总谱"、"图形总谱"、"语音总谱"三大类。

"动作总谱"主要是通过身体动作表现节奏、音色、速度、力度变化及配器的总体布局。它包含身体节奏动作、模仿动作及舞蹈动作等。"图形总谱"主要是通过图形来表现节奏、音色、速度、力度变化及配器的总体布局。"语音总谱"主要是通过嗓音来表现节奏、音色、速度、力度变化及配器的总体布局的。需要说明的是，以上总谱主要是给教师看的，幼儿只需学会随旋律做动作、看图和朗诵即可。

② 指挥法。

学前儿童在幼儿园的打击乐器演奏活动中，可以了解和掌握与乐器有关的知识技能、与配器有关的知识技能、与"指挥"和"看指挥"有关的知识技能等。"指挥法"是打击乐整体教学法中一种核心性的教学方法。不但教师可以通过指挥动作来帮助幼儿为断掌握作品的整体音响结构，而且幼儿也可以通过轮流看别人指挥和自己指挥的练习活动不断深入地把握作品的整体音响结构。教学前儿童学习看指挥应注意以下一些问题：

第一，教师要按规定的节奏来指挥，而绝不能只是划拍子；

第二，教师本身的指挥动作必须清晰准确，具有热情；

第三，培养幼儿养成看指挥的良好习惯；

第四，教幼儿学习分声部看指挥时教师可从用身体动作指挥或乐器演奏模仿动作指挥及语言提示逐步过渡到用手势指挥和眼神的提示；

第五，教师指挥时应注意在声部转换之前提前将自己头部和目光转向下一个将要演奏的声部；

第六，对于大班幼儿，教师要注意培养他们迅速正确地对教师的指挥手势做出反应和即兴看指挥演奏乐器的能力。

教学前儿童学习指挥一般可以兼用"示范模仿"和"引导创造"两种方法。"示范模仿"的方法在幼儿接触新的指挥课题时是必不可少的。因此教师在教给幼儿看指挥的技能知识后，要专门抽出一定的练习时间让幼儿轮流进行指挥练习。在一般幼儿已基本掌握某一特定的指挥方式之后，教师就可以开始引导幼儿进行带有探索创造性的指挥练习，如变化节奏型指挥，改变乐句、乐节和节奏之间或之中的音色变化结构指挥等。在引导幼儿进行创造性指挥练习时必须注重"反馈机制"，即让全班幼儿都清楚某种指挥意图后再让小指挥按某种意图进行指挥。对于能力弱的幼儿尚需老师在指挥过程中用语言、动作甚至手把手的方式来帮助他们取得成功。

③ 创作法。

"创作法"是打击乐整体教学法中一种重要的教学法，它是通过引导幼儿参加制订音乐作品的配器方案和参加编制变通总谱的过程来帮助幼儿掌握作品的音响结构。在"创作法"的教学过程中，幼儿的创造性表现的能力必须建立在以下基础上：一定的演奏技能；一定的节奏语汇；对各种乐器音色的一定了解；运用乐器演奏进行想象；联想和表达音乐的能力；一定的运用乐器进行表达的经验。

最后必须说明的是"总谱法"、"指挥法"、"创作法"在实际教学中没有绝对的分界线，常常是互相交织、穿插在一起综合使用。

(3) 打击乐器演奏活动的常规

第一，活动开始和结束的常规。听到音乐的信号后整齐地将乐器从坐椅下面取出或放回。乐器拿出后，凡不演奏时须将乐器放在大腿上，不发出声音，眼睛也不看乐器。开演奏前，按指挥者的手势整齐地将乐器拿起，做好准备演奏的姿势。演奏结束后，按指挥者的手势将乐器放回大腿上。活动结束后，在教师指导下自己收拾乐器和整理场地。

第二，活动进行的常规。演奏时身体倾向指挥者，眼睛注视指挥者，积极地与指挥者进行交流。注意倾听音乐和他人的演奏，并努力与他人协调一致。注意力集中，不做与演奏无关的事情。交换乐器时，须先将原先使用的乐器放在坐椅面上，再迅速无声地找到新的座位，拿起乐器，坐下，将乐器在大腿上放好。交换过程中不与他人的坐椅相撞，坐下时不使坐椅发出声音或发生移动。

3. 幼儿打击乐器演奏能力的发展

幼儿打击乐器演奏能力的发展主要包括操作乐器的能力、合乐性、合作性以及创造性等四个方面。理想的打击乐器演奏活动能促进这些方面的发展，使儿童能够掌握最基本的应用打击乐器与音乐交流、与他人交流的意识和能力。例如，在以前的社会中，传统的打击乐器代表着一些工作行当，被当做吆喝工具。教师可以根据此信息选择相应的音乐作品，设计灵活的音乐剧内容，让幼儿通过操作打击乐器，融入音乐作品的故事情节，自然体验、感知社会工作角色。请参看表7-1。

表 7-1 吆喝工具

木鱼	卖早点的
打鼓	收废品的
铃铛	卖化妆用品小物件百货的
拨浪鼓	焊洋铁壶的
换头	理发师用的桑木
梆子	打更的
枣木棍子	卖油的
冰盏	卖酸梅汤的
串铃	行医的大夫

(四) 学前儿童音乐欣赏活动

音乐欣赏是学前儿童音乐活动的重要组成部分之一。学前儿童的音乐欣赏是让学前儿童通过倾听音乐作品进行音乐美的感受、理解和初步鉴赏的一种审美活动。音乐欣赏不仅可以引导学前儿童接触优秀的音乐作品，为他们开启音乐的大门，使他们积累音乐经验，发展他们的想象、思考、记忆和思维能力。在音乐欣赏过程中，培养学前儿童的倾听习惯，掌握基本的欣赏知识，具有初步的审美情趣和审美能力。因此，音乐欣赏是与其他音乐活动紧密相连的、极富美育价值的音乐活动。

1. 音乐欣赏活动的基本知识与技能

音乐欣赏是人们感受、理解、鉴赏和品评音乐艺术作品的一种审美活动，也是由音乐来了解世界的一种认识和思维活动。对于学前儿童来说，有关音乐欣赏活动所包含的基本知识和技能主要有以下几个方面。

(1) 倾听

倾听是学前儿童必须具备的一个非常重要的音乐基本技能。它是对幼儿实施音乐教育的基本出发点，也是开展音乐欣赏活动的前提和基础。

听觉是学前儿童最先发展的感觉器官之一。不仅是婴幼儿时期，从在母体时，胎儿的听觉就一步步发育着。利用日常生活和周围环境对他们进行听觉和倾听的培养是最自然和直接的一条途径。我们可以和孩子们一起辨别、倾听自然界的各种声音变化，诸如风声、雨声、蛙鸣声等；日常生活中的各种声音、响声，诸如切菜声、锅碗瓢盆撞击声等；人体发出的各种声音，诸如拍手声、说话声、跺脚声、弹响舌声等；还有歌曲声、乐曲声中不同的模拟音响等。

从小培养学前儿童对周围生活中各种声音产生倾听、辨别、模仿的兴趣，初步养成集中注意倾听的习惯，为欣赏音乐作品打下良好的感知、理解音乐的音乐基础能力。

(2) 对音乐作品的理解与分析

在音乐欣赏过程中，培养学前儿童对音乐作品的理解和分析能力，使其掌握对音乐作品进行分析的基础知识和方法。学前儿童音乐欣赏活动可以从以下几个内容展开。

① 与音乐作品相关的基本常识。学前儿童音乐欣赏的启蒙先从音乐作品的曲目名称、作曲家、时代背景、乐曲中的乐器演奏形式（诸如独奏、交响乐、乐器类别等）入手，引导幼儿进入音乐的大门。

② 音乐的本质特征。音乐与其他艺术不同之处在于，音乐是以音响的形式引起人的共鸣，达到其审美的作用。音乐以声音为物质材料构成的。音乐作品中的声音不是将生活中杂乱无章的各种声响随意堆砌，也不是单个的声音，而是具有高低（音高）、长短（音值）、强弱（音量）和音色等本质特征的乐音。这些乐音按照一定的关系（音程关系、和声关系、曲式结构、调式关系等），运用严密、逻辑的组织形式有机地构成了具有旋律起伏、和声张弛、音色变化等丰富音响表现形式的音乐作品，直接而即时地表达人的瞬间千变万化的情感态度，并包含着丰富的内涵、体验。因此，学前儿童音乐欣赏活动应以掌握、分析音乐作品中的节奏、节拍、力度、速度、音色、旋律等基本音乐元素为基础。

③ 曲式分析。音乐作品中的曲式现象是纷繁复杂的。从某种意义上说，任何一门具体的音乐作品的曲式结构都是独特的，因为它的具体的音乐内容决不会和另外一首乐曲完全相同。尽管如此，曲式作为一种音乐思维的模式，毕竟存在一些抽象的共同规律。按照这些共同规律，人类在音乐实践中又创立了某些通用的既有模式化或程式化意义的曲式类型。这些定型化的格式，从具体的音乐风格中抽象出来，其本身形成人类音乐结构思维的

传统模式而在历史上长久持续沿袭,一方面可以确保沿用这类程式写出的作品在形式上具有合理的有序性,同时也便于欣赏者做习惯性的把握。因此,学习作品分析,首先要掌握体现共同规律的曲式结构原则与一些最基本最常见的曲式类型,由此出发,进行举一反三的分析实践,进而才能对各种纷繁复杂、变异万端的曲式现象做出合理的解释。学前儿童对音乐作品的曲式分析正是建立在学习掌握基本的曲式结构模式的基础上,诸如一段体、两段体、三段体等。并在此基础上对音乐作品的情节内容、风格、情绪、调式、调性上进行段落的对比分析,从音乐的本质内涵中强化幼儿对音乐作品的感受和理解。

④ 想象和联想。虽然音乐是以流动的音响为物质材料,依靠于听觉来感知的特殊艺术,它的形象也是非视觉的,但由于它不是抽象逻辑思维的产物,可以通过联想、表象、想象,甚至创造等活动来构成有思想情感的、有审美价值的内容。因此,对音乐形象的想象和联想在学前儿童音乐教育中有着重要的意义。

学前期的儿童随着生活圈子和活动范围的扩大,他们的感性经验也在增加,语言逐步丰富,思维也有了一定的发展。学前儿童在音乐教育活动中对音乐的理解和把握是不可能脱离其本身认知、思维发展的水平。这一年龄段儿童的思维主要依赖于对事物具体形象的联想及对事物表象的拟人化的想象而进行的。因此,学前儿童音乐教育的内容、形式及方法都更多地体现出根据形象所体现出来的想象性和创造性的特点。而儿童音乐作品中,无论是声乐作品、器乐作品或其他形式、题材的音乐作品,无不具有鲜明的音乐形象,并通过这些形象反映儿童所熟悉的生活、事物,通过音乐欣赏活动使儿童对音乐产生生动的形象、栩栩如生的音乐画面的联想,从而感知、理解具体的事物形态。例如,圣桑的管弦乐组曲《动物狂欢节》以生动的手法,描写了动物们在热闹的节日中各种滑稽有趣、谐趣横生的情景,变幻的旋律、乐音构成了一个个生动可爱的动物形象;快速跳跃的声音表现了小白兔活泼伶俐的音乐形象;缓慢、滞重的旋律使儿童感受到大象笨重迟缓的音乐形象……又如乐曲中还有一些自然现象的模拟音响:风声、雨声、钟声、小鸟鸣叫等,通过节奏、力度、音色的变幻透出其生动的音乐形象。这种声音作用于儿童的听觉,使他们在感受的同时能联系生活中所熟悉的事物产生一定的联想和想象,在情绪上受到感染和陶冶。可以这样说,儿童对音乐作品中的音乐形象的想象和联想使儿童更加喜爱音乐、亲近音乐、深入音乐。但儿童天性明显又要求直观性。对学前儿童来说,直观形象既可以是具体化的视觉形象,也可以是听觉形象,而后者虽不能像前者那样以具体的画面呈现在欣赏者面前,但它可通过教师、成人设计的非音乐辅助手段,如图片的展示、语言的讲解、动作的表演等外在形式帮助儿童展开丰富的想象和联想,从而领略、体验到音乐的意境。

⑤ 再欣赏的认知活动。音乐的欣赏和认知是连续、拓展的活动。对听过的音乐进行有计划的、阶段性的再欣赏,不仅可以锻炼学前儿童的记忆力和听觉表象能力,还可以使他们随着年龄的渐长对同一首作品产生不同深度的理解和欣赏角度。

2. 音乐欣赏活动的基本表现形式

学前儿童音乐欣赏活动可以作为单独的音乐活动形式展开,通过音像、音响或 Flash 等媒体表现形式使学前儿童倾听音乐作品,教师再通过一定内容的音乐知识去引导幼儿学习、掌握音乐作品的内涵,从而达到音乐素质教育的目的。学前儿童音乐欣赏活动还可以作为其他教学活动的拓展性活动,成为教学主题活动中的一个组成部分,使幼儿对音乐作品的理解、分析更清晰、直接。例如,在阅读活动《我的爸爸》的拓展活动中,结合幼儿的亲子照片欣赏儿歌《我要找我的爸爸》，使教学活动意义更深刻、教学内容更完整。

（五）歌唱韵律活动

学前儿童歌唱活动以锻炼儿童语言能力、美化幼儿心灵、扩大视野、陶冶情操和身心健康的全面发展为根本，教学的展开经常和韵律活动结合——歌唱韵律活动或歌舞表演，即边唱歌边表演韵律动作，多以集体的表现形式体现，在简单的队形变幻中使幼儿在唱唱跳跳的音乐活动中进行多元化的教学认知，适合在幼儿园小班开展。例如歌曲《小鸡小鸭》，请参看下面谱例。

小鸡小鸭

佚　名词曲

$1=C$　$\dfrac{4}{4}$

| 1 2 3 3 - | 2 3 5 5 - | 1 2 3 3 3 | 2 3 5 5 5 |
| 小鸡小鸭，碰在一起。小鸡叽叽叽，小鸭呷呷呷，
（两人一起边拍手边唱）（甲唱并做小鸡叫动作）（乙唱并做小鸭叫动作）

| 3 3 3　5 5 5 | 3 3 3　5 5 5 | 1 2 3 3 - | 2 2 5 1 - |
叽叽叽，呷呷呷，叽叽叽，呷呷呷。一同唱歌，一同游戏。
（甲唱+动作）（乙……）（甲……）（乙……）　　（两人一起边拍手边唱）

（六）音乐游戏①

学前儿童音乐教育活动的组织形式具有很大的灵活性和自由性。虽然大多数的活动组织形式是一种集体的音乐活动，但在同一次活动中，个体活动、集体活动、小组活动、自由结伴活动等不同的教学组织形式，可以根据需要多次交替出现。游戏是幼儿自发、自主的活动，在教师支持下幼儿游戏与幼儿园课程息息相关。因此，在学前儿童音乐教育中生成的活动，经常和游戏联系在一切，这非常符合儿童天性好动的情况。可以说，游戏是儿童的主要存在方式和儿童教育的主要方式。把游戏融入音乐教学中，或在游戏中学习、体验音乐，都能使儿童获得积极愉快的情绪情感体验和享受，培养并形成对音乐活动的兴趣和积极、主动的个性。而且，学前儿童音乐的内容中经常融入游戏的因素，可以在游戏题材中发展幼儿的音乐能力。

例如，可以用《找朋友》、《编花篮》等音乐作品进行学前儿童音乐游戏活动。而学前儿童的歌唱韵律活动、集体舞、邀请舞等往往也以"游戏"的方式开展。可以说，学前儿童的生活中游戏无处不在。

（七）识谱教学

乐谱是记载音乐的符号，是学习音乐的基本工具。鉴赏音乐、歌唱、乐器演奏和创作活动等都需要乐谱加以记录和表达。对于这些教学内容来说，识读乐谱具有重要的辅助作用，也是开展一切音乐活动的基础。识谱也是学习音乐乐理知识的基本内容。识谱内容包括认识并表现各种节奏符号、模唱乐谱、视唱乐谱、认知常用音乐记号等。常规乐谱一般

---

① "音乐游戏"的详细内容可参考本书第6章二、第7章二和第7章三（六）。

分两种：五线谱，简谱。五线谱是国际通用记谱，而且现在的小朋友很早就接触学习钢琴，所以五线谱的识认应该贯穿于学前儿童音乐教育活动中。简谱也是一种国际常用记谱，比五线谱的记写和识认简单，但由于是首调唱名法，调式的转变较复杂。我国的民乐使用的是简谱，所以，大众对简谱的认识多于五线谱，传统的学前儿童教育机构（幼儿园、托儿所）中的音乐教学多使用简谱视唱。无论使用哪种记谱法进行学习，都要将识谱与演唱、演奏、创造、欣赏等教学内容密切结合，要以生动的音乐为载体，在学前儿童感性积累和认知的基础上进行。因此，学前儿童的识谱教学要符合音乐学习的规律，要在音乐实践活动中进行，可以通过学前儿童熟悉的歌曲或乐曲识读乐谱，也可以借助乐器演奏来学习。

1. 打好基础——建立"唱名音程感"①

学前儿童可以从感性上积累音乐的节奏感和音高感，通过听唱法学习歌唱，用"模唱唱名法"② 学习唱谱，多做"哼唱歌曲的唱名"，有了大量唱谱的感性积累，就能比较牢固地建立起"唱名音程感"，为以后的正式识谱教学打下基础。

从学前儿童在音乐教育活动中要坚持听谱、模唱，即学会唱歌后，就看着乐谱，先由老师带唱，再由学前儿童模仿老师唱出乐谱。先从简短易学的开始，逐步由浅入深，要求每个音的音高准确、唱名正确。当初步学会后再经常进行巩固复习，学会背唱曲谱。有时让学前儿童脱离伴奏演唱曲谱，这对唱名音程感的建立是极为有利的。慢慢地，到了认识音符的字母谱，他们就能把唱名与音高很好地联系起来。对于歌曲中的二分音符、四分音符、八分音符，一开始教师也不需要刻意去强加给小朋友，当他们学会歌曲后再听唱曲谱，自然很快便把握了曲谱的节奏。这一教学过程要根据学前儿童生理、智力、情感的发展，阶段性地、有计划地循序渐进。

为了激发学生的学习兴趣，教学形式可以多样化，例如：边唱谱边律动；一半学前儿童唱曲谱，一半学生唱歌词；师生对唱；用打击乐器伴奏演唱；开展唱曲谱比赛等。

2. 激发兴趣——开展音乐游戏活动

正如我国教育家陈鹤琴所说："小孩子是生来好动的，以游戏为生命的。"学前儿童最喜欢的是做游戏，他们一边玩一边学，在玩中学、学中玩。通过游戏激发学习兴趣，帮助学前儿童识读乐谱。

例如游戏《小鸟找家》：老师给每个小朋友发一只形态各异的"小鸟"，请小朋友在"小鸟"上写上自己喜欢的一个时值（二分音符 x— 、四分音符 x 或八分音符 x），再把"小鸟"放飞（贴在黑板上）。然后老师将画有小房子的图片摆放在黑板前，每个小房子分别标有"x—"、"x"、"x"，再请小朋友把自己的（也可以是别人的）"小鸟"领回家，从黑板上拿下时要求这位小朋友用"走—"、"走"或"跑"念一念。这样通过"写—贴—念—找—放"的综合活动，小朋友们很快就掌握了这三种音符。

游戏《摘果子》：将不同时值的音符组成的节奏（以 2/4 拍子的一个小节为标准）写在各种色彩鲜艳、形象可爱的水果卡片上，把这些"水果"分别挂在"树"上。游戏开始后，请小朋友取下后念念卡片上的节奏，然后四个或八个小朋友一组站在黑板前，组成一

---

① 音程：音与音之间的关系，即音高关系。
② 唱名：do re mi fa sol la si。

条四小节或八小节的节奏,请下面的小朋友一起念一念。

游戏《跳格子》:在教室的地板上画上九个格子,格子中间贴一个音符,它们分别是 6(la,)、1(do)、2(re)、3(mi)、4(fa)、5(sol)、6(la)、7(si)、i(do)各音。游戏开始前分组让小朋友在格子上跳一跳,唱一唱(跳到哪个格子就唱出这个音,老师在琴上弹出这个音,帮助学生唱准它)。游戏分两人一组进行,一个小朋友唱出音名,另一个小朋友就跳到这个音的格子中;还可以边跳边做柯达伊手势模唱。以后再过渡到老师弹琴,让小朋友听出单音,迅速地跳到格子中。通过这一系列的训练,使学前儿童的视唱能力和听音能力不断提高,而且他们兴致高、没压力,学得有效果,学得有质量。

学前儿童好玩、好动、好奇、好胜,游戏教学法使他们学得快乐,学得轻松。因此,教师在组织学习活动时,应设计出不同形式、不同目标的游戏,尽量提供多种多样的学习方式,给学前儿童以最大的活动空间。

3. 提高能力——结合器乐学习活动

乐器是识谱教学的最佳实践活动。学习器乐演奏的过程,同时也是识谱的过程,又是学前儿童对音乐作品的二度创作过程。一般来说,学前儿童以打击乐器为主。

学前儿童对学习器乐的兴趣也如学唱歌一样浓厚。当小朋友看到节奏乐器时,他们都非常兴奋,教学效果一定很好。学前儿童识谱能力的器乐演奏活动主要是用打击乐器根据教材中设计的伴奏图形谱为歌曲伴奏。我们通过先用声音(人声、乐器声、动物的叫声等)念节奏谱,再用身体动作(例如:拍手、拍腿、跺脚等)演奏节奏谱,然后配上打击乐器为歌曲伴奏这种由浅入深、循序渐进的练习进行教学。使孩子们认识和表现各种节奏符号的能力不断提高,同时也培养了他们对打击乐器的兴趣和爱好。

4. 促进发展——进行即兴创编活动

识谱教学中的各项内容和能力培养,都应该以即兴活动的形式给学前儿童机会,让他们创造性地探索节奏、音响、旋律等音乐基本要素的各种变化和重新组合。例如,即兴创作节奏或节奏短句,即用人声、语言、乐器、非常规音源创作节奏、创作节奏接龙、创作节奏短句等;即兴创作旋律或旋律短句(用指定的节奏和音符创编,旋律接龙等);运用线条、色块、图形、乐谱等记录声音、音乐情绪或旋律等。学前儿童在学习音乐即兴创编过程中必然要联系节奏、节拍、旋律、和声等音乐知识及读谱、记谱、演唱、演奏乐器等技能技巧。在此过程中,他们会进一步巩固提高已掌握的音乐知识和技能,促进识谱能力的发展。

学习识谱一般要经历从简单到复杂、从单一到综合、从初级到高级、从在老师帮助下的幼稚程度到独立而熟练程度的过程。因此,我们在识谱教学过程中,要遵循学生的认知规律和心理特点,选择形象生动、简便可行、适合学前儿童特点的教学方法,有效地调动幼儿识谱学习的主动性和积极性;引导全体幼儿积极参与到各种实践活动中去,使他们在轻松、愉快的氛围中感悟音乐、学习音乐。

四、学前儿童音乐能力年龄阶段目标

学前儿童音乐教育活动的设计实施一定要遵循教育及个体发展规律,教学过程应以学前儿童为中心,并关注其不同年龄段个体生理、心理、智力发展的差异性。也就是说,教育者在设计实施教学活动时,一定要了解学前儿童音乐能力的发展情况,并根据音乐教育知识技能内容与学前儿童个体发展的具体情况,设置学前儿童音乐发展能力的阶段性教学目标。

学前儿童音乐能力的发展迅速而具有阶段性。根据学前儿童生理、心理、智力等各方面的发展分四个阶段,他们的音乐能力在这四个时期也有不同的发展层面。学前儿童音乐能力发展的内容是根据其生理发展的阶段性确定的,其内容主要涉及常规性的音乐教育活动内容:歌唱能力、韵律活动能力、打击乐演奏能力、音乐欣赏能力。英国研究者珍妮博士对学前儿童各种音乐能力的发展及在不同年龄段对旋律和节奏的感知、再现能力的课题研究中,总结出儿童的音乐发展是一个螺旋式模型,可分成八个阶段:感觉阶段、操作阶段、个体表现阶段、运用音乐语言阶段、自编乐曲阶段、个性阶段、象征性阶段和系统性阶段。因此,教育者只有知道了学前儿童各种音乐能力在各个阶段发展的情况,懂得顺应儿童音乐发展和学习规律来进行儿童乐于接受的音乐教育活动,才能更好地规划音乐教育活动目标,帮助教育者制定适合于儿童各个发展阶段系统的课程安排,也才能更好地、更有把握地进行音乐教育活动的有效实施。

(一)歌唱能力的发展

1. 0~3岁儿童歌唱能力的发展(托班)

在歌词掌握方面。对于儿童来说,他们开始说话和唱歌几乎是无法严格区分的。儿童的歌唱能力的发展与儿童语言的发展是紧密相关的。科学研究证实,儿童的歌唱能力的发展和说话能力的发展是平行的。当婴儿语言发展进入"咿咿呀呀"学语期时,其歌唱能力也出现了"咿咿呀呀"学语期,但这两种"咿咿呀呀"的含义不尽相同。6~9个月的婴儿会随着身体的生长和不断地练习发出各种声音,他们的声音逐渐地呈现出歌唱的特征。到了一岁半,幼儿可以开始正式的学唱歌,歌唱和说话正逐步从嗓音游戏中分化出来。两岁以后,儿童开始逐步完整地唱一些短小的歌曲或歌曲片断,但由于他们对歌词含义的理解十分有限,听辨和发出语音的能力也较弱,所以发音错误的情况十分普遍,就是我们所谓的"走调"。

在音域和音程掌握方面。婴幼儿能最大限度地发展音高,但还谈不上音域发展的问题。两岁以前幼儿的歌唱音高还模糊不清,两岁以后逐渐开始出现分离的音高,儿童一般可以唱出约在 $c^1 \sim g^1$ 范围之内的音,以后又逐渐发展到能唱音乐稍宽的歌曲。两岁左右的儿童会努力变化自己的发音去模仿标准的音高,并能觉察出旋律轮廓的变化,由婴儿时期的"本能歌"直接演变成"轮廓歌"。这种"轮廓歌"与儿童早期会话能力发展出现的"蝌蚪人"相似,只有一个大体的构架,通常也被称为"近似歌唱":唱的大多是一个简单的句子,节奏没有什么变化,常常出现同音反复,形成音高上的徘徊,一个句子被不止一次地重复等。例如《生日快乐》、《捏拢放开》等歌曲。两岁左右幼儿歌唱中的音程关系主要是二度音程,小三度音程,大约到两岁半,开始出现四、五度音程。

在旋律结构和节奏组织方面。两岁前的"轮廓歌"基本是无调性的,旋律线起伏不定、节奏散漫,没有明确的节拍。两岁以后儿童的歌唱能力开始逐渐向较规则的模式发展,表现在节奏的组织有所完善,能以较准确的节奏唱出简单的歌词。随着年龄的增长,三岁左右的儿童在其学习歌曲的过程中常常会出现这样的现象:一首新歌唱了几天后慢慢地渗入记忆,有一天会突然开始唱几句。其实在他们开口唱歌之前,歌曲已经积累、潜伏在他们的大脑里有一段时间了。可见,三岁左右的儿童的歌唱能力的发展与他们的音乐感受、听辨能力的发展是紧密相连的。由此也提醒教育者：在对这一年龄段儿童的歌唱教学中，必须从歌曲的欣赏感知入手。

2. 3～4岁儿童歌唱能力的发展（幼儿园小班）

这一阶段的儿童对音乐的表现欲望和能力都在增强，并表现出对歌唱活动强烈的兴趣。特别是对具有戏剧色彩、生动活泼、情绪热烈的歌曲很喜欢，还喜欢反复唱歌曲中脍炙人口的部分。

在歌词表达方面。虽然三岁左右的儿童的语言发展有了很大的进展，而且能完整地掌握比较长的句子或教唱歌曲中的相对完整的片断，但由于这一阶段儿童认知发展方面的局限，他们对歌词含义的理解还存在一定的困难，加之听辨能力（音高的认知、辨别）和发音能力（平舌音、卷舌音）还比较弱，所以一旦碰到他们不熟悉的字词，往往吐字不清。

3～4岁儿童的歌唱音域一般在$c^1 \sim a^1$（即C大调的1～6），其中唱起来最舒服、轻松的是在$d^1 \sim g^1$（即C大调的2～5）之间。但不同的个体之间也存在着差距：音域稍宽的儿童可以达到$a \sim c^2$（即C大调的$\underset{\cdot}{6} \sim \dot{1}$），音域偏窄的儿童只能唱三个音左右。

这一年龄段的儿童在旋律的感知方面存在着差异性和不确定性，最明显的表现就是"走音"现象。有相当一部分儿童的音准有问题，往往不能准确地唱出歌曲的旋律，唱歌如同说歌。在没有伴奏的情况下独立歌唱时，这种走调情况尤其严重。

在节奏方面，3～4岁的儿童基本上能做到比较合拍地歌唱，尤其是对走步、跑步、心跳、呼吸等相应协调的节奏——四分音符、八分音符所构成的歌曲节奏更容易感受和掌握。

在歌唱的其他表现技能方面，3～4岁的儿童能够在成人的引导下，特别是在幼儿园良好教育的影响下，对已熟悉和理解的歌曲，以速度、力度、音色等较明显的变化来表现歌曲。例如，在演唱歌曲《在农场里》，会把各种动物不同的叫声用不同的音色表情来处理；在演唱歌曲《大鼓和小鼓》时，以不同的声音强弱力度来对比大鼓和小鼓的大声和小声。演唱《摇篮曲》时则以稍慢、稍弱的速度和力度来表现歌曲的音乐情感。

在集体唱歌时的合作协调性方面，3～4岁的儿童还不会相互配合，常常是你超前，我拖后，个别儿童的声音特别响。在进入幼儿园小班后期，儿童基本上懂得在音量、速度、力度、音色等方面来表现歌曲内容，初步体会到集体歌唱活动中协调一致的快乐。

3. 4～5岁儿童歌唱能力的发展（幼儿园中班）

4～5岁年龄段的儿童掌握歌词的能力有了进一步的提高，一般都能比较完整、准确地再现熟悉的歌曲中的歌词，而且对歌词的听辨、理解、记忆和再认能力有了很大的提高，唱错字、发错音的情况也有了较大的改善。

4～5岁儿童歌唱的音域较以前也有了扩展，一般可达到$c^1 \sim b^1$（即C大调的1～7），但是个别儿童之间的差异性还是很明显的。

由于这个年龄段的儿童接触的歌曲日渐增多，他们对旋律的感知、再认能力逐步提高，音准把握能力也有了进步。大多数儿童在伴奏下都能基本唱准旋律适宜的歌曲。当然，个别儿童对旋律感、音准的把握仍然很困难。

在呼吸方面，4～5岁的儿童对嗓音有一定的控制能力，能逐步学会使用较长的气息，一般在教师的指导下能按照越剧和情绪的要求换气，使得中断句子、中断词义的换气现象有明显改善。

这一年龄段的儿童在歌唱技能的发展中,对速度、力度、音色变化的把握有了一定的进步。这是因为他们对歌曲形象、内容、情感的体验和理解能力有了一定程度的认识,在演唱、表现歌曲时,能够比较细致地表达出歌曲在力度、音色等方面的变化,比小班时期的儿童表现得更为准确。

随着集体音乐活动、歌唱活动经验的不断积累,4～5岁儿童不仅能够比较协调地参与集体唱歌,注意在音色、表情、力度、速度等方面调节自己的声音,与集体保持一致,而且还表现出独自唱歌的愿望和兴趣。他们常常会在游戏、玩耍的时候,饶有兴致地独自哼唱,也会在公众、公开的表演活动或媒体节目中即兴跟唱。

除此之外,这个年龄段的儿童在歌唱能力的发展上还能表现出一定的创造性。他们会运用已经积累的一定的歌唱和表达的经验,部分地替换歌词,重新演唱。还会自发地、主动地提出歌唱的形式和表情,甚至还会即兴地创编简短的小曲等。

4. 5～6岁儿童歌唱能力的发展(幼儿园大班)

5～6岁的儿童在歌唱技能和水平上有了显著的发展。首先表现在随着语言的发展,他们能记住较长、较复杂的歌词,对歌词含义的理解也有一定的进步,在歌词的发音、咬字吐字方面表现得更趋完善。

这个年龄段的儿童歌唱的音域范围基本可以达到 c^1～c^2 (即 C 大调的 1～$\dot{1}$),个别儿童甚至更宽。

随着儿童唱歌经验的不断积累,5～6岁儿童的旋律感,特别是音准方面的进步更为明显。他们不仅能容易地掌握小三度、大三度、纯四度、纯五度音程,比较准确地唱出旋律的音高进行,而且对级进(二度)、小跳(三度、四度)、大跳(五度以上)不会感到太大的困难,而且他们已经初步建立了调式感。

5～6岁的儿童不但能准确地表现 2/4 和 4/4 的歌曲节奏,同时对三拍子歌曲的节奏及弱起节奏有一定的理解和掌握,而且能够较好地掌握带附点节奏和切分节奏歌曲的演唱。

这一年龄段的儿童气息保持的时间较以前延长了,能够按乐曲的情绪要求较自然地换气,同时歌唱的音量较以前也有了明显的增加和控制能力。

5～6岁儿童歌唱的表现意识更进一步的加强了,表现在歌唱的声音表情更趋丰富,能够表现出一首歌曲中的强弱快慢,能较好地唱出顿音、跳音、保持音及连音,并能尽力把不同的情绪情感体验通过音色、节奏、速度、力度上的对比变化生动细致地表达出来。在集体歌唱时,协调一致的能力也大大加强了,不仅能与集体同时开始、同时结束演唱,而且会听前奏、间奏,还对对唱、轮唱、合唱等不同的演唱形式产生了兴趣。这一年龄段的儿童具有一定的创造性歌唱表现意识,他们不仅能积极参与创造性的歌唱表现活动,而且会努力地使自己的表现与众不同,其创编歌词、创编即兴小曲的能力更得到了提高。在个体表现阶段,六岁儿童的歌曲声中已经开始表现出强烈的个人感情。

总之,随着儿童年龄的增长及歌唱活动经验的不断积累,他们对参与歌唱的积极态度和初步的兴趣爱好逐渐得到巩固,歌唱的技能进一步得到发展,对歌曲结构的感受也日趋合一、完善,能够从单调、散漫到丰富而有组织;调式感从模糊不定到准确……歌唱各个方面能力和表现都随着年龄的增长、环境的变化、教育的引导及各种内、外部因素的共同影响而逐渐地向更合理、完善的方向发展。

(二) 韵律和舞蹈能力的发展

1. 0~3岁儿童韵律和舞蹈能力的发展（托班）

婴儿期是动作迅速发展的时期。婴儿期动作的发展是一个从整体到具体、从粗糙到精细的过程。

3岁前儿童的身体动作是从未分化的不随意阶段向逐步分化的随意阶段发展的。婴儿从出生到六个月期间，不仅能够对声音做出反应，而且还会用动作寻找声源。例如，当我们在婴儿的摇篮边摇响拨浪鼓，或微风吹动窗前的风铃发出"嘀铃铃"声时，可以看到婴儿会兴奋地扭动身体、手舞足蹈，甚至用他们的手或脚去碰击能发出声音的玩具或物件。虽然六个月左右的婴儿能对音乐做出主动的反应，晃动身体或转动，但这些身体运动还不是由节奏性的音乐而引起的，这些动作只是婴儿一种本能的反应，是全身性的，比较笼统、粗糙，只是对纯音响做出的反应。

随着年龄的增长，婴儿的动作逐步分化为局部的、比较准确的动作。一般来说，一岁半至两岁左右的幼儿能爬、滚、拍、行走、推拉等动作，并在此基础上做一些细小的动作。例如，敲小鼓、用嘴吹的动作等。一岁半左右的幼儿已会对比较鲜明的节奏做出相应的动作反应。这种对刺激反应的明显进步，表现在不同类型的身体动作显著增加，试图使自己的动作与音乐节奏相协调，有与成人一起舞蹈的意向等。

到3岁左右，大多数幼儿基本掌握了拍手、点头、摇头、晃动手臂、用手拍击身体部位等非移位动作，并能伴随着节奏鲜明的音乐自发地点头、跳跃、转圈、摇摆等。3岁左右的儿童，其随乐动作能力有了较大的发展，他们一般能较好地跟随音乐控制自己的动作。此外，随着动作与音乐协调能力的逐渐提高，这一阶段幼儿的节奏能力也随之逐步发展起来，表现在对能发出好听声音的玩具、乐器产生一定的兴趣，会有意识地去敲击、演奏。虽然这些动作多是偶然的、零碎的，但它为儿童以后的乐器学习和节奏能力的发展打下了良好的基础。

2. 3~4岁儿童韵律和舞蹈能力的发展（幼儿园小班）

3岁以后的儿童的动作逐步进入了初步分化的阶段。大多数儿童都能自如地运用手、臂、躯干做各种单纯的大肌肉动作，例如拍手、摆臂、跺脚、摇头等。但由于受到神经系统协调性发展的局限，其平衡及自控能力还较差，特别是腿部力量较弱，脚掌缺乏一定的弹性，身体左右摇摆比较大，所以对幅度较大的上肢动作容易掌握，对下肢肌肉力量及弹性要求不是太高的单纯的移位动作，例如小碎步、小跑步等较易掌握，而对跳跃动作及上、下肢联合的复合动作的掌握及小肌肉的运用还是有一定难度的。

这一阶段的幼儿与婴儿相比，利用动作来表现音乐的体验更丰富了，他们基本学会了流畅地、准确地随音乐动作。由于认知能力以及肌肉控制能力的进一步发展，他们的动作认知进入了一个新的发展阶段。这表现在其动作的协调性（指动作与音乐相协调一致）也逐步发展起来。

3岁初期的学前儿童听到喜爱或熟悉的音乐时，往往会自发地跟着音乐踏脚、拍手，但这种身体动作并不能做到完全合拍。因此，教育者只能相应地选择适宜的音乐速度以适合幼儿的动作。学前儿童随着音乐活动的增多，特别是经过良好的幼儿园教育，他们会逐步发展到根据音乐的特点,努力使自己的动作与音乐节奏相一致,使动作的速率逐步变得均匀,但这种均匀性往往又表现出不稳定的特点,很难在长时间里保持。

3～4岁儿童在韵律和舞蹈活动中的动作表现往往以自我为中心,他们还不善于运用动作与同伴配合、交流、共享。但他们在动作的创造性表现方面有了初步的意识和发展。这个年龄段的儿童能根据音乐性质的变化,用相应的动作来表达自己的感受、情感。例如,音乐速度快,动作也加快;音乐连贯、平衡,则动作缓慢、平稳。同时,他们还能用自己想出来的动作来模仿、表现日常生活中所熟悉的具体事物,例如动物、植物、交通工具等,用动作来表现自己的情感体验。

3. 4～5岁儿童韵律和舞蹈能力的发展(幼儿园中班)

4～5岁的儿童动作发展有了明显的进步,身体大动作、大肌肉及手臂动作得到了很好的发展。他们的走、跑、跳等下肢动作及小肌肉的锻炼也逐步得到提高,能够比较自由地做一些连续性的一位动作,例如跳步、垫步等,而且平衡能力及动作的控制能力有所加强,对于上下肢联合的复合动作也逐步地发展起来了。

在发展复合动作的同时,4～5岁儿童动作的协调性也有了进一步的提高。这不仅表现在能够合拍地跟着音乐节奏做动作(2/4或4/4拍),而且与音乐相协调的动作显得更为自如,不再似以前显得紧张、僵硬,其节奏的均匀性、稳定性也更加明显。而且,此年龄段的学前儿童还能够在同一首音乐的转换处以不同的动作节奏加以表现。

在动作表达的过程中,这一年龄段儿童开始注意运用动作与同伴进行合作、交流。例如,在集体的韵律和舞蹈活动中,他们会自己寻找一块比较空的位置,不与别人碰撞而能和谐共享空间;会主动邀请同伴共舞,还会与同伴合作表演动作,例如两个孩子一起表现袋鼠妈妈和小袋鼠相亲相爱的动作等。

在创造性表现方面,随着儿童认知能力的发展,情感的逐步丰富和深化及动作语汇、动作表达经验的不断积累,他们开始用一些基本的舞蹈语汇来进行简单的创编。虽然这种创编需要教师较大程度的提示和整理,但是,儿童主动创编的意识和积极调动并运用已有经验的能力明显地得到了肯定和发展。

4. 5～6岁儿童韵律和舞蹈能力的发展(幼儿园大班)

5～6岁儿童的动作进一步分化且更精细,从身体、躯干等大肌肉动作到手臂、手腕、手指等小肌肉动作,而且动作的自控能力更强。他们可以自如地变化上、下肢动作的速度及幅度,并且能够做更复杂的上、下肢配合的联合动作,例如采茶的动作,需要同时协调配合手臂、手指、头部、眼睛、腰部及脚的动作;可以掌握更为复杂的连续移动动作,例如秧歌十字步、跑马步等;可以做有腾空过程的简单动作,保持重心及平衡的能力有进一步的提高。

在韵律和舞蹈活动中,随乐性水平有了更明显的提高。不仅能够自如地、熟练地表现音乐的节奏、节拍,而且能对比较复杂的节奏做出反应,例如附点节奏及切分节奏、三拍子的节奏等。另外,用比较灵敏的动作反映音乐的速度和力度变化的能力也有所提高。

5～6岁儿童在韵律和舞蹈活动中的合作协调意识越来越明确,合作协调的技能也越来越强,并开始主动追求与同伴一起参与韵律和舞蹈活动的快乐。他们能够用动作、表情和延伸学会与同伴交流、合作,同时更多地发挥出自身用动作语汇创造性地表现音乐的积极性。同样的音乐、同样的主题内容,他们会努力地用已有的表达经验创造尽可能与别人不同的动作。

总之,学前儿童韵律和舞蹈活动能力的发展是受生理器官和心理过程相互作用的影响,并且对于每一个发展个体而言,体现出较大的层次类别和表现差异。因此提示教育者:针对不同年龄段、不同发展水平、不同个性差异的学前儿童进行循序渐进的引导和教育,可以更好地帮助儿童逐步积累一定的艺术动作语汇,使他们体会并享受用基本的动作语汇进行自我表达的乐趣。

(三) 打击乐器演奏能力的发展

1. 0~3岁儿童打击乐演器奏能力的发展(托班)

对于3岁之前的儿童来说,乐器是他们以身体创造声音的一种自然而有趣的方式。这一年龄段的婴幼儿已经表现出对打击乐器演奏活动的极大兴趣。这种兴趣源自于对发出有声响玩具的好奇和探究,他们渴望弄响它们,并以此获得满足。随着年龄的增长,儿童尝试、探索声音的范围不断扩大,主动性更强烈,表现在会自发地去敲击能发出声响的物品,例如锅、碗、盖、瓶等,以此来探索声音的长短、高低、轻响、音色。这正是学前儿童进行正规打击乐演奏活动的"序曲"。

虽然这一年龄段的儿童已经对乐器及演奏发生了很大的兴趣,会有意识地去敲击乐器、探索声音,但这些动作多是偶然的、零碎的,甚至并不能与音乐保持相一致的节奏和拍子。如果能提供给0~3岁儿童一个无拘无束、可以自由和即兴创造的环境,将有力地拓展他们对乐器演奏的兴趣和音调、节奏方面的预备性体验,为以后的乐器学习和演奏能力发展打下一个良好的基础。

2. 3~4岁儿童打击乐器演奏能力的发展(幼儿园小班)

3岁以后的儿童,特别是进入幼儿园接触了一些特制的打击乐器,例如小铃、响板、串铃、铃鼓等,使他们对乐器演奏的兴趣得到较大的满足。在教师的引导下,他们一般能学会较简单的演奏技能,例如,敲木柄小铃,双手各持一个,相互轻敲;敲响板,一手将响板托与掌心,另一手自上而下轻拍响板;敲铃鼓,一手持铃,用另一手轻拍鼓面。但是,由于他们消极又尚未完全发育,对乐器的操作技能、探究能力受到一定的影响。

对于3~4岁的儿童来说,在演奏过程中使奏出的音响与音乐相协调一致是有一定困难的。因为儿童获得的演奏经验是有限的、零碎的,而且其随乐意识较差,所以部分孩子往往只陶醉于摆弄乐器而游离于音乐之外,抛弃了演奏的要求。这也就很难用准确的节奏、适宜的音色来表现音乐了。

我们知道,打击乐器演奏活动更多地体现为一种集体的活动形式,且对活动中各声部之间的合作协调要求甚高。对于3~4岁儿童来说,他们的动作发展、自控能力较差,因而要体会集体奏乐活动中各声部之间的相互配合和协调有一定困难。但是,让孩子通过同一种乐器的演奏,初步体会到与他人同时开始、同时结束的基本合作要求还是切实可行的。

虽然这一年龄段儿童的演奏技能及随乐水平都尚不完善,他们早早的表现出奏乐活动中初步的创造性表现,例如,在听到《大雨和小雨》这首儿歌时,孩子们会建议用铃鼓的音色表现大雨,用小铃的音色表现小雨,以不同的力度来演奏和体验、表达大雨和小雨。这种联想、想象和创造性表达，能让儿童体会到主动参与音乐的极大满足和愉悦。

可以说，三岁左右的儿童一般处于感觉阶段，容易被各种乐器发出的声音及音色所吸引。例如，轻轻摇晃的沙球及敲击后发出声音的三角铁，他们尝试着敲打各种乐器，发出各种声音，但这些声音都是杂乱无章的。

3. 4~5岁儿童打击乐器演奏能力的发展（幼儿园中班）

4~5岁的儿童在打击乐器的操作和演奏技能方面的发展较小班儿童有了较大的进步。他们不仅能模仿成人、教师的演奏方法，并且开始探索同一种乐器的不同演奏方法，还能掌握演奏技巧稍高的一类打击乐器，例如铃鼓的晃、摇，沙球的震、击等。在打击乐器演奏的过程中，他们对乐器音色、力度、速度的调整和控制能力也有所提高。

随着听觉分辨能力的进一步分化和精细，4~5岁儿童的随乐意识能力有了很大的进步。大多数儿童能够基本合拍地随音乐演奏（2/4、4/4、3/4拍子）。

4~5岁的儿童在合作协调性方面表现出这样的发展特点：与同伴同时开始和同时结束演奏，而且能在两至三个不同声部的演奏配合中处理好自己声部与其他声部之间的协调关系，特别是这一年龄段儿童在打击乐演奏过程中看指挥、理解指挥手势含义的能力有所发展。他们不仅懂得在演奏过程中要始终注意指挥的手势，而且也能够以指挥的手势含义来调整自己的乐器操作和演奏。

随着学前儿童集体打击乐演奏活动经验的不断积累，他们能够在教师的提示、引导下，用一些基本的节奏型语汇来创造性地表达音乐，例如，教师让孩子选择、设计一个四拍子的节奏型，中班孩子就能够用打击乐器奏出如下节奏片断：｜ⅹⅹⅹⅹ｜、｜ⅹ0ⅹ0｜、｜ⅹⅹⅹⅹⅹⅹ｜、｜ⅹ— ⅹⅹ｜、｜ⅹⅹⅹⅹⅹⅹ｜等。

可以说，4~5岁的儿童逐渐进入操作阶段，对声音的控制能力有所提高，他们逐渐掌握了一定的技巧，可以正确地控制较大的节拍。但当他们用鼓槌打击乐器时，常表现出两手来回机械式地敲打乐器，而非演奏乐器。

4. 5~6岁儿童打击乐器演奏能力的发展（幼儿园大班）

5~6岁的儿童使用和掌握的打击乐器种类更多，能力也更强了。他们已经能演奏使用小肌肉操作的乐器，例如三角铁及用手腕带动的乐器双响筒等。对于同一种打击乐器，其演奏方法也更丰富、细化，例如用捏奏法演奏响板等。在演奏过程中，他们也更注意调整自己的演奏方式和用力方法，有意识地控制适当的音量和音色。

在注意演奏音量的同时，此年龄段的儿童还能更多地关注到演奏活动的"背景"——音乐，能始终与音乐的节奏、节拍相一致，同时对音乐节奏的表现能力更强。除了2/4、4/4、3/4的音乐之外，这个年龄段的儿童还能够比较准确地演奏有附点节奏和切分节奏的乐曲及结构相对复杂的乐曲，且努力使自己的演奏与音乐的速度、力度等表现手段相一致。

5~6岁儿童在打击乐演奏活动中的合作协调能力也得到了很好的发展。他们能够在较多声部的合奏过程中主动地调节好自己声部与其他声部间在节奏、音色、速度、力度上的合作要求，不仅能准确地演奏自己的声部，而且也能主动地关注整体效果。再者，他们对指挥的暗示理解也较明确，甚至能学会看指挥的即兴变化来调整自己的演奏，还能与同伴以体态表情进行情感交流。在创新方面，他们表现得更为主动和积极，不仅能积极地参与为乐曲选配合适节奏型的配器方案讨论,而且还能更自发探索音乐、探索打击乐器的制作,以及大胆地尝试参与即兴指挥等。

可以说,这个年龄段的儿童属于个体表现阶段,他们会利用器乐曲的音色和强弱来表现音乐效果,并随着音乐做出各种动作。

(四)音乐欣赏能力的发展

学前儿童心理的发展是一个连续而又有阶段性的过程,学前儿童的音乐欣赏离不开感知、记忆、想象、思维等音乐能力。这些能力是随着儿童年龄的增长而逐渐生成、发展并健全起来的,而音乐的感知能力是音乐欣赏的重要前提和基础。

1. 0~3岁儿童音乐感知能力的发展(托班)

国内外许多研究表明,人对声音的反应在胎儿期就开始了:胎儿的小耳朵从妊娠4个月起就可以听到子宫外的声音,当听到巨大的或突然的声音时,胎儿会感到吃惊,他们用动作及改变内部呼吸的方法对声音刺激做出反应。而且,胎儿在母腹里就能够感受并习惯母亲的心律声。出生后的婴儿在生命最初几个月里,音乐可以说是他们接受"信号"的一种"前语言方式",它成为婴儿同周围世界发生联系的一种最初级、最基本的方式。婴儿不仅能很注意周围环境中的音乐之声,将其与别的声音相区别,而且会由"接受者"逐渐成为"参与者"(由对周围环境中的声响感兴趣到逐渐被刺激,并参与其中)。婴儿半岁左右就开始模仿听到的声音,这种声音也被称作"婴儿式的说话和颤音"。婴儿在这种"声音模仿游戏"中显得其乐无穷。

科学实验证实,大多数婴儿具有敏锐地辨别不同频率声音的能力,他们对声音的反应和感知是和他们与外界接触的其他能力同步地逐渐发展起来的。一般来说,两个月左右的婴儿就能区别铃声或生活中其他的响声,有高低音的反应;三个月左右,能从生活中各种声源里区分出不同的人,尤其是父母的声音,并有可能区分出彼此相距八度音程的音调高低;六个月左右的婴儿,能逐步开始主动地对声源做出反应,而不再仅仅是被动地接受声音刺激,他们会主动把头转向发出声音的地方,对音乐或熟悉的声响做出高兴甚至惊喜的表示,会连续晃动身体,并且还能对大三度和小三度的音程有所辨别,对音乐旋律轮廓的变化有所反应;当婴儿熟悉、记住了开始出现的旋律之后,他们会本能地把随后出现的旋律与其进行比较。婴儿这时实际上是用了一种建立在旋律轮廓之上的"整体处理策略",而这种处理策略与成年人对无调性音乐和不熟悉音乐旋律的处理几乎是一致的。

总的来说,一岁前婴儿的音乐听觉感知和反应是比较缓慢且不太精细的。随着年龄的增长,婴儿对外界环境中的各种声音和音乐的反应、听辨、分化能力会进一步发展。他们不仅能准确地分清声源,迅速地分辨差别大的不同音色;分辨四度、五度音程;区分并主动模仿环境中的许多声音,例如动物的叫声、成人的歌声等;还会自发地注意倾听他们所喜欢的音乐。一般来说,两岁左右的儿童不仅会对成人唱的或录音机里的歌曲感兴趣,而且还喜欢用找到的物体或用自己的声音创造自己的音乐。奥尔夫也大力主张鼓励儿童用发现的物体发出声音——敲击物体。因为无论儿童最初的听觉经验多么粗糙,都可能引起儿童发现美好的声音。

2. 3~4岁儿童音乐欣赏能力的发展(幼儿园小班)

3岁左右的儿童,已经从周围生活环境中获得了较多的倾听体验和习惯,并且开始逐步自发地注意听他们所喜欢的音乐并分辨它们。这一年龄段的儿童还不容易理解音乐作品的不同情绪性质，但当他们感受到不同性质的乐曲时，例如柔和优美的摇篮曲或雄壮有力的进行曲，能随着音乐做出动作反应，例如听到宁静的摇篮曲，他们会自然地晃动身体，而听到有力的进行曲，则会不由自主地踏步等。可见，此年龄段的儿童已经有了对音乐情绪性质的初步感受。

理解是音乐欣赏的重要基础和保证。这既包括对乐曲情绪、风格的理解，也包括对乐曲所表达内容的理解，以及乐曲结构和表现手法的理解。3～4岁儿童的音乐理解能力是十分有限的，虽然他们能对生动形象、节奏鲜明的乐曲有所反映和感受，但不一定能完全理解。这一年龄段儿童的音乐理解能力是随着他们认知、思维能力的逐步发展、音乐活动经验的不断积累而逐步有所发展的。一般来说，到小班末期，儿童在幼儿园良好的教育影响下，能学会借助于想象、联想来理解性质鲜明的音乐情绪，产生一定的共鸣；但对于乐曲基本表现手段的感受和理解则有一定的困难，特别是对音色、节奏、旋律等的差别常常不能很好地区分。

儿童在欣赏音乐的过程中，总是以他们的表情、动作或语言来对音乐做出相应的反应。因而，欣赏音乐的能力与儿童的创造性表现是紧密相关的。3～4岁儿童受其生理心理发展水平的影响，对音乐作品的感受和理解还很不完善，记忆力也很不精确，所以一般尚不能用语言较好地表达对作品的感受。这个年龄段儿童常用的创造性表现手段往往就是身体动作，即尽量用自己想出来的、与他人不同的动作来表现音乐。

3．4～5岁儿童音乐欣赏能力的发展（幼儿园中班）

4～5岁儿童听辨的分化能力有所提高，逐渐能辨别声音的细微变化，表现在倾听、欣赏音乐的听辨能力、感受能力进一步增强。他们一般已能欣赏内容较为广泛、性质风格多样的音乐作品，例如舞曲、进行曲、摇篮曲等。他们往往能够通过教师专门组织的音乐活动，初步感受到乐曲的结构，听出乐段、乐句之间的重复，例如感受简单的单三段体ABA结构，以及乐曲在情绪性质上的明显差异。

随着儿童思维、想象的进一步发展，4～5岁儿童对音乐的理解能力也在不断地发展。这一年龄段的儿童已能基本理解音乐所表达的情绪和情感，并由此产生一定的想象、联想。当然，这种理解能力通常表现为对歌曲及有标题的器乐曲的理解，他们已能借助于歌词及已有的生活经验、音乐经验基本理解音乐所表达的音乐形象，但对较为复杂的、没有标题的纯乐器的理解还有一定的困难，需要专业教师的语言引导。

4～5岁儿童在音乐欣赏过程中的创造性表现能力也在不断增强。他们基本上会用比较自由、多样的手段对音乐进行创造性的表现，并且在表现过程中努力追求表现的独特性、创造性。例如，让中班儿童欣赏蒙古民歌《森吉德玛》，启发儿童欣赏感受音乐以后，用简单的图画分别来表达听《森吉德玛》A、B两段后的感受，有的儿童为A段画的图是：在辽阔的草原上，有一个小小的蒙古包，门前是一只温顺的小羊；为B段画的图是一幅奔驰的群马图。可见4～5岁的儿童已经能够尝试运用不同符号系统中的表现语汇来创造性地表现音乐。

4．5～6岁儿童音乐欣赏能力的发展（幼儿园大班）

5～6岁儿童对音乐的感受和理解能力都有了更大的进步。随着他们音乐经验的不断丰富和积累，其听辨能力更强了，能从对音乐的粗略区分进入比较细致的区分，而且能感受、辨别较为复杂的器乐曲的结构、音色及情绪风格上的细微差别。同时，他们能够对音乐形象鲜明的同类音乐作品进行分析和归类，并且用语言来表达音乐感受的能力也增强了，能结合想象和联想用较完整的语言或一定的故事情节来描述音乐。另外，5～6岁儿童对纯乐器曲的理解能力也进一步增强，他们能在清楚辨别、理解音乐作品速度、力度、音色、节奏等表现手段变化的过程中进行大胆的想象和联想，并找出充分的理由。

5～6岁儿童在音乐欣赏过程中的创造性表现，不仅体现在创造性表现的意识更积极、主动，而且创造性表现的形式更丰富、多样，有身体动作、嗓音表达、语言描述、图片再现等。同时，创造性表现的成果也更为显著。由此可见，伴随着儿童年龄的增长以及音乐体验活动的增加，儿童对音乐中音调和节奏变化的敏感性，以及对旋律的感知、记忆和理解、想象、表达等能力都在不断发展和提高。

5～6岁的儿童已有记忆音乐短句、把重复出现的短句从各种不同旋律中辨别出来的能力，也具备了一定的体会、理解音乐中传递的情绪、情感的能力，例如体验、理解音乐中明显表现出的愉快、悲伤、紧张等不同情绪、情感。虽然儿童对音乐的认识和发展过程直接受他们本身知识经验和心理发展水平的制约，但儿童对音乐的感知、记忆、理解等能力的发展更多地受到直接训练或间接经验的影响。因此，儿童接触音乐的机会越多，就越能为音乐感知、理解能力的发展打下良好的基础。

此外，随着儿童年龄的增长，儿童对音乐的鉴赏能力也直接地表现在对音乐的偏好上。一般来说，儿童"音乐偏好"的形成有三个方面：第一，反复接触某一特定音乐或强化某一方面音乐训练，从而增加对这种音乐的鉴赏力；第二，受权威人物（诸如教师或某个成人）偏好的影响而建立自己的音乐偏好；第三，由音乐中固有的特质，例如某种音乐风格，而影响到对音乐的偏好。

总之，为3～6岁的学前儿童提供反复的音乐刺激，不仅有助于让儿童享受各种音乐的乐趣，也有助于儿童初步的音乐鉴赏力的形成和发展。随着儿童音乐经验的不断积累，他们能够在教师或成人有意识的安排下接触到不同风格、体裁的音乐作品，通过比较，逐渐形成自己的音乐偏好。

五、学前儿童音乐教育活动环境的创设

音乐活动的环境和材料也是制约和影响活动进程的因素之一，因此，教师有必要在活动设计中对场地、空间、时间以及活动中的音乐材料和其他辅助性材料等做出合理的设计和安排。

（一）学前儿童音乐教育活动的时间安排

幼儿园的音乐教育活动不仅有丰富多样的活动内容和形式，同时又有相对的活动时间上的要求。

1. 幼儿园（常规性的）

（1）按户内外安排：请先看以下2005年某幼儿园日活动作息表（如表7-2所示）。

表7-2 某幼儿园日活动作息表

小班		中班		大班	
7：30	游戏与生活 自由游戏、盥洗、点心、整理	7：30	游戏与生活 自由游戏、盥洗、点心、整理	7：30	运动与生活 早操、体育游戏、整理、盥洗
9：20	学习（集体）	9：20	运动与生活 早操、体育游戏、整理、休息	9：20	学习（集体）
9：50	运动与生活 早操、体育游戏、整理、休息	10：00	学习（集体）	9：50	自由游戏
10：25	自由游戏	10：30	自由游戏		
10：50	生活 盥洗、午餐、午睡、起床整理	10：50	生活 盥洗、午餐、午睡、起床整理	11：00	生活 盥洗、午餐、午睡、起床整理
14：45	运动（自选）	14：40	运动（自选）	14：30	运动（自选）
15：15	生活（盥洗、点心）	15：10	生活（盥洗、点心）	15：15	生活（盥洗、点心）
15：25	学习（区角）	15：30	学习（区角）	15：20	学习（区角）
16：00	整理、离园	16：00	整理、离园	16：00	整理、离园

从此幼儿园的每日作息安排上可看到：小班、中班 7：30—9：20 为自由游戏时间，除去每个幼儿盥洗、吃点心、整理所用的时间及先后来园等原因，实际上幼儿一般能玩 1 个小时，再加上 10：25—10：50 又有 25 分钟，两次活动时间共有 1 个半小时左右。大班自由游戏时间从 9：50—11：00 也有 1 个小时以上。在自由游戏这段时间内，教师可以根据教学计划安排音乐教学活动。从不同年龄段的儿童一天参加自由游戏活动的时间来看，年龄小的儿童游戏活动时间相对长一些，并分两段进行。年龄大的儿童的游戏活动时间相对少一些，但单位时间则相对长一些。

在学习区角中也可以适当地有阶段性地配合音乐教学活动设置相关的音乐活动区。而在集体学习活动中也是可以根据教学计划来安排音乐教学活动。

（2）按活动类别安排：请先看以下某幼儿园大班周活动作息表（如表7-3所示）。

表7-3 某幼儿园大班周日活动作息表

	周一	周二	周三	周四	周五
8：15—8：45	教学游戏活动（运动）	教学游戏活动（运动）	教学游戏活动（运动）	教学游戏活动（运动）	教学游戏活动（运动）
9：00—10：00	区域活动	区域活动	区域活动	自由游戏（结构）	自由游戏（结构）
10：00—11：00	自由游戏（角色）	自由游戏（角色）	自由游戏（角色）	自由游戏（角色）	自由游戏（角色）
15：00—15：30	自由游戏（运动）	自由游戏（运动）	自由游戏（运动）	自由游戏（运动）	自由游戏（运动）
15：30—16：00	教学游戏活动（音乐表演）	教学游戏活动（智力）	教学游戏活动（结构）	教学游戏活动（智力）	教学游戏活动（音乐表演）

从上述幼儿园大班儿童一周活动编排上我们可以看出，其教学游戏活动主要是以"教学游戏活动"和"自由游戏"活动两种形式呈现。教学游戏活动中含运动、音乐表演、智力游戏、结构游戏等几类；自由游戏中含角色游戏、运动、智力游戏与结构游戏等几类。可见，运动、智力游戏、结构游戏都既有教学游戏活动形式，又有自由游戏形式。因此，儿童参加各类游戏的时间得到了保证。但由于分类过细，学前儿童在同一时间玩同一种游戏，难以充分自由地按照自己的兴趣、经验和需要进行选择。此时，教育者可根据教学计划及学期活动主题运用音乐教育的手段进行教学游戏活动的安排，使教学活动集中有效，学前儿童更容易接受和加强教学活动内容的学习。

（3）按年龄安排

一般来说，小小班或托班（2~3岁）安排10分钟左右，小班（3~4岁）安排15分钟左右，中班（4~5岁）安排20分钟左右，大班（5~6岁）安排30分钟左右。

首先，教师可根据不同的活动时间设计不同的活动内容。例如，新授歌曲活动可以在一个音乐活动的进行中占据大部分时间，但若以创编新歌词为活动的主要内容的话，则应注意时间不宜太长，以避免造成幼儿的疲劳和对创编产生的消极情绪。其次，教师还应视学前儿童活动时的行为表现、参与状态等情况灵活调节和再安排活动时间。当学前儿童的积极性开始转入下滑状态时，则应及时地结束活动或转入新的活动，从而使每一次音乐活动都能给学前儿童留下美好的回味。

2. 早教机构

（1）大堂韵律活动

0~3岁，家长陪伴的音乐教学活动，是一种音乐兴趣和语言行为的启蒙，也是一种宣传手段。每周六天，每天上午10：00左右，一次30分钟左右。

（2）教学活动的前奏和结束

阶段性的专题教学活动（数学启蒙、某年龄段的教学启蒙）的前奏和结束以及单课时的音乐活动，一般3~5分钟左右，既规范幼儿的注意力，又协调了课堂秩序。

（3）专业音乐教育课程

奥尔夫音乐教学课程，蒙台梭利音乐教学课程；每周有一定的课时安排，1~3次，每次30~45分钟左右。

3. 家庭参与

可以说，儿童的第一任音乐教师是他们的母亲，在胎儿时期就可以通过母体感受外界的声响和音乐。而家庭也是儿童最早的音乐启蒙学校，家庭成员是儿童最早的老师和同学。家庭的音乐教育因其具有启蒙性、个别性、随机性和长期性等特点，受到家长、教育者和社会的高度重视。

（1）胎教：家庭是儿童最早的音乐教育环境

家庭音乐教育的早期性可以陶冶音乐幼苗，培养音乐人才，对儿童今后的成长和发展起了奠基的作用。

（2）家庭音乐教育有助于儿童身心健康成长

促进大脑的发育成长，有助于儿童逻辑抽象思维、记忆力和创造力的开发。除此之外，早期的音乐教育还能对儿童性格、情操以及良好个性的形成产生积极的影响。

(3) 家庭音乐教育是幼儿园音乐教育的基础和补充

在家庭音乐教育的启蒙中，家长可以从培养儿童的倾听能力着手，和孩子一起聆听周围生活环境和自然界的各种声响，让孩子感受音色各异、节奏丰富多样的声音源泉，有意识地引导儿童倾听。例如厨房的切菜声、锅碗瓢盆的敲击声等不同声音，在倾听的同时帮助孩子学会区分和比较。在家里给孩子欣赏音乐，既可以选择一些经典而优秀的古典音乐曲目作为平时生活的一种背景音乐长时间地、反复地播放，也可以特意为孩子选择一些音乐形象鲜明、结构短小简单的儿童乐曲或歌曲，结合他们的生活经验，用生动的寓言故事把被欣赏音乐的感人之处讲给孩子听，引起他们互动的兴趣。

在家庭音乐教育的启蒙中，家长可以随时灵活地安排一些与音乐有关的内容：一起唱唱歌、跳跳舞；通过排球活动来锻炼节奏感；有意识地和孩子一起寻找和感受生活中各种各样的节奏，例如：小鸡、小鸟的叫声节奏x x x x（叽叽 叽叽），汽车的喇叭声x x·（嘀嘀·），小鸭、小猫的叫声x—｜x—（嘎— ｜嘎—，喵— ｜喵—），妈妈切菜的声音节奏xxxx xxxx（当当当当 当当当当）等，在节奏模仿中逐渐诱发儿童潜在的节奏感。家长可以和孩子一边听音乐一边用最自然的身体动作（拍手、点头、跺脚等）做出简单的律动；或和孩子一起利用家中的瓶瓶罐罐等材料制作一些简单的打击乐器，在敲打的游戏中进一步培养孩子对节奏活动的兴趣，增强音乐节奏的表现能力。

对待儿童的乐器学习，家长的态度和方法一定要正确。如果完全不顾儿童的兴趣和天赋条件而盲目地要求孩子进行乐器的演奏学习，或用粗暴、命令的态度对待孩子练习乐器，不仅会扼杀儿童对音乐的兴趣、压抑儿童的个性，甚至还会产生更严重的后果。

（二）活动材料的设计

音乐教育活动中的材料既包括音乐教材本身的音乐、动作、乐器等材料，也包括为完成一定的音乐活动而借用的其他教学工具、道具、音响、多媒体等辅助性材料。

1. 音乐材料的设计

（1）音乐作品的选择和设计

从学前儿童的年龄特点出发，选择题材广泛、形式多样、反映儿童生活、适应学前儿童爱好和接受能力的音乐作品。教师在为学前儿童挑选和设计音乐作品时，不仅要从音乐本身的艺术性、审美性考虑，也要从学前儿童的具体实际水平出发，注意作品的难易程度。

选择和设计能与学前儿童已有的音乐知识和经验相关联的音乐作品。教师在活动内容材料的安排上，若注意使音乐的内容和形式对学前儿童来说既感到新鲜有趣但又不完全陌生，则学前儿童就可以有较多的机会利用已有的经验进行迁移性学习，从而保持学前儿童对活动和音乐学习的稳定而持久的兴趣。

恰当地处理和运用音乐作品，体现音乐的完整性。为学前儿童选择了合适的音乐作品以后，教师还必须对原始的音乐作品做出恰当的处理。例如，一首陌生的歌曲，如果速度偏快，容易让幼儿感到学习困难而引起不必要的烦躁。教师在实施教学活动时不宜用正常的录音速度，而应该教师自己清唱，根据学前儿童的反应随时灵活地调整速度。又例如，在为学前儿童选择了一首优美动听的欣赏名曲后，教师也要考虑欣赏作品的旋律、结构、性质等是否适合幼儿的欣赏水平，以及如何引导学前儿童进入欣赏的情景，这时，既可以对原作品的感受形式做适当的调整设计，也可以对原作品的结构做一定的删编。再例如，在设计编写打击乐作品的过程中，教师同样应注意音乐本身的多声部性质，从完整音乐的感受和表现入手，帮助学前儿童体验多声部音乐的完整、和谐之美。

（2）音乐作品动作的设计

合理对待动作的难度和技巧。对于教师来说，动作的难度应视大部分学前儿童的一般生理发展水平而定，既能引起学前儿童活动的兴趣，又能使他们在原有的动作表现基础上有所提高。

灵活地调整动作的力度和幅度。在一个新的韵律活动的设计中，可以要求学前儿童用较小的动作力度和幅度。而在一个以复习为主的韵律活动或音乐游戏活动中，则可以要求学前儿童用正常的动作力度和幅度来表现。

加强动作与音乐的配合。教师在引导学前儿童动作表现的同时，必须注意随乐性。无论是在新授还是复习性质的韵律活动的设计中，都要紧紧地把动作的学习和表现与音乐结合在一起。

2. 辅助材料的设计

（1）教具和学具的设计

提供有价值的学习操作材料、乐器等促使学前儿童主动构建知识、获得有效发展。作为教学的学习操作材料——教学用具（诸如乐器、道具等），教师在选用或设计时应考虑更好地为学前儿童服务：不必过分追求新奇而造成活动中引起学前儿童的无关兴奋，分散他们的注意力，使教学产生适得其反的效果；应考虑学具的数量和是否便于操作，学具的操作应尽量简单、方便，不至于因操作失误造成学前儿童情绪上的失控；更要注意教具、学具与音乐活动的内容配合，它们的演示和操作应跟随音乐进行，以帮助学前儿童更好地体验和表现音乐。教具、学具可包括录音磁带、CD、乐谱、乐器等。

（2）有关道具材料的设计

根据学前儿童不同年龄度区别对待，对于年龄小的儿童，应当从引起他们的活动兴趣、引发他们的想象力、创造力等方面考虑，在音乐教学活动中安排和设计一定的道具或装饰物。例如，小班音乐活动《小小鸡》，可以让幼儿戴上小鸡的头饰，与"鸡妈妈"一起游戏、表演；对于年龄大的学前儿童，则更多地加强音乐本身的情感引导，启发他们利用已有的知识经验和音乐经验进行更具体的音乐内容的学习，而不是更多的依赖于道具。道具材料的设计还可以根据活动的性质区别对待，音乐活动有以欣赏为主的、有以表演为主的，还有以创作为主的，针对不同性质的活动可使用相应的道具材料。例如，可为表演性质的音乐活动"音乐剧"等设计和准备必要的道具、服装、舞台背景等，以增强表演效果。

（3）多媒体材料的安排与运用

21世纪的今天是信息的时代、是计算机的世界。将计算机多媒体技术整合于学前儿童教育的各种活动，尤其是游戏和教育活动中，已经成为幼儿学习和游戏的一个有机组成部分，可以激发情感、培养创造性思维。今天，计算机多媒体在幼儿的日常生活中无处不在，计算机也进入学前儿童教育场所，成为幼儿园基本教学用具的设备，不仅在教学教研方面能发挥其信息传递的作用，还进入到活动区域，成为幼儿学习环境的一部分。在二期课改的课程整合性原则的指导下，计算机多媒体的运用也是有效教学的一个重要组成部分，是课程整合的一个有效的手段。

运用计算机多媒体制作课件引导教学，能使教学产生更好的效果，可体现"视听合一"，使得幼儿的学习接受更自觉、印象更深刻。音乐由于其特殊的存在形式，使其具有不可捉摸性，教师可在歌曲或音乐欣赏活动中，根据歌曲或乐曲的性质、风格设计并采用与音乐相关的画面、图像，选择运用适宜的软件制作图文并茂的课件，把音乐内容、情感充分地通过多媒体的手段演绎和表现出来，供幼儿直观地欣赏，更有效地丰富课堂教学内容、教育活动和知识概念，加深幼儿对音乐作品的理解和对知识的探索，使学前儿童在多媒体课件中可以更深地认知主题。

计算机多媒体的材料运用还可体现"可操作性"。图片、PPT、Flash 的使用必须考虑其操作的简便易行，避免在活动中由于花费太多时间和精力而不顾及儿童的活动反应，更不能因为操作困难或生疏而干扰儿童的学习。

六、教师介入学前儿童音乐教育活动的方法

学前儿童音乐教育活动过程中，教师只有以学前儿童为活动的主体，关注幼儿的年龄特点、个性特征、学习态度和习惯等影响活动过程的重要因素，才能使教学活动取得成效。教师如何运用有效的方法介入活动，实施教学，可从以下两个方面入手。

1. 直接介入

直接介入也称外在干预，指教师在指导教学活动时，以一个外在的角色，引导、说明、建议、鼓励教学活动中幼儿的行为，教师在一种自然的状态下，直接点拨给幼儿建议帮助的显性指导，帮助儿童获得一定的技能和知识。其方法主要是语言提示和材料的提供。也就是说，运用语言素材的引导、多感官参与、示范与模仿，给幼儿创设一个既定的教学情境。教师运用直接介入的方法较多地适用于年龄小的幼儿，如 2～4 岁的学前儿童。

2. 间接介入

间接介入是指教师以活动中的角色身份参与幼儿的音乐教育活动，以游戏情节、故事情节需要的角色动作和语言来引导幼儿的游戏行为，使幼儿随时得到教师的暗示行为而行动，所以也称作间接指导。这种介入的最大好处是，因为教师和儿童一起在音乐教育游戏活动中，无形中就形成对幼儿活动的一种支持和认同，会引起幼儿更大的兴趣和持久性，同时也潜移默化地塑造了幼儿的游戏学习行为，提高了教育游戏活动的水平。教师对年龄稍大的、已有一定音乐体验的学前儿童，如 5～6 岁的幼儿多采用鼓励、间接指导、儿童主动探索和创造等方法。

学前儿童认知能力结构层次低，这要求各种活动介入方法要直接。多媒体、多感官刺激产生兴趣，设计有效的提问来整合教学过程，推动学前儿童多元智能的发展和高级思维能力的培养。

七、学前儿童音乐教育评价

（一）学前儿童音乐教育评价的作用和意义

学前儿童音乐教育活动的设计、实施是否有效，要通过设定好的、特定的、系统的评价工具对其教学目标、活动方案、教学内容、材料、效果以及教学活动过程的实际运行状况等进行诊断和评定。这是一种整体性的评价，不仅包括对学前儿童音乐学习情况和个体发展状况的测量和评估，也是对音乐教育活动本身的教育意义和教师观念、行为、操作、发展的指导和评价,这里主要讲的是对前者的评价。

1. 反馈作用

学前儿童音乐教育评价从内容、功能和作用上可以分为"过程性评价"和"终结性评价"。其作用就是将教学活动的信息及时而有效地反馈给教育者,从而改进和调整教育进程和内容。学前儿童音乐教育评价作为一种反馈和矫正系统,不仅应协调于音乐教育活动或音乐教育的每个发展阶段,还可以激发、引导教师进一步改进或调整教育活动的动机、行为、内容或目标,强化和推广成功的果实,弥补和修正不足,真正使音乐教育课程的发展成为一种不断完善和逐步扩展适应面的过程。

2. 诊断作用

学前儿童音乐教育评价还具备"诊断"的作用。通过有效的评价量规不仅可以测量出现状和理解的差异,还能得出造成现状和产生差异的原因,从而带给教育活动真正的诊断和改进的效果。通过评价,能够及时诊断出音乐教育目标、内容、方法、过程以及与学前儿童音乐能力发展水平之间的适合程度,从而准确地把握音乐活动中幼儿的差异性、知识的共性、教材的适应性、方法的可行性,不断推动和促进学前儿童音乐教育的改革与发展。

3. 发展作用

学习是一个教学相长的过程,这个过程体现在幼儿、教师、管理机构、研究者之间的交织互动、发展。经常性、阶段性、有计划的评价不仅是对教育活动的反思和促进,也是教师、管理机构、研究者在探讨不同的教育模式的价值、教学积累的意义的过程中优化音乐教育的内容、功能和意义,提高音乐教育的质量和效率,真正促进教育对儿童发展的影响作用。

(二) 学前儿童音乐教育评价的原则

1. 客观性原则

学前儿童音乐教育评价由于其统筹、反馈等功能而体现出客观、公正、科学、准确、实事求是的原则。只有确定了科学、合理的评价量规,才能促进学前儿童音乐教育的深入开展,才能真正发挥评价的功能和作用,才具备真正的教育意义。

2. 计划性原则

学前儿童音乐教育评价都应有明确的目的、计划和方案,这样才能使音乐教育在教育者的自我调控中更加科学和完善。无论是上级行政部门的评价、教育者同行间的评价,其最终目的都是为了总结经验,找出问题和确定前进的方向。因此,要把评价工作真正有效地落实到学前儿童音乐教育机构和教师的日常工作计划中。

3. 目标性原则

学前儿童音乐活动评价要有针对性,即针对一定范畴的具体问题或课题展开的诊断评估,如可以围绕学前儿童音乐教育活动中存在的主要问题,也可以针对某一个具体的音乐教育内容领域,还可以针对某个活动对象(幼儿),且以促进问题的解决和改善为目的。

4. 整体性原则

学前儿童音乐活动评价是学前儿童音乐教育活动的有机组成部分,是与学前儿童教育的目标和内容相一致的。在教育实践的动态发展过程中,教育评价必须连续不断地对音乐教育活动的各个组成部分和各个构成要素进行全面的评价。

(三)学前儿童音乐教育评价的内容

学前儿童音乐教育评价的内容指向具体的评价范围,并针对评价的内容做出具体的要求规定,设置诊断尺度量规。学前儿童音乐教育评价体系包括三个方面:对学前儿童音乐能力发展的评价,包括对幼儿认知、掌握音乐知识技能的诊断评估;对学前儿童音乐教育活动的评价,包括对音乐教育活动的目标、内容、方法、过程等方面的具体评价;对学前儿童音乐教育的整体性评价。

1. 学前儿童音乐能力发展的评价

学前儿童音乐能力的发展状况和发展水平反应和表现在幼儿日常生活中自发的音乐活动、教育者组织安排的专门的音乐教育活动以及专业的音乐启蒙教育等方面。教育者、研究者、家长可以通过观察、谈话、问卷、测试等方法对学前儿童音乐能力的发展做出相应的评价。

学前儿童音乐能力的发展迅速而具阶段性。根据学前儿童生理、心理、智力等各方面的发展分四个阶段,他们的音乐能力在这四个时期也有不同的发展层面。学前儿童音乐能力发展的内容是根据其生理发展的阶段性确定的,其内容主要涉及常规性的音乐教育活动内容:歌唱能力、韵律活动能力、打击乐演奏能力、音乐欣赏能力。因此,学前儿童音乐能力发展的评价内容首先应根据学前儿童音乐能力年龄阶段目标的要求来设定。

除此之外,我们还可以利用专家学者以及权威机构所制定的儿童音乐能力发展的标准化测量工具和测验,让我们更细致地了解和评价学前儿童音乐能力发展的具体情况,并以此为借鉴来评估、引导学前儿童深入专业音乐知识技能的训练、学习。下面介绍几种具有代表性的音乐专业技能的测量工具。

(1)《西肖尔音乐才能测量》

20世纪初,美国音乐教育兴起了一场实施音乐测量和评价的运动,即通过较为客观、可靠而有效的测量手段来收集音乐教育过程中有关儿童在音乐上的发展特征和成就,从而使音乐教育能够依据测量得来的客观资料,评价音乐教育及其过程,并修订和改进音乐教育的目标、课程、过程及其教学。由此诞生了世界上第一套标准化的音乐测量工具,由美国音乐心理学的代表人物卡尔·西肖尔的《西肖尔音乐才能测量》,内容参见表7-4。

表7-4 标准化的音乐测量工具

项 目	内 容
音高感	即音高差别感受性,就是用音高差别感觉阈限来测量,让被试者听两个不同频率的单音,并回答第二个音较第一个音是高还是低
音强感	即音的强弱差别感受性,就是用音长、短差别感觉阈限来测量,让被试者听两个不同响度的单音,并回答第二个音较第一个音是长还是短
时值感	即音长、音短差别感受性,就是用音的长短差别感觉阈限来测量,让被试者听两个不同时值的单音,并回答第二个音较第一个音是长还是短
音色感	即对音色和音质的区别能力,就是让被试者听两个谐音有所差异的单音,并回答两个音的音色是相同还是不同
音高记忆	即再重复呈现某些彼此无关的音时,能发现某音音高变化的能力,就是让被试者听两个音列,每个音列包含三至五个音,并回答音高有何不同
节奏感	即在重复呈现敲击的节奏型时,发现节奏变化的能力,就是要求被试者听两段节奏音响,回答节奏是相同还是不同

这套测量工具不仅首开先河，而且可以用来发现音乐潜能在不同个体上存在的差异性，这可以作为对学前儿童音乐能力发展的早期或前期估测、诊断，对学前儿童音乐教育中的因材施教提供有参考价值的依据。

(2) 戈登的《初级音乐表象测量》

继《西肖尔音乐才能测量》之后，相继出现了许多音乐才能测量工具，其中值得一提的是美国音乐心理学家埃德温·戈登于1979年以幼儿园至小学3年级儿童为测试对象所设计的《初级音乐表象测量》，提出在年幼儿童音乐能力倾向测验中更强调"直觉反应"和"表象"在音乐才能发展中的重要性。

这套《初级音乐表象测量》包括两个测量工具：音调测验和节奏测验。每个测验包括40个测量项目，具体内容如表7-5所示。

表7-5 初级音乐表象测量

音调测验	40个测量项目	➢ 每个测量项目在音调测验中是成对的音序列，由2至5个时值相等的音组成 ➢ 成对的音序列或完全相同，或改变其中一个音	➢ 每个测试项目中，每对片段中间间隔5秒钟 ➢ 所有的测试项目均为电子合成 ➢ 测验的任务是要求儿童听辨这些成对的片断中的第一个和第二个是相同还是不同
节奏测验	40个测量项目	➢ 每个测验是由音高相同的音组成的成对的节奏型，他们有的完全相同，有的拍子或音群的组织不同	

戈登的《初级音乐表象测量》关注的是儿童直接的听觉音响和音乐表象作用两种音乐能力，并以这两方面来组织和设计测验的项目及材料。通过测量，既能使教育者了解到儿童这两种能力发展的天生潜能，也能促使教育者为促进儿童这两种能力的发展寻找后天的音乐经验。

(3) 日本的儿童音乐能力诊断测验

日本音乐心理研究所为测验4~7岁的学前儿童音乐能力编制了标准化的测验工具。测验材料及指导用语全部采用录音播放方式提供给受测试的儿童。该测试采用书面选择答题的方式，答题册上所有内容都用形象直观的、精美的、富有童趣的图画呈示。儿童答题仅需判断画圈或打叉。因此，这套测评工具可以扩大受测人数，进行集体操作、评估。整套测验包括五部分，内容如表7-6所示。

表7-6 学前儿童音乐能力标准化测验

项 目	内 容
强弱听辨	➢ 测试图片包括1个例题和4个测试题 ➢ 每题1分，共4分 ➢ 每题由1对音量不同的音乐片段组成，要求被试者听辨并指出各组中音量较强的那个片段，并在相应形象下的方格内画圈
节奏听辨	➢ 测试图片包括1个例题和4个测试题 ➢ 每题1分，共4分 ➢ 每题由1对鼓声节奏片段组成，要求被试者听辨并指出各组中的1对鼓声节奏之间是相同还是不同，若相同便在相应画面中的方格内画圈，否则打叉

高低听辨	➢ 测试图片包括2个例题和8个测试题 ➢ 每题0.5分，共4分 ➢ 前4个测试题由1对单音组成，后4个测试题由一对音乐片段组成，要求被试者听辨并指出各组中的1对单音或音乐片段中较高的1个，并在相应形象下的方格内画圈
音色听辨	➢ 测试图片包括1个例题和5个测试题 ➢ 每题0.8分，共4分 ➢ 每题由3个演奏不同乐器的音乐形象片段组成，要求被试者听辨出录音中播放的音乐是何种乐器演奏的，并在相应形象下的方格内画圈
音乐欣赏	➢ 测试图片包括6个测试题 ➢ 共4分 ➢ 每题由2个性质不同的画面组成，如热闹的公园、安静的田野、老牛拉车、骏马奔驰等，要求被试者试听出录音中播放的音乐更接近于哪幅画面所描写的内容

上述的几种针对学前儿童音乐能力发展的评价工具属于标准化测验，有助于识别儿童的音乐天赋，因材施教；另一方面是为了较好地了解、评价儿童音乐发展的水平及音乐能力发展的优劣势，使教育者能将测试中得到的有效数据进行合理、科学的思考和分析，有针对性地为学前儿童提供适宜、优化的音乐环境，进一步合理、科学地调整和改进音乐教学。结合我国的学前音乐教育的特点及现状，借鉴国外经典的音乐测量工具，根据学前儿童发展的实际情况编制合适的评价量规并付之以实践，是极具教育意义的工作。

2. 学前儿童音乐教育活动的评价

对学前儿童音乐教育活动的评价涉及以下几个方面的内容。

（1）活动目标的评价（如表7-7所示）

表7-7 儿童音乐教育活动目标的评价

	评价原则	评价内容
活动目标的评价	➢ 活动目标是由教师按照一定的教育要求和儿童本身发展的需要制定的 ➢ 学前儿童音乐教育的目标体系是一个完整而有序的统一体，每一个活动目标都是总目标、年龄阶段目标的具体化；每一个活动目标的实现，都是向阶段目标和终极目标迈进了一步 ➢ 在评价音乐教育活动目标时，有必要从目标体系的统一性出发，分析该目标与其上一级目标的联系，以此评价目标的合理性	➢ 评价学前儿童音乐活动目标与音乐教育的总目标、年龄阶段目标以及单元目标是否有密切联系 ➢ 评价学前儿童音乐活动目标是否涵盖了认知、情感与态度、操作技能三个方面的要求 ➢ 评价学前儿童音乐活动目标是否与学前儿童的实际情况相适应

(2) 活动内容的评价（如表7-8所示）

表7-8　儿童音乐教育活动内容的评价

	评价原则	评价内容
活动内容的评价	➢ 活动内容是实现活动目标的中介 ➢ 评价学前儿童音乐教育活动的内容主要是指教育内容选择和设计两方面的评价	➢ 评价活动内容的选择是否与音乐教育目标相一致 ➢ 评价活动内容的选择是否与音乐教育所涉及的范围、领域相一致 ➢ 评价活动内容的选择是否与学前儿童的能力发展水平相一致 ➢ 评价活动内容的音乐材料本身的审美性和艺术性

(3) 活动方法的评价（如表7-9所示）

表7-9　儿童音乐教育活动方法的评价

	评价原则	评价内容
活动方法的评价	➢ 活动方法是实现活动目标的手段和途径 ➢ 活动方法既包括教师主动的引导、间接的言语和教育媒体的暗示等教学方法，也包括学前儿童主题探索和操作的方法	➢ 评价活动方法的选择和运用是否与活动目标和内容相呼应 ➢ 评价活动方法的选择和运用是否顾及到了学前儿童的年龄特点和接受能力 ➢ 评价活动的方法是否强调并体现了学前儿童的自主性和主体性 ➢ 评估活动的方法是否注意到了与音乐活动环境和有关设备相联系

(4) 活动过程的评价（如表7-10所示）

表7-10　儿童音乐教育活动过程性评价

	评价原则	评价内容
活动过程的评价	➢ 音乐活动过程是一个综合而复杂的过程	➢ 评价教师的行为：态度与精神面貌、示范讲解是否正确清晰、是否能熟练且灵活地引导学前儿童学习、是否善于设置有效的提问来激发学前儿童的独立思考 ➢ 评价学前儿童音乐教育活动中教师与儿童互动的情况：分析与评价教师在活动中是否注意到为学前儿童创设一定的活动环境，以引发学前儿童的主动学习；教师是否注意到与学前儿童的情感交流以及为幼儿之间的情感沟通创设机会和条件等 ➢ 评价活动的组织形式：分析和评价在音乐教育活动过程中，教师是否在活动中体现了因材施教；教师是否注意到了不同组织形式中学前儿童的人际交往等 ➢ 评价活动的结构安排：评价活动的结构安排是否紧凑、有序；是否注意到每个教学环节和步骤之间的层次性、系列性、递进性；是否体现了结构安排上的动静交替等

（5）活动环境和材料的评价（如表7-11所示）

表7-11 儿童音乐教育活动环境和材料的评价

	评价原则	评价内容
活动环境和材料的评价	➢ 活动的环境和材料与活动目标、内容有着必然的联系	➢ 评价活动环境和材料的选择与设计是否能体现音乐教育活动目标的达成和与音乐活动内容相适应 ➢ 评价活动环境和材料的选择与设计是否能适合学前儿童的实际需要和操作能力 ➢ 评价活动材料或道具是否适合于音乐活动的展开，如为道具和材料提供一定的艺术性和表现性，并保证数量 ➢ 评价活动过程中，环境和材料是否得到最大限度的开发和利用，即充分发挥了环境和材料的作用

（6）活动效果的评价（如表7-12所示）

表7-12 儿童音乐教育活动效果的评价

	评价原则	评价内容
活动效果的评价	➢ 是指从学前儿童方面反映出来的教育结果	➢ 评价学前儿童在音乐教育活动中的参与和学习态度，包括注意力是否集中、表现是否积极、主动等 ➢ 评价学前儿童在音乐教育活动中的情绪、情感反映，包括精神是否饱满、情绪是否愉快、轻松等 ➢ 评价学前儿童在音乐教育活动中达成预期目标的情况，包括音乐知识技能、其他知识的掌握情况等

3. 学前儿童音乐教育的整体性评价

除了对学前儿童音乐能力发展的评价以及音乐教育活动本身的评价以外，还应从宏观的角度上对学前儿童音乐教育活动进行整体性评价，它包括音乐教育管理、音乐教育研究、师资队伍的建设、资料收集与积累等四方面的内容，评价指标如下列表格所示。

（1）音乐教育管理的评价（如表7-13所示）

表7-13 音乐教育管理的评价

	评价原则	评价指标
音乐教育管理的评价	➢ 主要是评价学前儿童教育机构（如：幼儿园、托儿所、早教机构）管理层是否重视音乐教育并加强了音乐教育的管理	➢ 是否按照教学计划开展音乐教育活动且合理安排时间 ➢ 是否能为教师提供备课、教研以及必要的学习、进修的机会 ➢ 是否有明确的音乐教育工作总计划以及针对每一个活动的目标明确而措施具体的音乐活动计划 ➢ 是否有专题性的音乐教育工作经验总结，从中起到肯定成绩、找出问题和确定方向的作用 ➢ 是否有专门的主管教学的领导或音乐学科带头人负责音乐教育工作，举行定期或不定期的教科研活动

续表

	➢ 是否落实对每个教师的音乐教学活动进行听课和评课 ➢ 是否有专门的学前儿童音乐活动教室 ➢ 是否保证有一定的经费用于添置相应的音乐教学设备，如打击乐器、钢琴、电脑、录音机等多媒体设备 ➢ 是否有相应的走出幼儿园、开阔学前儿童眼界的音乐活动，如参加少儿音乐表演、欣赏少儿音乐会的活动等

（2）音乐教育研究的评价（如表7-14所示）

表7-14 音乐教育研究的评价

	评价内容	评价指标
音乐教育研究的评价	➢ 主要是评价学前儿童教育机构（如：幼儿园、托儿所、早教机构）是否有具体的措施保证和落实音乐教学的研究	➢ 幼儿园或学科教研组是否有音乐教研的专题，并有计划、有步骤地开展教研活动 ➢ 是否经常组织学科教研组的教师之间互相的听评课活动 ➢ 是否注意引导和指导教师探索并运用现代化的教学设备和手段 ➢ 是否积极鼓励和组织教师参加市、区或园级的教学评优和竞赛活动 ➢ 是否鼓励教师在各种刊物上发表教学经验和教学论文

（3）师资队伍建设的评价（如表7-15所示）

表7-15 师资队伍建设的评价

	评价内容	评价指标
师资队伍建设的评价	➢ 主要是评价学前儿童教育机构（如：幼儿园、托儿所、早教机构）是否有加强教师队伍建设方面的相应措施	➢ 是否经常加强教师的师德教育，以推动教师敬业、钻研、提高质量 ➢ 是否创造条件有计划地对教师进行业务的培训和提高 ➢ 是否注意引进和介绍富有经验的优秀教师来园"传经送宝" ➢ 是否创设一定的条件为青年教师与资深教师结对子，以尽快提高青年教师的业务水平

（4）资料收集与积累的评价（如表7-16所示）

表 7-16 资料收集与积累的评价

	评价内容	评价指标
资料收集与积累的评价	➤ 主要是评价学前儿童教育机构（如：幼儿园、托儿所、早教机构）管理层是否注意对反映幼儿园音乐教育工作质量的资料积累	➤ 是否每学期都有关于音乐教育的各个层面的计划和专题总结 ➤ 是否有代表园级层次的音乐教育专题研究小结或报告 ➤ 是否有领导或教研组同行间的听评课记录 ➤ 是否有反映幼儿园代表性的各种音乐教育活动的相关照片、录音或录像 ➤ 是否有发表在有关刊物上的音乐教育经验总结、音乐教育活动设计或音乐研究报告

（四）学前儿童音乐教育评价的方法

学前儿童音乐教育评价的方法和形式是多种多样的。在评价过程中，可以采用多元决策、综合评估、单项测量的方法，从教师、学前儿童、家长、管理层、同行等多方面收集信息，以此作为评价的有效依据，对学前儿童的音乐教育作出客观而科学的评价。学前儿童音乐教育评价的基本方法有观察法、谈话法、问卷法、测试法以及综合等级评定法等。

1. 观察法

观察法即有目的、有计划地在学前儿童的音乐活动中进行即时的观测，并对观测的数据作出一定诊断和评估的方法。通过观察，教师可以获取来自于学前儿童多方面的反馈信息，既合理又便于实施操作。这种评价不仅可以使教师真实地了解到每个幼儿的音乐发展水平和能力，还能帮助教师从观察的数据中更好地了解到教育活动进程的利和弊，并及时地调整和改进活动的内容、方法和组织形式。

利用观察法进行评价，可以从两种不同的途径进行。一是自然观察法，即教师在学前儿童日常生活中、在学前儿童最真实自然的自发音乐活动中进行学前儿童行为、表现的观察评价。教师只需在观察前明确所要观察的内容，在观察中做好相应的记录。二是人为地创设一定的环境进行观察。

2. 谈话法

所谓谈话法即评价者（或教师）与被评价者（或学前儿童）进行直接的口头交流，以获取有关音乐方面信息的方法。谈话法可以是提问、讨论等其他比较自由的形式。常用于接近在音乐活动中有消极表现的学前儿童，以自由的交谈了解原因，及时调整和改进教学。但这种评价的方法不是一种科学的定量分析，随意性很强，可作为一种宽泛的、辅助型的评价方式。

3. 问卷法

问卷法是指在音乐教育中通过对教师、管理者、同行及家长的书面文字形式的问题调查，来获取有关信息的一种评价的方法。通过问卷，既可以使教师清醒地反思其音乐教育活动的组织和引导，也可以从来自旁观者的信息中了解到更多关于儿童的音乐兴趣爱好、音乐能力发展水平、情感表现特征，以及音乐教育活动内容、形式或方法选择的合理性和可行性的信息，进而逐步加以调整。

4. 测试法

测试法是通过标准化的测量工具或自行设计和编制的音乐能力测验,对学前儿童的音乐能力发展做出科学评价的一种方法。由于测试法多引用权威机构或专家编制的标准化测验项目和试题,能较真实而客观地反映出学前儿童的原始情况。这种评价方法的优势在于其学科性较强,特别适用于对不同年龄学前儿童或个别幼儿音乐能力发展水平、特点、趋势和差异的评估,以及用来收集学前儿童音乐教育前后变化的资料,从而做出一定得评价。

5. 综合等级评定法

综合等级评定法是特别针对常规性学前儿童音乐教育活动而设计的一种有综合评价指标体系的活动评价方法。通过综合等级评定,既可以对音乐活动的各个有关因素进行静态的分析和评价,也可以对音乐活动的各种状态进行动态的分析和评价,以此得到综合的评价信息。同时,将评价的结果以一种等级描述的形式表现出来,既便于定量分析,也便于定性分析;既可以适用于上级领导对音乐教育工作的实施进行测评或同行教师间的互评,也可以适用于教师的自我评价等。

下篇
单元课程

本篇内容的创设参考了《英特尔未来教育核心课程 7.2 版》,2008 年版。

课程导读

一、说明

"学前儿童音乐教育与活动设计"单元课程作为高校学前教育专业的音乐教法课程,为幼儿师范实践职业能力的培养提供有效整合音乐及教育专业知识技能,并获得实践教育教学的技能。

此课程的展开是在具备基本的音乐知识和技能及本书中篇"学前儿童音乐教育与活动设计之理论探索"中对学前儿童音乐教育意义、内容学习的基础上,旨在培养幼儿师范学生设计、实施、评价学前儿童音乐教学的教育技术能力。

二、目标

"学前儿童音乐教育与活动设计"单元课程的目标是通过模式、单元化的教学手段帮助幼儿师范学生了解、掌握如何创设、实施、评价"学前儿童音乐教育活动",激发和推动幼儿教师职业技能的职业教育目标、内容、评价策略的确定。

三、策略

为了满足本课程的标准,采用以下策略支持教学。

策略一:关注如何使用教育技术(诸如,教育信息技术的辅助),通过研究、交流和具有创造力的策略和工具进行学习。

策略二:强调幼儿师范学生实践操作能力,设计、创造、实施和评价"学前儿童音乐教育活动"。

策略三:促进以学生为中心的学习,鼓励自主学习和高级思维能力的培养。

策略四:通过问题解决、合作学习审视活动计划,鼓励幼儿师范学生之间通过合作进行讨论探索、学习,掌握对"学前儿童音乐教育活动"的设计、实施、评价的教学技能。

四、内容

本单元课程强调一个基本问题:如何最有效地运用教育技术来支持、评价和学习掌握如何设计、实施、评价"学前儿童音乐教育活动"?幼儿师范学生作为活动设计者,在9个单元课程模块中探究这个问题,并利用教育信息技术支持、融合其中——以学生为中心的、建立在课程标准之上的"学前儿童音乐教育活动"。

本单元课程融合了以研讨为基础的方法来整合教育技术于课堂。幼儿师范学生在设计、实施"学前儿童音乐教育活动"的过程中,选择"学前儿童音乐教育活动"的选题作为切入点,通过有效的评价策略(即专业针对性,过程与方法的操控)确定教育活动中的教学内容(即教了什么?怎么教的?学了什么?),协调学前儿童音乐教学活动的预设与生成(即如何设计、实施、反思教学?),探究当前基于以学生为中心的合作技术以及其教学技术支持材料。最终,参与本单元课程学习的学生开发、展示的"学前儿童音乐教育活动作品集"包括一个成熟"活动教案"、一个"介绍活动"演示文稿、一个"活动展演"演示文稿、一组活动评价量表、活动相关道具、教具及其他助学材料、情景模拟教学展演(如表1所示)。

表1 学前儿童音乐教育与活动设计单元课程

单元0:课前准备	
主题: 课程设计和结构	关键活动: ➤ 了解课程时间表,探索课程特色 ➤ 组建学习小组,了解小组同学的情况 ➤ 浏览学前儿童音乐教育活动作品集组成部分 ➤ 审视学前儿童音乐教育活动计划范例,发掘小组的活动计划的主题设想 ➤ 利用课程日志或博客参与讨论 ➤ 完成课前测评
单元1:用活动进行教学	
主题: 基于活动的学习和设计	关键活动: ➤ 确定学前儿童音乐教育活动内容 ➤ 为学前儿童音乐教育活动选题 ➤ 了解框架问题 ➤ 构思最初的学前儿童音乐教育活动设想 ➤ 利用课程日志或博客参与讨论
单元2:设计学前儿童音乐教育活动	
主题: 活动的框架问题和以学前儿童为中心的过程性评价	关键活动: ➤ 活动要强调的课程标准 ➤ 设定课程框架问题及学习目标 ➤ 初步填写学前儿童音乐教育活动计划(教案)模板 ➤ 创建活动作品集中的"介绍活动"演示文稿 ➤ 利用课程日志或博客参与讨论
单元3:创建教育信息技术支持材料	
主题: 运用网络和多媒体来支持教与学	关键活动: ➤ 使用目录和网页搜索引擎 ➤ 创建资源、素材、文献引用记录 ➤ 运用网络资源来支持教学活动中的研究、交流、合作和问题的解决,以及对其他21世纪教育信息技能的培养 ➤ 利用课程日志或博客参与讨论

续表

单元4：创建"活动"演示文稿	
主题： 创建教学材料	关键活动： ➢ 确定能够确保安全地、负责任地使用因特网的策略 ➢ 创建一个学前儿童音乐教育活动演示文稿来辅助教学活动的开展，并展示学生参加此课程的学习成果 ➢ 草拟教学过程 ➢ 创建学前儿童音乐教育活动演示文稿评价工具 ➢ 利用课程日志或博客参与讨论
单元5：过程与方法	
主题： 评价策略	关键活动： ➢ 获取反馈，创设学前儿童音乐教育活动设计自查性评价表 ➢ 探索让学生参与评价过程可能遇到的挑战及其解决办法 ➢ 创设学前儿童音乐教育活动的评价工具 ➢ 修订活动计划 ➢ 利用课程日志或博客参与讨论
单元6：技术助学	
主题： 教学支持资源	关键活动： ➢ 探索学前儿童音乐教育活动作品集中的提问策略 ➢ 创设学前儿童音乐教育活动的教学情境 ➢ 创设助学材料 ➢ 利用课程日志或博客参与讨论
单元7：制订情景模拟教学活动展演实施计划	
主题： 情景模拟教学展演	关键活动： ➢ 制订情景模拟教学活动展演实施计划 ➢ 活动作品集展示及其评价活动 ➢ 讨论展演活动实施的策略 ➢ 创建活动管理文档 ➢ 利用课程日志或博客参与讨论
单元8：情景模拟教学活动展演	
主题： 交流学习	关键活动： ➢ 情景模拟教学展演 ➢ 提供并接收对情景模拟教学展演的反馈 ➢ 在课程日志和博客上反思自己的学习 ➢ "学前儿童音乐教育与活动设计"单元课程的过程性测评

五、教学指导

（一）课时计划（如表2所示）

表2　学前儿童音乐教育与活动设计课时计划

总课时	50～60教学课时	单元课时	内　容
第一阶段	15～25个教学课时（占总课时30%～40%。）	1×3个教学课时/周（或/次）	中篇：理论探索
第二阶段	35～45个教学课时（占总课时60%～70%。）	1×3个教学课时/周（或/次）	下篇：单元课程

（二）教学方式

第一阶段是以主讲教师的面授为主，并结合案例分析；第二阶段，主讲教师引导小组合作学习，进行教法研讨，并设计、实施、评价学前儿童音乐教育活动。

（三）任务驱动

本课程学习结束时，每个幼儿师范学生都能带着一个最终能够应用于幼儿园教学的、融入了技术的"学前儿童音乐教育活动设计"回到学校，并且能够清楚地知道如何合理运用到幼儿园教学活动中。因此，课程的学习就是使幼儿师范学生的学习成为一种基于任务和活动成果的学习。整个学习过程就是让幼儿师范学生以小组为团体设计一个学前儿童音乐教育活动，并不断修改、补充、完善，最终获得一个融入了音乐知识、技能和各方面技术的可用于幼儿园教学的音乐活动作品，并在全班范围内进行"情景模拟教学活动展演"。每一个单元的教学模块都紧紧围绕一个主题，设计几项任务。诸如，在"创建教育信息技术支持材料"单元模块中，通过"使用目录和网页搜索引擎"和"创建资源、素材引用记录"等活动引领幼儿师范学生展开学习。

同时，因为是幼儿师范学生自己设定并展开实现目标的活动，所以它又是一种自主学习，学习过程与自主学习的环节大致相符：第一，针对面临的问题评价自己的知识状态；第二，基于上述评价信息形成学习需要，并确定满足这些需要的适当资源；第三，形成和执行学习计划，以满足学习需要；第四，将新学到的知识运用到问题解决中，并评价是否实现了学习目标和问题解决的目标。活动成果的展示作为学习的任务驱动使得学生的自主学习在每一次资料积累、每下载一幅图片、一段文字和又一次的修改教学活动计划和教案的反反复复探讨中完成。幼儿师范学生要在本课程中完成的任务如表3所示。

表3　课程任务

教学阶段	专题名称	任　　务	内　容
第一阶段	理论探索（中篇内容）	➢ 了解、掌握、学习学前儿童音乐教育的意义和内容 ➢ 案例分析	学前儿童教育发展纵览
			学前儿童音乐教育发展现状
			学前儿童音乐教育的内涵及意义
			学前儿童音乐教育活动的内容

续表

			一个成熟"活动计划（教案）"
第二阶段	单元课程（下篇内容）	学前儿童音乐教育活动作品集	一个"介绍活动"演示文稿
			一个"活动"演示文稿
			一组活动评价量表
			与活动相关道具和教具
		情景模拟教学活动展示	情景模拟教学活动排演
			情景模拟教学活动展演

单元 0：课前准备

• 概述：主题 & 关键活动 •

主题：课程设计和结构

本单元为整个课程教学的导入做准备。通过介绍"学前儿童音乐教育与活动设计"课程的教育目标，浏览附录中"学前儿童音乐教育活动作品集范例"，初步思考各学习小组的学前儿童音乐教育活动设计，并选定一个活动主题。

课堂活动

活动 1：介绍"学前儿童音乐教育与活动设计"单元课程
了解：单元课程的目标和期望。
浏览：附录中的学前儿童音乐教育活动作品集范例、评价工具模板、活动支持材料及活动计划（教案）模板。
活动 2：组建学习小组
介绍：自己。
征集：同学信息。
活动 3：开始行动
创建：学前儿童音乐教育活动作品集文件夹。
浏览：学前儿童音乐教育活动计划（教案）模板。
浏览：学前儿童音乐教育活动作品集评价量规。
浏览：附录中的学前儿童音乐教育活动作品集范例。

课外作业

活动 1：浏览更多的资源
浏览：关于教案、学前儿童音乐教育活动的更多资源。
浏览：学前儿童音乐教育活动的内容。
活动 2：填写课程日志
填写：关于此单元的课程日志。
发布：在博客中发布"课程日志"。

• 课堂活动 •

活动 1：介绍"学前儿童音乐教育与活动设计"单元课程

第一步：了解课程目标

"学前儿童音乐教育与活动设计"单元课程致力于帮助幼儿师范学生深入学前儿童实践教学园地，拓展自身的创造力，进而发展其实践教学能力。此活动设定了一个比较高的目标，那就是通过模式、单元化的教学手段帮助幼儿师范学生了解、掌握如何创设、实施"学前儿童音乐教育活动"，吸引并激励他们，最终引导幼儿师范学生达到成功的学习境界，从而激发和推动幼儿教师职业技能的职前教育目标、内容、评价策略的确定。

在整个单元课程的学习过程中，一个完整的"学前儿童音乐教育活动"的创设、实施是建立在强大的评价工具基础上。这些评价工具将帮助幼儿师范学生更好地设计、实施自己学前儿童音乐教学活动的内容，指导他们通过研究、展示和交流等活动，合理使用教育信息技术，增强学习效果。

第二步：学习期望

在 9 个单元的课程学习过程中，幼儿师范学生将合作学习，一起探讨如何设计、实施学前儿童音乐教育实践教学活动，并有效地选择、使用教学支持材料和评价工具。同时，以正在设计的学前儿童音乐教育活动为基础，开发一个基于教学评价系统的教学活动作品集，并期望幼儿师范学生将自己设计的学前儿童音乐教育活动作品运用到学前儿童教学实践中，做到学以致用。

获得教学手段的亲手操作体验不是本课程的唯一目的，更重要的是使幼儿师范学生明白如何才能将学科知识、技能和教学实践技能合理地整合于学前儿童音乐教育实践教学活动。

浏览：附录 6 中的"学前儿童音乐教育活动作品集范例"

当幼儿师范学生完成本课程，进入实习或工作时，他们的学前儿童音乐教育活动作品集里已经准备好了一套供他们在实践教学中使用的文件，即学前儿童音乐教育"活动管理文档"，其中包括：

➢ 一个教学目标与教学大纲或课程标准相对应的"学前儿童音乐教育活动活动计划（教案）"[①]；

➢ 一个"介绍活动"演示文稿[②]；

➢ 一个"活动"演示文稿[③]；

➢ 一组"活动评价量表"[④]；

➢ 教学"支持材料"（教育信息技术材料、活动道具及教具）[⑤]；

---

① "学前儿童音乐教育活动活动计划（教案）"的内容参详附录 5、单元 2。
② "介绍活动"演示文稿的内容参详附录 5 和 6、单元 2。
③ "活动"演示文稿的内容参详附录 5 和 6、单元 4。
④ "活动评价量表"的内容参详附录 3、单元 5。
⑤ 教学"支持材料"的内容参详附录 4、单元 3 和单元 6。

> 一个"活动"情景模拟教学展演实施计划[①]。

最终的成果检验

之所以开设"学前儿童音乐教育与活动设计"单元课程,是因为幼儿师范学生不仅要掌握音乐学科的理论知识、技能,还需要学习关于学前儿童音乐教育活动实践层面上的知识和技能。诸如,对教学设计、教学方法等方面的训练,以便能在日后工作中真正有效地整合教育资源和能力。带着这个目的,参加此课程的学生请完成以下任务。

> 积极参与课程中的活动,认真完成课后作业。
> 合作学习,以小组的形式完成一个融合了学科知识技能和教育信息技术的学前儿童音乐教育活动作品集。
> 以小组的形式进行学前儿童音乐教育活动情景模拟教学展演,展示课程学习成果。
> 认真参加过程性测评,客观公正地进行自评与互评(测评要求及内容见单元8)。

活动2:组建学习小组

第一步:介绍自己

为调动学习积极性,课程主讲教师可为学生进行分组,进行合作学习。每位学生在下面横线上列出要和小组其他成员交流的要点,例如自己音乐学科知识技能的专长,或对学前儿童音乐教育的见解等(如表4所示)。

表4 交流要点记录表

交流要点

第二步:征集同学信息

在本次活动中,每位学生尽可能通过这个活动了解小组各位同学的特长,以便在后续的课程活动中互助互学,更有效地进行活动设计和实施。通过自我介绍和同学之间的信息交流,各活动小组寻找符合表5中各项特定标准的人员,进行小组活动的具体任务分配,也可以说是单元课程开始的"课前测评"。

说明:除此之外,各小组还可以和主讲教师或其他小组成员进行交流沟通,在表8-5中"教学实践指导"一栏,可在教法指导、教案写作、教学内容等方面提出并记录问题,方便后续课程的学习。"备注"一栏可标明小组组长和情景模拟教学活动展演时的角色分配:教师、助教及学前儿童。

[①] "活动"情景模拟教学展演实施计划的内容参详单元7、单元8。

征集同学信息,进行任务分配,如表5所示。

表5 课前测评表

学生姓名	音乐学科知识、技能					教育信息技术能力					教具、道具制作			教学实践指导	备注
	乐理知识	视唱练耳	唱歌	琴法或其他乐器演奏	舞蹈	Word	PPT	网上查找资料	多媒体课件	文档管理	打谱软件Overture4.0	教具	道具		

活动3：开始行动

第一步：创建学前儿童音乐教育活动作品集文件夹

由小组中负责文档管理的成员在电脑中创建一个学前儿童音乐教育活动作品文件夹，并在该文件夹下创建子文件夹，这样可以对平时的工作结果和最终的成果方便地进行组织管理。所有与学前儿童音乐教育活动作品集有关的文档、网络资源、多媒体资料和演示文稿都要保存在该文件夹中的相应位置，以方便查找和资源保存。

提示：小组每个成员都要保留此文件夹信息，并根据文档管理员随时更新。

小组活动作品集文件夹可命名为"（第一组）学前儿童音乐教育活动作品集"，子文件夹分配如表6所示。

表6 活动作品集文件夹

一级文档	二级文档	三级文档	四级文档	五级文档
（第一组）学前儿童音乐教育活动作品集	活动支持材料	多媒体资料	视频	
			声音	
		网络资源	文档	
			网站、网页	
	评价工具	学前儿童音乐教育活动设计、实施的评价工具	活动作品集自查表	
			活动作品集评价量规	
			学前儿童音乐教育活动听课、评课记录表	
			教学反思表	
			教学过程规范性自查表	
		"学前儿童音乐教育活动"单元课程的评价工具	课前测评	
			课程日志①	
			教学过程规范性自查表	
			"活动"演示文稿评价量规	
			课程过程性测评体系②	第一次测评
				第二次测评
				第三次测评
			教学反思表（主讲教师）	
			学习体会或总结	
		学前儿童音乐教育活动的评价记录	原始记录评价	活动描述记录评价表
				活动观察记录评价表A、B
			分类记录评价	分类记录评价表
				对活动材料玩法的记录分析表
			目标导向记录评价	指标记录评价表A、B
			音乐教育活动综合评价记录	音乐教育活动原始综合评价记录表
				音乐教育活动定量评价表

① 从单元0开始，每个单元都有"课程日志"。
② 主讲教师从本篇单元1开始就引领学生参与"课程过程性测评"，其具体实施细则请参详单元8和附录3。

续表

（第一组）学前儿童音乐教育活动作品集	评价工具	情景模拟教学活动展演评价工具	学前儿童音乐教育活动情景模拟教学展演活动记录、评价表（学生）
			学前儿童音乐教育活动情景模拟教学展演评价表（主讲教师）
	活动计划	活动计划（教案）	活动概况
			教学目标
			学科领域
			活动材料及资源
			学前儿童音乐教育活动过程
		演示文稿	介绍活动
			活动展演
		活动道具及教具	道具
			教具
		情景模拟教学活动展演	展演实施计划	时间表（排演、展演）
				管理文档

预览在学前儿童音乐教育活动作品集文件夹中要完成的事情：此表显示了学习小组的学前儿童音乐教育活动作品集中应该包含的内容。每个单元都包含课内活动和课外作业，这个表格告诉学生什么时候应该完成活动作品集中的什么任务、内容。表中所有内容，包括活动计划，都将保存到活动作品集文件夹中。目的就是让学生能把这些材料最终带到学前儿童音乐教育实际工作中，并应用到日后的教学实践工作中。

提示：可在表7上作标签，以便在课程中经常翻阅自查，确保完成所有的工作。自查表中的活动作品将在整个课程中不断完善。

表7 活动作品集自查表

是否完成	活动作品集组件	参　　看
□	单元课程的目标和期望	单元0
□	课程日志	单元1
□	学前儿童音乐教育活动计划	单元2
	"介绍活动"演示文稿	
□	资源、素材引用记录	单元3
□	"活动"演示文稿及其评价工具	单元4
□	学前儿童音乐教育活动评价工具	单元5

续表

☐	介入学前儿童音乐教育活动的方法	单元6
	助学材料	
☐	情景模拟学前儿童音乐教育活动展演的实施计划	单元7
	学前儿童音乐教育活动管理文档	
	完成单元作品集并进行评价	
☐	情景模拟学前儿童音乐教育活动展演	单元8
	"学前儿童音乐教育与活动设计"单元课程的过程性测评	
	一句话心得	
☐	2000字学习体会或总结	

第二步：浏览学前儿童音乐教育活动计划（教案）模板

浏览表8中的学前儿童音乐教育活动计划（教案）模板时，请先理解脚注中的的名词注释①。

表8　学前儿童音乐教育活动计划（教案）模板

活 动 概 览			
活动标题	歌唱韵律活动《捏拢放开》		
活动类别形式	主题活动"身体的奥秘"中的音乐活动		
框架问题	基本问题	跨越几个单元或学科领域的、广泛的重要问题	
	单元问题	主题单元的指导性问题	
	内容问题	学科内容或定义、技能问题	
活动概述	用3～5句话简要描述活动的主题、重要的活动环节，以及在活动情境中学生可能扮演的角色		
关键词			
年龄段或年级			
☐ 0～3岁（托班） ☐ 3～4岁（小班） ☐ 4～5岁（中班） ☐ 5～6岁（大班）			

---

① 教学设计：又称为教学系统设计，是指主要依据教学理论、学习理论和传播理论，运用系统科学的方法对教学目标、教学内容、教学媒体、教学策略、教学评价等教学要素和教学环节进行分析、计划并做出具体安排的过程。

教育技术：是指运用各种理论及技术，通过对教与学过程及相关资源的设计、开发、利用、管理和评价，实现教育教学优化的理论与实践。

教学媒体：媒体是指承载、加工和传递信息的介质或工具。当某一媒体被用于教学目的时，则被称为教学媒体。

信息技术与学科课程整合：是指在学科教学过程中把信息技术、信息资源和学科教学活动（或指课堂）有机结合，建构有效的教学方式，促进教学的最优化。

教育信息化：是指在教育教学的各个领域中积极开发并充分应用信息技术和信息资源，促进教育现代化，以培养满足社会需求人才的过程。

活动材料及资源	
指导教材（印刷资源）	课本、课程指南、参考资料等
网络资源	Flash、课件、案例、参考资料等
活动道具及教具	乐谱、乐器、道具、电子白板、投影仪等
多媒体资源	Flash、音频、视频等
其他	为了实施活动而需要订购或汇集的必需物品。为学习而特别配备。不包括所有教室里必备的日常用品

教学目标	
根据你的标准和你自己的期望，你要求学前儿童能够知道、会做或理解的内容是什么？		
哪些高层次的思维技能是你要求达到的目标？		
学前儿童音乐教育总目标：活动（或课程）标准		
提示：参详附录2《上海市学前教育课程指南》、主讲教师指导各小组设计的学前儿童音乐教育活动的内容及目标。		
学前儿童音乐能力年龄阶段目标	
单元目标	
活动（课时）目标	

学前儿童音乐教育活动过程	
课时计划	
活动的课时次数	
每次活动的时间安排	
过程（教学或学习过程）	
对教学周期的清晰写照——描述学前儿童音乐教育活动的范围和顺序，解释幼儿如何参与教学活动。包括对教具、道具的使用等	
组织形式	教学组织形式
活动方法	教师主持、教授的方法、形式和技巧
活动环境和材料	活动环境、材料的创设

学科领域			
技能目标（音乐知识技能）	☐ 唱歌	☐ 音乐感	☐ 节奏感 ☐ 旋律感 ☐ 结构感 ☐ 音色感 ☐ 速度感 ☐ 力度感
		☐ 创造能力	☐ 创编动作 ☐ 指挥 ☐ 创编歌词
		☐ 乐理	☐ 识谱 ☐ 基本乐理常识
		☐ 视唱练耳	
	☐ 韵律和舞蹈	☐ 音乐感	☐ 节奏感 ☐ 旋律感 ☐ 结构感 ☐ 音色感 ☐ 速度感 ☐ 力度感
		☐ 创造能力	☐ 创编动作 ☐ 指挥 ☐ 创编歌词
		☐ 乐理	☐ 识谱 ☐ 基本乐理常识
		☐ 视唱练耳	
	☐ 乐器演奏	☐ 音乐感	☐ 节奏感 ☐ 旋律感 ☐ 结构感 ☐ 音色感 ☐ 速度感 ☐ 力度感
		☐ 创造能力	☐ 创编动作 ☐ 指挥 ☐ 创编歌词
		☐ 乐理	☐ 识谱 ☐ 基本乐理常识
		☐ 视唱练耳	
	☐ 音乐欣赏	☐ 音乐感	☐ 节奏感 ☐ 旋律感 ☐ 结构感 ☐ 音色感 ☐ 速度感 ☐ 力度感
		☐ 创造能力	☐ 创编动作 ☐ 指挥 ☐ 创编歌词
		☐ 乐理	☐ 识谱 ☐ 基本乐理常识
		☐ 视唱练耳	
情感目标	☐ 儿童对音乐的审美态度		
	☐ 儿童对音乐的情感认识		
认知目标	☐ 多元智能	☐ 语言 ☐ 数字 ☐ 习惯 ☐ 审美 ☐ 社科 ☐ 自然	
	☐ 高级思维能力		

第三步：浏览学前儿童音乐教育活动作品集评价量规

说明：在预览下面的学前儿童音乐教育活动作品集评价量规后，请认真思考如何使各小组创建的活动作品集符合量规中的"优秀"标准，并在今后开发自己的学前儿童音乐教学活动时经常参阅此活动作品集评价量规。

表9　学前儿童音乐教育活动作品集评价量规

	优	良	差
技术整合	➤ 拟采用的教学技能能很好地吸引学前儿童的注意力，符合幼儿的年龄特点，有利于幼儿积极参与教学活动，培养其多元智能和高级思维能力 ➤ 多媒体技术和网络资源与教学内容的整合增强了教学效果	➤ 拟采用的教学技能能够吸引学前儿童的注意力，符合幼儿的年龄特点，但对促进幼儿积极参与教学活动及培养其多元智能和高级思维能力不是很清楚 ➤ 在一定程度上关注多媒体技术和网络资源与教学内容的联系	➤ 拟采用的教学技能不能吸引学前儿童的注意力，不符合幼儿的年龄特点，不能促进幼儿参与教学活动 ➤ 活动计划未能利用多媒体技术和网络资源
实施	➤ 活动计划（教案）提供了精心设计的音乐教育活动内容和实施指南 ➤ 活动计划容易修改，适用于各类教学	➤ 活动计划（教案）有示范意义，但实施指南欠完整 ➤ 活动计划或可适用于其他教学活动	➤ 活动计划（教案）和实施指南均欠示范意义 ➤ 活动计划只适用于本次教学活动
评价和评估	➤ 活动计划中包括真实评价和评价工具 ➤ 教学目标和教学评价之间有明显关联 ➤ 评价工具包含了切合主题的具体标准，对学前儿童的认知教育起到良好的指导作用	➤ 活动计划中包括用于教学目标的评价工具 ➤ 教学目标和教学评价之间有所关联 ➤ 评价工具包含了一些切合主题的具体标准，但对学前儿童的认知教育作用不太明显	➤ 不包括用于教学的评价工具，或与学习目标不相匹配 ➤ 教学目标和教学评价之间的关系不明 ➤ 评价工具仅包括一些宽泛的标准
教学内容	➤ 活动计划中的教学内容清晰、教学目标表述清楚、有条理，而且以框架问题为支持 ➤ 教学目标与相关学科的课程目标或教学大纲都有明显的关联 ➤ 活动计划有精心设计的、适应不同年龄或技能水平的学前儿童的调整措施	➤ 较好地表述了活动计划的教学内容、教学目标，而框架问题的支持程度一般 ➤ 部分教学目标与相关学科的课程目标或教学大纲有明显关联 ➤ 活动计划为适应不同年龄段或技能水平的学前儿童所提供的调整措施较少	➤ 活动计划的教学内容、教学目标模糊，框架问题的支持不明显 ➤ 教学目标与相关学科的课程目标或教学大纲几乎没有关联 ➤ 活动计划无法适应不同年龄段或技能水平的学前儿童

第四步：浏览附录中的学前儿童音乐教育活动作品集范例

浏览附录中的学前儿童音乐教育活动作品集范例时，请先理解脚注中的名词注释①。

（1）浏览附录 6 中的学前儿童音乐教育活动作品集范例。

（2）浏览范例时，小组同学交流以下问题，并将有意义的想法或建议记录在表 10 中。

表 10　教案评价表

1. 这些教案与平时熟悉的教案有什么区别？
2. 试着用活动作品集评价量规来评价这些范例，看看他们是否符合"优秀"的标准？
3. 这些范例中，如何使用技术提高教与学的成效？
4. 范例中的框架问题在教学中发挥了什么作用？

---

① 教学系统：是教育系统的子系统，指为了实现某种教学目的，由各教学要素有机结合而成的具有一定教学功能的整体。

• 课外作业 •

活动1：浏览更多的资源[①]

第一步：浏览关于教案、学前儿童音乐教育活动的更多资源

在下面的资源中可以寻求音乐教育活动所教年龄段学前儿童和音乐学科领域相关的资料、教案和想法。

（1）网络资源
➢ 文档
➢ 多媒体
➢ 专业网站、网页

（2）本书附录6中的学前儿童音乐教育活动作品集范例中的活动计划或框架问题设计的例子可供参考。

第二步：浏览学前儿童音乐教育活动的内容

参详本书中篇理论探索中的内容，从"学前儿童教育发展纵览"、"学前儿童音乐教育发展现状"、"学前儿童音乐教育的内涵及意义"、"学前儿童音乐教育活动的内容"理解、掌握学前儿童音乐教育的相关知识，为设计、实施学前儿童音乐教育活动积累理论基础。

活动2：填写课程日志

通过单元0的学习，学生已初步了解学前儿童音乐教育活动设计的相关内容和问题。这些内容和问题在后续的课程单元中会进一步得到修订，这个修订的过程正是此课程理解和加深的过程。所以，记录这个过程将十分有意义，有助于学生在整个单元课程的学习中进行反思、提高。因此，请认真填写培训日志。

第一步：填写关于此单元的学习日志

建立个人"课程日志"，如表11所示，根据列标填写各项内容。

第二步：在博客上发布"课程日志"

建议大家在公用网站或学校、社区的Blog社群或Blog联盟上注册结合课程的Blog，并以学生、主讲教师或小组的身份，利用博客技术，以文字、多媒体等方式将自己日常的生活感悟、教学心得、教案设计、课堂实录、课件等上传发表，不仅使个人隐性知识显性化，还可以在任何时间、任何地点让师生或更多的人共享资源并进行充分交流，创造出更智慧、更新型的拓展教育方式。因此，学生在Blog上提交本课程的"课程日志"（如表11所示）、培训信息及主讲教师的参与情况，将在网络中逐步形成开展网络教研的信息平台、工作平台和资源平台，成为有效的现代信息学习型组织。

[①] 学习资源：指在学习过程中可被学习者运用的一切人力与非人力资源，主要包括信息、资料、设备、人员、场所等。在课堂活动教学中所利用的学习资源也称教学资源。

表 11　课程日志（单元 0）

姓名		小组	
日期			
学前儿童音乐教育活动名称			

今天完成了哪些工作	
所遇到的问题	
解决方案	
下一周的目标	
备注	

单元1　用活动进行教学

•概述：主题 & 关键活动•

主题：基于活动的学习和设计

本单元主要讲述基于学前儿童音乐教育活动的构思和设计。

课堂活动

活动1：确定学前儿童音乐教育活动内容
确定：学前儿童音乐教育活动内容及目标。
明确：学前儿童音乐能力年龄段教学目标。

活动2：为学前儿童音乐教育活动确定选题
选择：音乐作品。
明确：学前儿童音乐教育活动类别与形式。

活动3：了解框架问题
理解：预设与生成。
浏览：更多的框架问题例举。
了解：框架问题与课程标准的联系。

活动4：初步构思学前儿童音乐教育活动
策划：学前儿童音乐教育活动，并将重点放在框架问题的设计上。

课外作业

活动1：浏览更多的资源
浏览：关于学前儿童音乐教育活动计划和框架问题的更多资源。

活动2：修改学前儿童音乐教育活动设计
修改：学前儿童音乐教育活动的初步设计。

活动3：填写课程日志
填写：关于此单元的课程日志。

· **课堂活动** ·

活动1：确定学前儿童音乐教育活动内容

第一步：确定学前儿童音乐教育活动内容并创建活动目标

在常规性学前儿童音乐活动，诸如：唱歌、韵律舞蹈、打击乐器演奏、音乐欣赏等活动中选择、确定小组将设计的学前儿童音乐教育教学内容，并探讨：音乐作为教育手段不仅使学前儿童获得音乐知识技能的认知、感悟和学习，更重要的是开发学前儿童的多元智能和高级思维能力（请先理解脚注中的名词注释①）。

表12从音乐内容知识点、审美到多元化教育，全方位地列出了学前儿童音乐教育活动的内容和学科、认知教学目标，请为你们的学前儿童音乐教育活动选定其具体内容。

表12 学科领域

技能目标（音乐知识技能）	□ 唱歌	□ 音乐感	□ 节奏感 □ 旋律感 □ 结构感 □ 音色感 □ 速度感 □ 力度感
		□ 创造能力	□ 创编动作 □ 指挥 □ 创编歌词
		□ 乐理	□ 识谱 □ 基本乐理常识
		□ 视唱练耳	
	□ 韵律和舞蹈	□ 音乐感	□ 节奏感 □ 旋律感 □ 结构感 □ 音色感 □ 速度感 □ 力度感
		□ 创造能力	□ 创编动作 □ 指挥 □ 创编歌词
		□ 乐理	□ 识谱 □ 基本乐理常识
		□ 视唱练耳	
	□ 乐器演奏	□ 音乐感	□ 节奏感 □ 旋律感 □ 结构感 □ 音色感 □ 速度感 □ 力度感
		□ 创造能力	□ 创编动作 □ 指挥 □ 创编歌词
		□ 乐理	□ 识谱 □ 基本乐理常识
		□ 视唱练耳	

---

① 课程开发：是指通过需求分析确定课程目标，再根据这一目标选择某一个学科（或多个学科）的教学内容和相关教学活动进行设计、组织、实施、评价、修订，以最终达到课程活动目标的整个工作过程。

续表

		☐ 音乐感	☐ 节奏感 ☐ 旋律感 ☐ 结构感 ☐ 音色感 ☐ 速度感 ☐ 力度感
	☐ 音乐欣赏	☐ 创造能力	☐ 创编动作 ☐ 指挥 ☐ 创编歌词
		☐ 乐理	☐ 识谱 ☐ 基本乐理常识
		☐ 视唱练耳	
情感目标	☐ 儿童对音乐的审美态度		
	☐ 儿童对音乐的情感认识		
认知目标	☐ 多元智能	☐ 语言 ☐ 数字 ☐ 习惯 ☐ 审美 ☐ 社科 ☐ 自然	
	☐ 高级思维能力		

第二步：明确学前儿童音乐能力年龄段教学目标

在确定活动教学内容后，参详附录《上海市学前教育课程指南》来明确活动中学前儿童年龄段教学目标。表13中"学前儿童音乐能力年龄段目标"是指，例如"大班歌唱活动"应根据"学前儿童音乐能力年龄阶段目标"[①]中所述关于5～6岁儿童歌唱能力的发展（幼儿园大班）情况填写，从而指导、规范教学内容。

表13 教学目标

根据你的标准和你自己的期望，你要求学前儿童能够知道，会做，或理解的内容是什么？
哪些高层次的思维技能是你要求达到的目标？
学前儿童音乐教育总目标：活动（或课程）标准
提示：参详附录2《上海市学前教育课程指南》，指导小组设计的学前儿童音乐教育活动的内容及目标。
学前儿童音乐能力年龄阶段目标	
单元目标	
活动（课时）目标	

---

① "学前儿童音乐能力年龄阶段目标"的具体内容请参详本书第7章四的内容。

活动 2：为学前儿童音乐教育活动确定选题

第一步：选择音乐作品

音乐因其特殊的表现形式和教育意义，在设计教育活动时必须遵循音乐作品选择的原则，请填写表14[①]。

表14 音乐作品的选择

常规性音乐活动	题材	体裁	音乐内容	
□ 歌唱活动	□ 游戏题材 □ 生活题材 □ 童话题材 □ 大自然题材 其他：	□ 歌曲 □ 舞曲 □ 器乐曲 其他：	旋律	
□ 韵律和舞蹈活动			节奏	节奏型
□ 乐器演奏活动				节拍
□ 音乐欣赏活动			音乐形象	
□ 歌唱韵律活动			结构 （曲式结构）	
□ 音乐游戏活动				
□ 识谱活动				

第二步：明确学前儿童音乐教育活动类别形式

为学前儿童音乐教育活动选题的同时，要明确活动的类别形式，以清晰教学活动的最终目标，确保实施过程的有效性。

主题活动中的音乐活动。例如，歌唱韵律活动《捏拢放开》、歌唱活动《小小手》是主题活动《身体的奥秘》中的一个或两个活动。主题活动"身体的奥秘"还包括科教活动《四肢和五官》、美术活动《画画你自己》等。主题下开展的音乐教育活动可以根据主题的活动意义选择音乐形式，诸如歌唱、韵律舞蹈、乐器演奏、音乐欣赏、歌曲韵律、音乐游戏、音乐剧等。此音乐活动是主题活动的一个有机的分支活动，从内容的确定、衔接、课时计划到实施时间及道具、教具的设计、使用等都要整体规划、安排、设计，都具有重大的教育意义，其教学目的具有宏观统一性。

单一的音乐活动即教师根据自己班级学前儿童的情况来设计、实施的日常教学活动。活动形式多样，可选择歌唱、韵律舞蹈、乐器演奏、音乐欣赏、歌曲韵律、音乐游戏、音乐剧等作为教学内容，教学时间安排自由，主要以娱乐、益智为主。例如，学前儿童在参与歌唱韵律活动《捏拢放开》时，通过手指捏拢放开的动作感受简洁活泼的旋律，学习朗朗上口的歌谣，锻炼了小班幼儿手指的活动能力，并建构了对"手、肩、膝盖、五官"的认知。此活动可安排在日常教学活动时间实施，也可用于晨运或课间锻炼。

系列音乐活动可以理解为系列主题音乐活动。例如，系列大班主题音乐活动《祖国妈妈》由舞蹈活动《快乐苗娃》、合唱活动《长城长》等一组形式各异、内容具有衔接性、教育目的一致的音乐活动组成，其教育意义深远。

专业音乐活动。可以通过单一的或系列活动的形式来设计此类音乐活动，并针对音乐

---

① 音乐作品的选择可参详本书第7章二的内容。

学科内容，以识谱活动、基本乐理常识、视唱练耳、乐器演奏、歌唱、舞蹈、作品分析的专业教授、学习为主。一般适用于有音乐教育特色的学前儿童教育机构，有明确的教材、专业指导教师和进阶式教学计划。

音乐区角。音乐区角是幼儿个性充分体现的最佳场所，在这里他们可以通过舞蹈、游戏、律动等多种方式达到静中有动，动中有乐的目的，他们边唱边跳，手舞足蹈，体验到了愉快的情感，还在无形中加大了幼儿的体能训练。音乐区角以培养幼儿对音乐的兴趣作为重点，让每个孩子喜欢音乐；其次是培养幼儿的节奏感，增强幼儿对音乐的感受力和表现力；还有一点就是其开放性、自由性的特点可以增进幼儿之间的交往，加深他们的情谊。

音乐区角通常先出现一些幼儿容易敲击的乐器，如手铃、响板、木鱼等。随着幼儿打击乐水平的提高，逐渐出现三角铁、双响筒、铃鼓等一些复杂的乐器，让幼儿更加灵活而逼真地表现音乐形象。在音乐区角，道具是幼儿表演过程中不可缺少的东西，如各种小乐器、各色彩带、各种生活用品（头巾、帽子、扇子等），都是幼儿喜爱的，他们可以自由选择道具，唱跳结合，动静交替。

活动区的精心创设，并非装饰，更重要的是发挥其教育作用，让孩子学到知识、掌握技能，对于小班幼儿，教师必须给予更多的指导，帮助他们学习如何使用乐器，如何跟着音乐敲击，与小朋友之间怎样合作等。更重要的是结合幼儿园主题、系列或专业音乐活动的教育教学内容，及时为幼儿更换和提供相应的道具。例如，开展主题活动《我爱我的小动物》时，可为幼儿提供了各种动物头饰，有小鸡、小猫、老鼠、小狗的头饰等，还有肉骨头、头巾、围兜等，让幼儿自由选择，随音乐尽情表演。

活动3：了解框架问题

第一步：理解预设与生成

在浏览学前儿童音乐教育活动计划（教案）模板时，我们会注意到模板的"活动概览"部分包括框架问题。而这个框架问题又分为基本问题、单元问题和内容问题。设置这些问题的作用是什么？如何才能设计好这些问题？

1. 为什么要提问题

我们应该如何精心设计教育活动，才能帮助学前儿童发展他们的音乐知识技能和高级思维能力？又应该如何重新组织大量知识，才能使之吸引幼儿，帮助他们全神贯注地进行探究学习？一个关键的设计策略就是围绕着知识技能诞生的原始情境中发生的问题来构建教学活动，而不是教给他们教材中现有的"专家型"答案。通过音乐教育的方式，在活动设计时有意识地为教学设置一些探究性的、具有普遍意义的问题。

本课程中通过训练幼儿师范学生设置框架问题，将知识与具体问题情境联系起来，使师幼互动更有条理、层次，还能培养师幼的高级思维能力，使教育目的、意义更明确、更有效。可以说，问题的设置和教学过程中答案的探究就是教育活动中的预设和生成，是教学的两翼，缺一不可。预设的问题体现了教学的计划性和封闭性，活动中生成的知识体系则体现了教学的动态性和开放性。

问题在世界上是普遍存在的，人类社会的历史正在不断发现问题，又不断解决问题的螺旋上升的过程中发展前进的，教师必须把知识得以产生的"问题"还给学前儿童，通过探究的方式锻炼其高级思维能力和多元智能的发展。

2. 关于框架问题

框架问题是用于框定教育活动学习范围，并引导学前儿童深入学习与探究的一组问题。通过框架问题的提出，学习被设置于复杂的、有意义的问题情境中，师幼被置于积极的问题解决者的角色，在问题求解的过程中展开教育活动内容的学习并培养高级思维技能和多元知识技能。

框架问题是有层次的，不同的教学设计者对不同层次的问题有着不同的提法。为了表述与探讨的方便，这里将不同层次的框架问题命名为内容问题、单元问题、基本问题。

3. 关于内容问题

所有的能力培养都是在必要的事实性知识与基本技能的积累下才能达到的。学科范畴内的事实性知识与基础性技能的问题，称为"内容问题"。这类问题为学前儿童发展高级思维能力和多元智能的培养打造知识技能基础。可以说，内容问题更基于事实，是与确定的课程标准和学习目标相统一的问题。就音乐学科而言，其问题的指向范畴包括一切与音乐有关的知识技能。

内容问题有以下特点：

➢ 有清晰的答案或是具体的正确答案，属于封闭式的问题。
➢ 与课程标准和学习目标相结合，支持基本问题和单元问题。
➢ 检测幼儿记忆事实性知识的能力。经常要求幼儿回答谁、什么、哪里和什么时候。例如：小猪在干什么？（小班幼儿在学习歌唱韵律活动《小猪睡觉》中，小猪睡觉时的韵律动作就是内容问题答案最直观的知识点。）
➢ 回答问题时需要知识和理解力。

4. 关于单元问题

虽然内容问题是教学过程中必不可少的，但如果学习与探究仅仅停留在回答内容问题的水平上，那么学前儿童仅仅学到了书本中表层的学科知识，运用的不过是初级的思维技能。他们的高级思维技能和多元智能如何才能得到发展和培养呢？为此，教学活动有必要以知识单元为体系，设置一些开放的、没有现成答案的、需要幼儿运用聪明才智才能回答的问题。这类问题与固定的教学单元主题相关，称之为"单元问题"。对一个单元、主题问题的回答应该建立在所有内容问题的理解基础上。

单元问题有以下特征：

➢ 与教学单元或主题活动的具体情境直接相关。单元问题将框定某个具体的教学活动单元（或课程单元）。因此，问题的提出是以教育教学活动单元和主题活动为背景的，与其具体情境直接相关。
➢ 是开放的问题，引发对具体主题、学科或学习单元的观点进行拓展探究。来自不同学科的教师可以用自己独有的单元问题去教学主题共性的、统一的基本问题。
➢ 设计单元问题的目的是为了超越、拓展内容问题，发展学前儿童的高级思维能力，并通过具体主题和学科的"透镜"引发对更深入问题的思考和探究。因此，单元问题更多地是为了激发学前儿童多元智能的认知、理解、应用及评价。
➢ 引发问题或发起讨论来支持基本问题。
➢ 是为了鼓励探究，引发和保持学前儿童的兴趣并允许有独特的回答和创造性的方法而精心构造的问题。凡是设计得好的单元问题都能起到激发学前儿童思维的作用。这些问题通常把逆向思维、思维激发和争论作为吸引幼儿投入持续探究的手段。这些问题是充分开放的，能够适应各种兴趣和学习趋向，使学前儿童可以得出连教师也未能考虑到的独特答案和创造性内容。

5. 关于基本问题

好的单元问题可以帮助学前儿童深入地理解主题，但是不是提出这样的问题就足够了呢？教育的最终目的是为了达到持久性的理解，因此，教育者必须利用更具挑战性、深层次的问题来揭示一个学科、甚至更宽泛的综合学科范畴内涵的丰富性和复杂性。这些问题与单元问题一样也没有固定的答案，是指向高级思维技能的，是能够激励和维持学前儿童认知兴趣的。不同的是，单元问题是学科特定和主题特定的，更适合框定具体知识和特定研究，而这些问题则直接指向知识核心思想和关键探究，更具广泛意义，更具逻辑性和挑战性，此类问题称为"基本问题"。

基本问题具有如下特点：

➢ 这些问题指向知识的核心，介绍涵盖所有学科重要的持久性的观点。它们在许多单元、学科领域甚至是年度的研究之间搭起了桥梁。

➢ 这些问题有多种答案，孕育了其他重要问题。这些问题在书里找不到答案，常常在生活中一遍又一遍地被探究着。其答案可能变得越来越复杂，导致问题的框架可能会有新的差异，但最终还是一次次地回到这些问题的探讨上来。

➢ 这些问题引起学前儿童的注意力并要求高级思维；这些问题挑战、拓展了学前儿童的成长发育，让他们学会诠释自己的经历、剖析自己的思维，发挥他们的价值。

内容问题、单元问题与基本问题之间的关系可以通过表15中的范例来展示：

表15 内容问题、单元问题与基本问题的关系范例

音乐教育活动	目标形式	内容问题	单元问题	基本问题
歌唱韵律活动《小猪睡觉》	单一音乐活动	小猪在干什么？ ——睡觉。 怎么做？ ——小猪睡觉时憨可的韵律动作的学习、掌握，感受、随乐而动的音乐能力：唱歌（曲调、歌词）、韵律动作。	小猪是谁？ ——小动物。 你还知道哪些小动物？ ——大马、山羊、老虎、小狗、小白兔等。 其他小动物的日常形态和动作是什么？ 地球上动物的种类有哪些？ ——哺乳动物、鸟类、鱼类等。	小动物和人类是好朋友吗？ 动物保护组织是做什么的？
歌唱韵律活动《捏拢放开》	主题活动"身体的奥秘"中的音乐活动	歌词唱了什么？ ——曲调、歌词（身体部位名称）。 小手做什么动作？ ——捏拢的随乐韵律动作。	身体还有什么部位和器官？ 身体部位和器官的作用是什么？	生命的意义是什么？

可以说，课程框架问题彼此相互依赖。内容问题支持单元问题，而二者都支持基本问题（如图1所示）。教师设计框架问题的过程就是从微观、宏观、哲学及逻辑的视角在备课，这种高级教育思维能力对教育教学内容分析归类更透彻、更具体，更具教育意义。

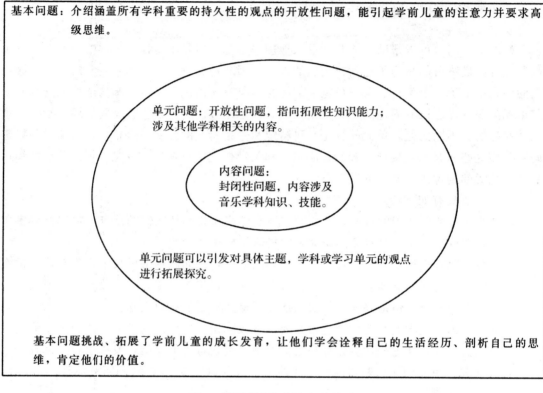

图1　课程框架问题之间的关系

第二步：浏览更多的框架问题例举

浏览附录6学前儿童音乐教育活动作品集范例中关于框架问题设计的内容。请浏览后就以下问题进行讨论（如表16所示）。

表16　关于框架问题

1. 为什么要提问题？
2. 内容问题，单元问题与基本问题之间有什么关系？

第三步：了解框架问题与课程标准的联系

问题设计的目的最终还是为了服务于教学，请根据附录2《上海市学前教育课程指南》了解框架问题与课程标准相联系，参详下例（如表17所示）辅助理解。

表17 例一

主题	小班歌唱韵律活动《小猪睡觉》
课程标准	能初步感受环境、生活和艺术中的美 喜欢艺术活动，能用自己喜欢的方式大胆地表现自己的感受与体验 乐于与同伴一起娱乐、表演、创作
内容问题	小猪在干什么？ 怎么做？
单元问题	小猪是谁？ 你还知道哪些小动物？ 其他小动物的日常形态和动作是什么？ 地球上动物的种类有哪些？
基本问题	小动物和人类是好朋友吗？ 动物保护组织是做什么的？

基于活动的学习，就是学习者围绕一个具体的活动，以任务驱动学习，充分选择和利用各种学习资源，在实际体验、探索创新、内化吸收的过程中，以团队为组织形式自主地获得较完整而具体的知识，形成技能并获得发展的学习。

如何设计引人入胜的活动呢？这需要在设计活动时，考虑将目标、角色、对象、情景、标准、成绩等要素都包含进去。

活动4：初步构思学前儿童音乐教育活动

策划活动，并将重点放在框架问题的设计上。

选择适合一个年龄段音乐能力发展目标的、可以通过技术整合来优化教学的活动。此活动可以是单一的音乐活动，也可以是主题活动下的音乐活动。通过回答以下问题逐步明晰小组设计的活动计划（如表18所示）。框架问题的设计将是一个难点，需要投入大量精力和智慧（如表19所示）。

表 18　活动的初步设计

1. 小组设计的学前儿童音乐教育活动将在哪个年龄段的儿童开展？
2. 活动的标题是什么？
例如：单一音乐活动"歌唱韵律活动《小猪睡觉》"，主题活动《身体的奥秘》中的音乐活动"歌唱韵律活动《捏拢放开》"。
3. 该活动涉及哪些学科领域？
例如：数学、常识、自然、语言、历史等。
4. 从课程标准或教学大纲来考虑，将设计的活动有哪些拟定的学习目标？
"学习目标"是指学前儿童在音乐教育活动中应掌握的学科目标。为此，活动设计应该把重点放在"拟定学习目标"上。以《上海市学前教育课程指南》为依据来考虑此问题。
5. 如何证明学前儿童掌握、理解了"拟定学习目标"，应该为此设计那些评估工具？

表 19　设计活动的框架问题

内容问题	
单元问题	
基本问题	

1. 考虑如何将框架问题嵌入教学过程中？
这部分描述可用于"活动概述"。

2. 考虑如何将"活动"演示文稿、多媒体等技术融入活动计划？想法记录如下：

设计基本问题与单元问题的一些提示如下：
> 思考这个问题为什么重要，为什么值得我们去教？
> 思考学者和专家问的引人注目的问题？
> 人类是怎样获得我们现在想传授给学生的知识的？

• 课外作业 •

活动1：浏览更多的资源

浏览附录中有关框架问题的更多资源，思考问题如表 20 所示。

表 20　思考问题

学前儿童音乐教育活动中通常的提问方式和问题设置是怎样的？

活动2：修改学前儿童音乐教育活动设计

根据浏览资源所获得的启示，尝试进一步修改小组的学前儿童音乐教育活动计划，特别是框架问题的确定。

活动3：填写课程日志

填写表 21 中的各项内容。或在课程博客社区上发布"课程日志"，将自己在课程学习过程中的收获和感到困惑的问题填写在日志中，进行经验分享和答案支持。

表 21　课程日志（单元 1）

姓名		小组	
日期			
学前儿童音乐教育活动名称			
今天完成了哪些工作			
所遇到的问题			
解决方案			
下一周的目标			
备注			

单元 2 设计学前儿童音乐教育活动

• 概述：主题 & 关键活动 •

主题：活动框架问题和以学前儿童为中心的过程性评价

本单元主要讲述学前儿童音乐教育活动的框架问题和以学前儿童为中心的过程性评价。

课堂活动

小组共享
共享：单元1的课外作业中设计的框架问题。
讨论：学前儿童音乐教育活动的框架问题。

教法研讨
讨论：信息技术与学科的整合。
活动1：初步填写学前儿童音乐教育活动计划（教案）模板
策划：根据讨论的结果初步策划学前儿童音乐教育活动。
填写：初步填写学前儿童音乐教育活动计划（教案）模板。
活动2：设计"介绍活动"演示文稿①
浏览：附录中"介绍活动"演示文稿范例。
制作："介绍活动"演示文稿。

课外作业

活动1：探讨与计算机和软件应用相关的问题
学习使用：文字处理、PowerPoint、多媒体软件等。
活动2：准备学前儿童音乐教育活动资源材料
准备：教科书、活动支持材料及其他有助于活动开发的学科资源材料。
活动3：填写课程日志
填写：关于此单元的课程日志。

---

① 演示文稿：即 PowerPoint（PPT）

• 课堂活动 •

小组共享：学前儿童音乐教育活动的框架问题

在这个活动中，小组学友共享在单元 1 模块中完成的学前儿童音乐教育活动的初步设计。讨论时应该注意活动的框架问题与教学目标的关系。讨论时请关注：

（1）学前儿童音乐教育活动选题是否恰当，是否符合学前儿童多元智能的发展？

（2）框架问题是否提得合适，是否能培养教学的高级思维能力？

（3）框架问题所嵌入的活动情景是否恰当、有趣，是否能让学前儿童更好地融入教学活动，使师幼互动更好？

记录小组的框架问题，通过讨论进行修改（如表 22 所示）。

表 22　小组的框架问题

小组成员（姓名）	原框架问题	修改后的框架问题（小组共议）	修改原因

教法研讨：信息技术与学科的整合

在单元 1 中，我们初步策划了小组的学前儿童音乐教育活动计划，考虑把现代信息技术融合于学前儿童音乐教学活动中。由于每个人对信息技术和理解不尽相同，请在小组内讨论什么是信息技术与学科整合？有哪些成功案例（如表 23 所示）？

表 23　信息技术与学科整合

1. 什么是信息技术与学科整合？
2. 有哪些成功的案例？

活动1：初步填写学前儿童音乐教育活动计划（教案）模板

第一步：修订小组的学前儿童音乐教育活动初步设计

根据讨论的结果，修订小组的学前儿童音乐教育活动的初步计划，并把建议和想法记录下来（如表24所示）。

表24　学前儿童音乐教育活动计划的修订

学前儿童音乐教育活动初步计划：
建议、想法。

第二步：初步填写学前儿童音乐教育活动计划（教案）模板

小组的学前儿童音乐教育活动已经有了一个粗略的思路，请将初步设计的活动内容填写在以下的学前儿童音乐教育活动计划模板（如表25所示）。在后续的单元中，还将继续修改小组的活动计划。

表 25　学前儿童音乐教育活动计划（教案）模板

活 动 概 览			
活动标题	歌唱韵律活动《捏拢放开》		
活动类别形式	主题活动"身体的奥秘"中的音乐活动		
框架问题	基本问题	跨越几个单元或学科领域的、广泛的重要问题	
	单元问题	主题单元的指导性问题	
	内容问题	学科内容或定义、技能问题	
活动概述	用3～5句话简要描述活动的主题、重要的活动环节，以及在活动情境中学生可能扮演的角色。		
关键词			
年龄段或年级			
□ 0～3岁（托班）　□ 3～4岁（小班）　□ 4～5岁（中班）　□ 5～6岁（大班）			

教学目标①
根据你的标准和你自己的期望，你要求学前儿童能够知道、会做，或理解的内容是什么？
哪些高层次的思维技能是你要求达到的目标？
学前儿童音乐教育总目标：活动（或课程）标准
提示：参详附录2《上海市学前教育课程指南》，指导小组设计的学前儿童音乐教育活动的内容及目标。

学前儿童音乐能力年龄阶段目标	
单元目标	
活动（课时）目标	

---

① "教学目标"的确定请参考本书第3章二（一）、第3章六（二）、第7章四的内容。

学科领域			
技能目标（音乐知识技能）	□ 唱歌	□ 音乐感	□ 节奏感 □ 旋律感 □ 结构感 □ 音色感 □ 速度感 □ 力度感
		□ 创造能力	□ 创编动作 □ 指挥 □ 创编歌词
		□ 乐理	□ 识谱 □ 基本乐理常识
		□ 视唱练耳	
	□ 韵律和舞蹈	□ 音乐感	□ 节奏感 □ 旋律感 □ 结构感 □ 音色感 □ 速度感 □ 力度感
		□ 创造能力	□ 创编动作 □ 指挥 □ 创编歌词
		□ 乐理	□ 识谱 □ 基本乐理常识
		□ 视唱练耳	
	□ 乐器演奏	□ 音乐感	□ 节奏感 □ 旋律感 □ 结构感 □ 音色感 □ 速度感 □ 力度感
		□ 创造能力	□ 创编动作 □ 指挥 □ 创编歌词
		□ 乐理	□ 识谱 □ 基本乐理常识
		□ 视唱练耳	
	□ 音乐欣赏	□ 音乐感	□ 节奏感 □ 旋律感 □ 结构感 □ 音色感 □ 速度感 □ 力度感
		□ 创造能力	□ 创编动作 □ 指挥 □ 创编歌词
		□ 乐理	□ 识谱 □ 基本乐理常识
		□ 视唱练耳	
情感目标	□ 儿童对音乐的审美态度		
	□ 儿童对音乐的情感认识		
认知目标	□ 多元智能	□ 语言 □ 数字 □ 习惯 □ 审美 □ 社科 □ 自然	
	□ 高级思维能力		

活动材料及资源	
指导教材（印刷资源）	课本、课程指南、参考资料等。
网络资源	Flash、课件、案例、参考资料等。
活动道具及教具	乐谱、乐器、道具、电子白板、投影仪等。
多媒体资源	Flash、音频、视频等。
其他	为了实施活动而需要订购或汇集的必需物品。为学习而特别配备。不包括所有教室里必备的日常用品。

学前儿童音乐教育活动过程	
课时计划	
活动的课时次数	
每次活动的时间安排	
过程（教学或学习过程）	
对教学周期的清晰写照——描述学前儿童音乐教育活动的范围和顺序，解释幼儿如何参与教学活动。包括对教具、道具和演示文稿的使用等。	
组织形式	教学组织形式。
活动方法	教师主持、教授的方法、形式和技巧。
活动环境和材料	活动环境、材料的创设。

活动2：设计"介绍活动"演示文稿

第一步：浏览"介绍活动"演示文稿范例

结合小组的学前儿童音乐教育活动设计浏览附录6中的"介绍活动"演示文稿范例，关注"介绍活动"演示文稿如何为各小组设计的学前儿童音乐教育活动服务的。

第二步：制作"介绍活动"演示文稿

1. 创建设计卡

"介绍活动"演示文稿属多媒体作品，需要精心的策划和准备，是在公开展示活动或在情景模拟教学展演中与同行之间进行交流所用。在创建之初，通过在设计卡上大致勾勒构思学前儿童音乐教育活动内容,帮助小组制作电子多媒体的"介绍活动"演示文稿,并通过一些技巧来润色这个演示文稿,增强内容呈现的效果。

使用设计卡(如表 26 所示)来策划小组的"介绍活动"演示文稿,其中包含六项基本内容:

- ➢ 所教音乐教育内容是什么?所教学前儿童的年龄段是什么?
- ➢ 学前儿童音乐教育活动的主题和活动概述。
- ➢ 所依据的课程标准和所依据的学前儿童音乐教育年龄段目标。
- ➢ 所拟定的学习目标。
- ➢ 学前儿童音乐教育活动的框架问题。

2. 创建"介绍活动"演示文稿

将设计卡上的内容制作成 PPT 电子版式的演示文稿,并考虑每张幻灯片的设计、布局和格式,并确定要使用的图片、表格和文本资料。为了便于在后续的单元中修改,此次制作的学前儿童音乐教育活动"介绍活动"演示文稿可以保存在电子文档中。

请用设计卡组织学前儿童音乐教育活动的"介绍活动"演示文稿。

表 26 "介绍活动"演示文稿的设计卡

活动名称 班级:_____ 小组:_____ 日期:_____	所教音乐教育内容是什么? 所教学前儿童的年龄段是什么?
活动主题: 活动概述:	所依据的课程标准: 所依据的学前儿童音乐教育年龄段目标:
所拟定的学习目标:	活动的框架问题: ➢ 基本问题 ➢ 单元问题 ➢ 内容问题

• 课外作业 •

活动 1：探讨与计算机和软件应用相关的问题

学习使用 Word、PowerPoint、多媒体软件等，讨论如下功能在演示文稿中的作用和实用意义（如表 27 所示）。

表 27　软件功能的作用和意义

软件功能	作用和实用意义
功能表格制作	
文字处理编辑	
插入剪贴画	
设置自动放映	
影视动画（音乐电视片）	
音乐播放器	

活动 2：准备学前儿童音乐教育活动资源材料

在下一个单元开始前，请收集对开发学前儿童音乐教育活动计划有用的材料，诸如教科书、活动支持材料（道具、教具）及其他有助于活动开发的音乐资源材料等。带着这些资源材料参加下个阶段的教学，将有助于制作完善的活动作品集。

活动 3：填写课程日志

填写表 28 中的各项内容，并在课程博客社区上发布"课程日志"，将自己在课程学习过程中的收获和感到困惑的问题填写在日志中，进行经验分享和答案支持。

表 28　课程日志（单元 2）

姓名		小组	
日期			
学前儿童音乐教育活动名称			

今天完成了哪些工作	
所遇到的问题	
解决方案	
下一周的目标	
备注	

单元3　创建教育信息技术支持材料

• 概述：主题 & 关键活动 •

主题：运用网络和多媒体来支持教与学

本单元主要讲述如何运用网络资源和多媒体软件来支持学前儿童音乐教育活动的教与学。

课堂活动

小组共享
共享：课程日志。
教法研讨
讨论：有哪些办法可以保证合法、合理使用、共享素材、资源。
活动1：使用目录和网页搜索引擎
了解：常用目录。
使用：搜索引擎。
活动2：创建资源、素材引用记录
查阅并保存：与学前儿童音乐教育活动有关的网站资料。
创建：资源、素材引用记录。
活动3：修订学前儿童音乐教育活动计划
修订：学前儿童音乐教育活动计划。

课外作业

活动1：修订"介绍活动"演示文稿
修订："介绍活动"演示文稿。
活动2：填写课程日志
填写：关于此单元的课程日志。

• 课堂活动 •

小组共享：课程日志

在这个活动中，小组内共享每个人的课程日志。共享时请注意以下问题（如表29所示）。

表29 活动设计中的问题

1. 你们的困惑是共同的吗？如果是，请向主讲教师寻求帮助。如果不是，学友的困惑你们能自己解答吗？
2. 填写课程日志的意义何在？
3. 在自己设计的学前儿童音乐教育活动中，将如何记录幼儿参与学习的活动过程？

提示：如果在讨论中有好的建议，应该在全班范围内交流共享。

教法研讨：有哪些办法可以保证合法、合理使用、共享素材、资源

在教学活动中创建多媒体项目时，如何才能保证合法、合理使用、共享网络素材、资源呢？在信息急速发展的今天，知识产权的合法、合理使用、运用是非常重要的，这也是现代教育信息技术中需要反复强调的。主讲教师有责任检查并教授学生合理使用将要用于学前儿童音乐教育活动作品集的网络资源。

请讨论、思考以下问题（如表 30 所示）。

表 30　合理使用教学资源的问题

1. 讨论教学设计中所能遇见的，在实施"教学用多媒体合理使用原则"的过程中可能遇到的问题。
2. 怎样才能保证在了解版权的基础上理解"合理使用原则"？

活动 1：使用目录和网页搜索引擎

在这个活动中，你将阅读有关信息，练习使用目录和搜索引擎查找对活动作品集有用的资料。

第一步：了解常用目录

如果查找某一大类中的内容，可以使用 Web 目录和索引（如表 31 所示）。目录通常按找主题分类，一般还包括返回顶级目录的超级链接。

表 31　常用目录

使用目录搜索的常用中文网站：	
搜狗	http://123.sogou.com/
网易	http://www.163.com
中国网络之门	http://www.5566.net
百度	http://www.baidu.com
使用目录搜索的常用英文网站：	
WebBrain	http://www.webbrain.com
The Open Directory	http://www.dmoz.org
Look Smart	http://www.looksmart.com

如果选择使用以上目录，用一个含义较广的关键词（例如：新闻、教育等）查询，然后继续单击更详细的标题或关键词。

第二步：使用搜索引擎[①]

如果希望得到特定的信息，并且知道相应的标题词组或专用术语（如：学前儿童音乐教育活动、幼儿园音乐活动、幼儿园活动教案），就应该使用搜索引擎（如表 32 所示）。

表 32　常用搜索引擎

中文搜索引擎：	
百度	http://www.baidu.com
英文搜索引擎：	
ALL the Web	http://www.alltheweb.com
Excite	http://www.excite.com
HotBot	http://www.hotbot.com
Northern	http://www.northernlight.com

---

① 搜索引擎是一个提供信息"检索"服务的网站，它使用某种程序把因特网上的所有信息归类以帮助人们在茫茫网络的海洋中搜寻到所需要的信息。

续表

许多大门户网站的首页上也有强大的搜索功能：	
搜狐	http://www.sohu.com
网易	http://www.163.com
雅虎中国	http://www.yahoo.com.cn
新浪	http://www.sina.com.cn
上海热线	http://www.online.sh.cn
中华网	http://www.china.com

元搜索引擎（如表33所示）。也可以调用多个数据库来进行搜索，得到的结果也相对集中。

表33 元搜索引擎

中国的元搜索引擎：	
万维搜索	http://www.widewaysearch.com
索天下	http://www.suotianxia.com
英文的元搜索引擎：	
Mamma	http://www.mamma.com
Profusion	http://www.profusion.com
C4	http://www.c4.com
Ask Jeeves	http://www.askjeeves.com
MetaCrawler	http://www.metacrawler.com
许多大门户网站的首页上也有强大的搜索功能：	
搜狐	http://www.sohu.com
网易	http://163.com
雅虎中国	http://www.yahoo.com.cn
新浪	http://www.sina.com.cn
上海热线	http://www.online.sh.cn
中华网	http://www.china.com

特色搜索引擎（如表34所示）。为了寻找某种特定的信息，也可以使用特色搜索引擎，以下的搜索引擎。可以为专业活动的设计提供直接、有效的网络资源。

表34 特色搜索引擎

学前儿童音乐教育和音乐学科的搜索引擎：	
上海学前教育网	http://www.age06.com/
华夏爱婴——幼儿园音乐教案	http://www.hxayxx.cn/yjzs/yjyy/ja/
土豆网	http://www.tudou.com 可以搜索多媒体：音频、视频

续表

小精灵儿童网站	http://www.060s.com/ 可以搜索多媒体：音频、视频、Flash课件
流行钢琴网	http://www.popiano.org/ 可以搜索、下载打谱软件、乐谱
音乐搜索	http://www.sogua.com 有一定影响力的音乐主题娱乐社区网站，也是国内知名的专业音乐搜索引擎拥有自主开发的智能网络音乐搜索引擎
其他专业搜索引擎：	
图书搜索	http://www.duxiu.com 可以搜索各类图书，并能在上面建立个人图书馆
视频搜索	http://video.soso.com/ 可轻松找视频、电视电台节目等
软件搜索	http://www.soft8.net 能轻松找到很多软件和驱动程序
CNKI数字图书馆全文数据库	http://www.cnki.net 收集国内优秀博硕学位论文全文数据库、中国期刊全文数据库、中国重要报纸全文数据库
博客搜索	http://www.souyo.com 可以从互联网上的中文博客（Blogs）中查找感兴趣的日志文章、博客站点以及标签话题（Tags）等内容

为了使信息技术合理地被理解和运用，请参详脚注中的名词注释[①]，并填写表35。

表35　资料查找技术

列出可以帮助小组设计的教学活动快速有效地查找所需资料的各种技术：

---

① 信息：是人、生物和自动机等控制系统所接受和加工的事物属性或运动状态。在教育教学领域有表示教学内容的信息、描述师生特征的信息、反映教学动态过程的信息等。
信息资源：是指以文字、图形、图像、声音、动画和视像等形式储存在一定的载体上并可供利用的信息。
信息技术：是指能够支持信息的获取、传递、加工、存储和呈现的一类技术。其中，应用在教学领域中的信息技术主要包括电子音像技术、卫星电视广播技术、多媒体计算机技术、人工智能技术、网络通信技术、仿真技术和虚拟现实技术等。
学习资源：是指在学习过程中可被学习者利用的一切人力与非人力资源，主要包括信息、资源、设备、人员、场地等，在课堂教学和教学活动中所利用的学习资源也称教学资源。

活动 2：创建资源、素材引用记录

第一步：查阅并保存与学前儿童音乐教育活动有关的网站资料

浏览本单元活动 1 中的相关网站关于学前儿童音乐教育活动相关的资料，创建文档，保存网络中的文字、图片和音像，以便在后续活动设计中应用。

第二步：创建资源、素材引用记录

为了保证从各种资源获得的图片、声音、影像、文本等网络资料在活动中的有效运用，需要建立一个参考资料列表，请根据自己的资源收集情况，填写表 36 和表 37，并在整个单元课程的学习中在这个记录中随时添加信息，使自己在教学设计活动中与小组成员共享资源。

表 36　材料引用记录表

网络材料引用记录表		
网站名称	网址	简介 （对从网站所获得信息进行简单描述，为日后的引用提供一些基本信息）

表 37　多媒体资料制作收集记录表

	名称	播放格式	播放时间
视频			
声音			

活动 3：修订学前儿童音乐教育活动计划

在这个活动中，将草拟学前儿童音乐教育活动计划中的"过程（教学或学习过程）"部分，并修改其他内容。整个学前儿童音乐教育教学或学习过程应比较清晰，可以包括以下内容：

（1）向学前儿童概述或介绍活动。

（2）学前儿童音乐教育活动的内容，例如：
- 热身活动，如上一活动内容的展示——儿歌、韵律等。
- 展示、操作及模仿练习。
- 学前儿童音乐教育内容：理论知识点、技能。
- 多元智能：设计的其他学科教学内容，诸如数字、汉字、常识、习惯等。
- 教师介入活动的方法。
- 活动的情境创设。
- 学前儿童的活动展示。

（3）估计每个阶段活动或任务的时间，进行课时计划的安排。

• 课外作业 •

活动 1：修订"介绍活动"演示文稿

利用网络的文字、图片、音像等资源充实"介绍活动"演示文稿的内容，进行进一步修订。

活动 2：填写课程日志

填写表 38 中的各项内容，并在课程博客社区上发布"课程日志"，将自己在课程学习过程中的收获和感到困惑的问题填写在日志中，进行经验分享和答案支持。

表38 课程日志(单元3)

姓名		小组	
日期			
学前儿童音乐教育活动名称			
今天完成了哪些工作			
所遇到的问题			
解决方案			
下一周的目标			
备注			

单元 4 创建"活动"演示文稿

• 概述：主题 & 关键活动 •

主题：创建教学材料

本单元讲述如何创建一个学前儿童音乐教育活动演示文稿来辅助开展教学活动，并创建其评价工具及草拟教学过程。

课堂活动

小组共享
共享："介绍活动"演示文稿。
教法研讨
讨论：多媒体技术与学科的整合。
活动1：制作"活动"演示文稿
浏览：附录中的"活动"演示文稿范例。
策划："活动"演示文稿的内容。
制作："活动"演示文稿。
活动2：评价"活动"演示文稿
创建："活动"演示文稿评价自查表。
创建："活动"演示文稿评价工具。
评价："活动"演示文稿和评价工具。
活动3：修订学前儿童音乐教育活动计划
修订：学前儿童音乐教育活动计划。

课外作业

活动1：浏览更多的资源
浏览：附录中或网络中关于学前儿童音乐教育活动计划（教案）模板和"活动"演示文稿的更多资源。
活动2：修订学前儿童音乐教育活动的"活动"演示文稿
修订：学前儿童音乐教育"活动"演示文稿和支持材料。
活动3：填写课程日志
填写：关于此单元的课程日志。

•课堂活动•

小组共享:"介绍活动"演示文稿

在这个活动中,小组内共享在单元2中设计创建的"介绍活动"演示文稿。好的"介绍活动"演示文稿应该在全班范围内交流共享。

探讨:如何将"介绍活动"演示文稿整合到小组的学前儿童音乐教育教学活动作品集呢?请在表39中列出想法和建议。

表39 想法和建议表

	如何将"介绍活动"演示文稿整合到小组的学前儿童音乐教育教学活动作品集呢?
想法和建议	

为了更好地修订完善"介绍活动"演示文稿,请理解脚注中的名词注释[①],这些名词也是本单元的教法研讨活动和创建学前儿童音乐教育"活动"演示文稿的理论依据。

[①] 教学资源管理:是指通过对教学资源的计划、组织、协调和评价,以实现既定教学目标的活动过程。教学资源管理包括硬件资源的管理和软件资源的管理。

教学过程管理:是教学活动展开的过程。教学过程管理就是对这一过程所涉及的各种要素及活动的管理。

知识管理:是指利用适当的技术、方法和机制来促进知识的有效生成、传播和利用的过程。

教法研讨：多媒体技术与学科的整合

在这个活动中，主讲教师主持全班讨论多媒体技术与学科的整合。在这个讨论过程中可使用投影仪配合计算机工作，特别探讨关于在学前儿童音乐教育教学活动中使用PowerPoint的若干建议。

（1）教师利用PowerPoint可以做什么呢？下面是推荐的一些教学用途：
- 课堂演讲
- 汇报课题
- 展示图表与表格
- 以图形化的组织形式显示数据
- 把从网上和多媒体光盘上获得的资料合并整理
- 只做个人的图片故事书
- 显示调查与问卷的结果
- 展示科技项目

（2）讨论：如何利用PowerPoint的技术设计创建本章的学前儿童音乐教育"活动"演示文稿（如表40所示）？

表40　想法和建议表

如何利用PowerPoint的技术设计创建本章的学前儿童音乐教育"活动"演示文稿？	
想法和建议	

活动 1：制作"活动"演示文稿

第一步：浏览附录中的"活动"演示文稿范例

结合小组的活动设计浏览附录 6 中的学前儿童音乐教育"活动"演示文稿范例，关注（如表 41 所示）"活动"演示文稿是如何为达到学习目标和探究活动的框架问题而服务的。

第二步：策划"活动"演示文稿的内容

要以学前儿童的身份来创建这个演示文稿，使之简单易懂、易操作。考虑一下要在演示文稿中包含的内容，并在下面表格中记录你们的想法。注意要让文稿声情并茂，让文稿中的用语及内容与学前儿童的年龄相适应。制作这个文稿的时候，考虑一切设计是否能让幼儿据此达到学习目标，并有助于理解框架问题。

1. "活动"演示文稿设计向导（如表 41 所示）

表 41　演示文稿设计向导

1. 总目标
2. "活动"演示文稿的标题
3. 为研究框架问题所要考虑的要素

2. 教学支持材料的整理（如表42所示）

表42　教学支持材料

1. 需要通过网络来查找的主题及参考资料
2. 收集"活动"演示文稿要用的其他资源
诸如：教科书、百科全书、其他资料等。

3. "活动"演示文稿的内容

为了达到预定的教学目标，"活动"演示文稿将包括：
➢ 活动标题
➢ 基本过程
➢ 多媒体材料（Flash、音频等）
➢ 图片、乐谱

为了保证以内容为重点，"活动"演示文稿将有表43中的项目。

表43　演示文稿项目

最少幻灯片数目		最多幻灯片数目	
最少图片数目		最多图片数目	
最少资源数目		最多资源数目	
最少网址链接数目		最多网址链接数目	
最少声音片段数目		最多声音片段数目	
最少视频片段数目		最多视频片段数目	

第三步：制作"活动"演示文稿。

1. 用设计卡策划"活动"演示文稿

用设计卡来规划学前儿童音乐教育"活动"演示文稿的教学内容和过程，并通过此类设计卡的完善逐步创建有效的"活动"演示文稿。

"活动"标题设计卡如表44所示

表44 活动标题设计卡

活动名称
XX幼儿园XX班级

"活动"基本过程设计卡组是指教学活动中所需的所有材料的演示文稿（如表45所示）。

表45 活动基本过程设计卡组

活动内容及过程 文本＋图片	活动内容及过程 文本＋声频
活动内容及过程 文本＋音像（Flash）	活动内容及过程 文本＋乐谱

2. 润色"活动"演示文稿

现在考虑将哪些设计特色添加到"活动"演示文稿中,每项特色都应该为增强教学内容的表现力服务,要符合学前儿童的认知能力,并在一定程度上激发他们的参与活动的兴趣,有助于教学目标的实现。可以从以下方面来润色学前儿童音乐教育"活动"演示文稿(如表46所示)。

表46 润色演示文稿

添加背景设计	➢ 根据小组设计的学前儿童音乐教育活动的主题、内容和符合儿童认知心理的原则选择 PowerPoint 中幻灯片应用设计模板,并为背景的色彩基调选择配色方案 ➢ 也可以通过网络查找选择适合的幻灯片背景
添加图片、图形	➢ 在幻灯片中使用文稿加图片的形式,利用看图说话来展开教学活动,使学前儿童的认知更直接、有效 ➢ 在幻灯片中添加图形,诸如韵律、舞蹈、音乐游戏等活动的队列图形;或其他培养多元智能的图形,诸如数列、文字、音符等。这些图形可使教学活动更直观有效
从 CD 和 VCD 中添加音乐和视频	➢ 在学前儿童音乐教育活动中使用音乐和视频(Flash 动画)可以刺激学前儿童的听觉和视觉感官,使幼儿的感知更深入,教学效果更好 ➢ 把需要添加的光盘上的音乐和视频上传到计算机上,并通过幻灯片插入菜单中的"影片和声音"设置播放功能,诸如动画顺序、播放格式等
从网络中添加音乐和视频(包括 Flash)	➢ 在学前儿童音乐教育活动中使用音乐和视频(Flash 动画)可以刺激学前儿童的听觉和视觉感官,使幼儿的感知更深入,教学效果更好 ➢ 把从网络中查找的音乐和视频(包括 Flash)添加到幻灯片中,可通过插入菜单中的"影片和声音"设置播放功能,诸如动画顺序、播放格式等
录制旁白或音乐	➢ PowerPoint 的录制旁白功能可以方便地将每页幻灯片相应的声音内容录制下来,并随着幻灯片的播放同时播放声音 ➢ 学前儿童音乐教育活动因其学科特点需要在教学活动中展示乐器、人声或大自然中形形色色的声音音响,录制旁白或音乐能使学前儿童更好地深入学科教学内容的认知学习

活动2：评价"活动"演示文稿

在这个活动中，对学前儿童音乐教育"活动"演示文稿的内容进行讨论评价，看它是否符合小组活动计划中所设定的教学目标。在评价过程中，请考虑以下问题（如表47所示）。

表47 制作"活动"演示文稿的问题

1. 为什么制作"活动"演示文稿？
2. "活动"演示文稿中的信息技术是否有效地增强了学前儿童的认知效果？
3. "活动"演示文稿是否关注、体现了基本问题和单元问题？
4. "活动"演示文稿是否能增强实际教学活动的效果？

请根据这次活动的内容理解脚注中的名词解释①。

第一步：创建"活动"演示文稿评价自查表（如表 48 所示）

表 48　"活动"演示文稿评价自查表

评价标准	自查项目	备注
技术整合	□ "活动"演示文稿中所使用的信息技术是否对幼儿有吸引力，是否符合幼儿的年龄特点，是否有利于幼儿的认知理解，是否能够支持培养多元智能和高级思维？ □ 信息技术是否是活动计划成功的不可或缺因素？ □ 信息技术是否展示了技术使用和幼儿认知理解之间的明显联系？ □ 是否通过把计算机和多媒体设备当做发布、交流工具提高了"活动"演示文稿的教学和科研价值？	
幼儿的认知理解	□ "活动"演示文稿是否展示了学前儿童教育活动中的学科、多元智能、高级思维或其他的综合信息？ □ "活动"演示文稿是否能表征学前儿童教育活动的拟定教学目标，并能回答框架问题（特别是基本问题和单元问题）？ □ "活动"演示文稿是否附和相关学科（音乐）领域的课程标准/大纲？ □ "活动"演示文稿是否易于调整，以便适用不同的学习者？	
实施	□ 是否能在实践教学活动中实施这个"活动"演示文稿？ □ 这个"活动"演示文稿是否易于修改并可在其他活动中实施？	

第二步：创建"活动"演示文稿评价工具

（1）浏览并借鉴附录 3 中的学前儿童音乐教育活动作品集范例中的"活动"演示文稿评价工具，也可以到下列网站，以便得到多媒体评价方面的更多启示。

量规之星：http://rubistar.4teachers.org 是一个英文网站，为多种量规提供了基本模板，在这些模板的基础上，针对具体的学前儿童音乐教育活动主题进行修改，从而生成适合于教学要求的评价量规。

（2）创建一个学前儿童音乐教育"活动"演示文稿评价工具。一个好的评价工具不仅可以为教育者提供量化的评价标准，更重要的是它可以引导学习者向既定的教学目标努力。

为小组的学前儿童音乐教育"活动"演示文稿创建评价工具之前，请考虑以下几个方面（如表 49 所示）。

---

① 绩效技术：是指人们在工作场所中通过一定的活动完成任务所形成的业绩或成果。绩效技术是指应用系统方法，通过对目标和行为的分析、设计、开发、实施、管理和评价，以达到工作业绩最大化的技术。

表 49 创建演示文稿评价工具的要求

内容	"活动"演示文稿要体现活动的特定主题，支持教学目标的实现，如： ➢ 教学目标 ➢ 框架问题 ➢ 活动概述 ➢ 多媒体 ➢ 图片、道具、教具
准确性	➢ 文字没有拼写和语法错误 ➢ 乐谱的记录要正确 ➢ 文字内容针对性强，要与图片、音频和视频配套 ➢ 任何信息都要正确、完整、有用、及时和有教学意义
设计和布局	➢ 美学："活动"演示文稿的布局及幻灯片顺序符合逻辑及美学观点，其结构有意义且设计风格统一，符合学前儿童的年龄特点，生动但不花哨，不能过度分散幼儿的注意力 ➢ 图片、音频和视频要与教学内容相关，并具有吸引力；且图片的应用不会削弱教学内容的表达 ➢ 文本、颜色和背景：文本通俗易懂，要符合学前儿童的年龄特点；背景的颜色与文本和图片的颜色相辅相成 ➢ 列表和表格：结构要合理，条理要清楚，位置要恰当 ➢ 链接：链接的格式要统一并有效
合作	能增强教师与学前儿童之间，以及幼儿之间的互动交流

第三步：评价"活动"演示文稿和评价工具

学前儿童音乐教育"活动"演示文稿的评价工具是本单元课程评价系统的重要组成部分。此评价工具不仅是对学前儿童音乐教育"活动"演示文稿的设计进行评估，也是对本单元课程教学内容进行过程性评价。"活动"演示文稿评价量规设计如表 50 所示，项目和内容可根据学科活动教学情况具体设定。

提示：为使评价量规的分数计算更为简便，可在 Excel 中制作"活动"演示文稿评价量规。总分会自动进行累加，并将结果显示在公式所在的单元格中。

表50 "活动"演示文稿评价量规

A	B	C	D	E	F
1			"活动"演示文稿评价量规		
2	小组	班级		日期	
3	项目（总分100）	优秀（1—0.85）	良好（0.84—0.7）	一般（<0.7）	得分
4	知识和信息 / 知识的掌握（20）	通过设计"活动"演示文稿掌握了PowerPoint的应用功能 完整地体现了教学目标内容和过程 能清晰地表达自己的教学观点，与幼儿良好互动	通过设计"活动"演示文稿基本掌握了PowerPoint的应用功能 较完整地体现了教学目标内容和过程 能清晰地表达自己的教学观点，能激发幼儿互动	通过设计"活动"演示文稿掌握了PowerPoint的一般应用功能 不能清楚地体现教学目标内容和过程 自己的教学观点不明确，师幼没有互动	
5	信息的收集（20）	信息的收集准确、完整、系统	信息的收集较准确、较完整、较系统	信息的收集无法提炼出教学内容，说明不了教学目的	
6	信息的处理（20）	能够熟练地把信息整合到"活动"演示文稿中 在演示文稿中整合的信息贴近教学内容和教学目标	能够在别人的帮助下把信息整合到"活动"演示文稿中 信息的整合内容贴近教学内容和教学目标	无法清楚地把信息整合到"活动"演示文稿中 无法将整合的信息贴近教学内容和教学目标	
7	其他 / 自我感受（10）	内容有独特的见解。有创新，令人耳目一新	内容能表达自己的1~2点认识和见解	内容完全引用信息资料，没有自己的独特的见解	
8	技术性（15）	采用的超链接合理、有效，使用的幻灯片较多	采用的超链接比较勉强，使用的幻灯片较少	采用的超链接不合理或无效，使用的幻灯片很少	
9	欣赏性（10）	底色或背景图案选择较好，符合学前儿童的年龄特点，能增强文稿的可欣赏性和教学意义	底色或背景图案选择恰当，较符合学前儿童的年龄特点，能改善文稿的可欣赏性和教学意义	无底色或背景图案，不符合学前儿童的年龄特点，无助于文稿的可欣赏性和教学意义	
10	信息引用记录（5）	能完整地记录下所有的资源来源	有一定的版权意识，但记录不完整	无信息引用记录	
11	加分项目	在收集信息时对完整性、准确性和系统性有特别的考虑和安排			
12		在运用表格、图片和多媒体音频和视频的处理及表达上做得很好			
13		小组分工合理、协同完成			
14	总评			总分	SUM F4：F13

活动 3：修订学前儿童音乐教育活动计划

在这个活动中，将再次修订各学习小组的学前儿童音乐教育活动计划中的教学过程，并修改其他部分。在"过程"部分，请描述学前儿童在整个音乐教育活动中需要参与的内容，使得整个教学或学习的过程和步骤比较清晰，并细化学前儿童音乐教育"活动"演示文稿中的内容和设计。

请特别细化学前儿童音乐教育"活动"演示文稿中的内容和设计，务必包括以下内容（如表 51 所示）。

表 51 "活动"演示文稿的内容和设计要求

"活动"演示文稿中的内容和设计包括以下内容：
□ 学前儿童学习任务的说明
□ 每项学习任务大约需要的时间
□ 对最低要求的说明，例如幻灯片、图片、动画、网络链接、声音及资源的最少数量等
□ 对音乐技能指导练习、独立练习、展示的说明及要求
□ 对在学前儿童音乐教育活动中如何运用"活动"演示文稿的说明

• **课外作业** •

活动 1：浏览更多的资源

浏览附录 5 或网络中关于学前儿童音乐教育活动计划（教案）模板和"活动"演示文稿的更多资源。

活动 2：修订学前儿童音乐教育活动的"活动"演示文稿

根据小组所设计的活动内容和过程添设、组织学前儿童音乐教育"活动"演示文稿及其播放设置。

活动 3：填写课程日志

填写表 8-52 中的各项内容，并在课程博客社区上发布"课程日志"，将自己在课程学习过程中的收获和感到困惑的问题填写在日志中，进行经验分享和答案支持。

表 52 课程日志（单元 4）

姓名		小组	
日期			
学前儿童音乐教育活动名称			
今天完成了哪些工作			
所遇到的问题			
解决方案			
下一周的目标			
备注			

单元5 过程与方法

•概述：主题 & 关键活动•

主题：评价策略

本单元主要讲述如何确定从学前儿童角度出发的音乐活动的评价策略性方法。

课堂活动

小组共享
共享："学前儿童音乐教育活动"演示文稿及其评价工具。
教法研讨
讨论：研究有效的评价策略。
活动1：创建学前儿童音乐教育活动评价策略
浏览：学前儿童音乐教育活动设计自查性评价表。
创设：学前儿童音乐教育活动设计自查性评价表的内容。
活动2：创设学前儿童音乐教育活动的教学记录评价
浏览：学前儿童音乐教育教学记录评价表。
创设：学前儿童音乐教育教学记录评价表的内容。
活动3：创设学前儿童音乐教育活动的教育评价
浏览：学前儿童音乐教育活动的教育评价表。
创设：学前儿童音乐教育活动的教育评价表的内容。
活动4：创设学前儿童音乐教育活动的反馈评价表
浏览、创设：学前儿童音乐教育活动的活动反馈评价表的内容。
活动5：修订学前儿童音乐教育活动计划
修改：在活动计划中添加学习目标和过程。

课外作业

活动1：修订学前儿童音乐教育活动作品集
修订：修订学前儿童音乐教育活动作品集。
活动2：整理网络、多媒体支持材料
整理：资源、素材引用记录。
活动3：填写课程日志
填写：关于此单元的课程日志。

• 课堂活动 •

小组共享:"学前儿童音乐教育活动"演示文稿及其评价工具

在这个活动中,班级内交流共享"学前儿童音乐教育活动"演示文稿及其评价工具,并在共享后提供反馈意见,主讲教师进行点评。

考虑以下问题(如表53所示)。

表53 关于"活动"演示文稿评价工具的问题

1. 评价工具是否符合学生的单元课程学习目标?
2. 评价工具是否关注基本问题和单元问题?
3. "学前儿童音乐教育活动"演示文稿教育信息技术的应用是否符合评价工具的要求和期望?

教法研讨：研究有效的评价策略

学习是一个教学相长的过程，如何使教育活动有效地实施，不仅要关注内容、过程的设计，还应具有系统的评价工具。此评价系统不仅针对所设计的学前儿童音乐教育活动的教学目标、活动方案、教育内容、材料、效果，以及教学过程的实际运行状况等的判断和评定过程进行诊断，也是对教师的理论知识与实践能力相结合研究的一种评估反馈，能改进和提高音乐教育实践工作的质量。

在这个活动中，请带着以下问题讨论"什么是有效的评价策略"（如表54所示）。

表54 有效的评价策略

1. 教育活动中的评价对象是谁？	□ 教师 □ 学生 □ 课程或活动 □ 教师和学生 □ 其他：
2. 评价的方法有哪些？	□ 观察法 □ 谈话法 □ 问卷法 □ 测试法 □ 综合评定法 □ 其他：
3. 评价的内容包括哪些？	□ 学前儿童音乐能力 □ 学前儿童音乐教育活动目标 □ 学前儿童音乐教育活动内容 □ 学前儿童音乐教育活动方法 □ 学前儿童音乐教育活动过程 □ 学前儿童音乐教育活动环境和材料 □ 学前儿童音乐教育活动效果 □ 学前儿童音乐教育工作 □ 其他：

活动1：创建学前儿童音乐教育活动评价策略

第一步：浏览学前儿童音乐教育活动设计自查性评价表

在这个活动中请先浏览附录3中的"学前儿童音乐教育活动设计自查性评价表"，并根据小组的活动设计来创设"学前儿童音乐教育活动设计自查性评价表"。

第二步：创设学前儿童音乐教育活动设计自查性评价表的内容

不同教学模式所要完成的教学任务和达到的教学目的不同，使用的程序和条件不同，当然其评价的方法和标准也有所不同。如何评价本单元课程中小组设计的"学前儿童音乐教育与活动"是否完成预设的教学任务，针对活动中教师的教学探索，形成一套和教学模式相适应的教学目标的评价方法、标准及内容，其中包括教学过程规范性自查（如表55所示）和教学反思[①]。

---

① 教学过程规范性自查：遵循教学过程规范性能够保证课堂教学的基本质量，教学过程规范性自查表可作为教师进行自我教学评价的参考。

表 55 "学前儿童音乐教育活动"教学过程规范性自查表

关注方面	规范性要求	解释
教学安排	活动是否有序,按照知识能力的递进原则循序渐进地讲解	教学内容的安排体现了教学循序渐进的原则
	每次教学活动既有讲解演示,又有操作练习	给学前儿童以实践的机会,是学前儿童音乐教育活动的特点之一
	每次教学活动的时间安排合理、有计划性	活动应集中教授,自成一体,不宜分在不同的时间段完成
	全体学前儿童集中学习	学前儿童在共同交往的基础上合作学习,互相帮助、共享成果
技术	网络信息及多媒体技术运用	将网络资源整合到"学前儿童音乐教育活动"的设计中,运用网络和多媒体技术来支持教与学,以培养支持研究、合作解决问题的能力
	不应以任何方式提高技术难度	学前儿童音乐教育活动的教学强调普遍性、完整性、稳定性和可操作性,教师将基本教育学理论知识、音乐知识和音乐技能合理地整合到教学活动中,不过分强调学科技术难度,以激发幼儿学习认知的兴趣为主
理念	强调以教学大纲和课程大纲为设计理念	强调学前儿童掌握基本的音乐知识技能,并培养其多元智能的认知和高级思维能力
	强调并督促教师从学前儿童角度出发设计音乐教育活动	以学前儿童为中心是音乐教育活动要表现的一个教育理念,这个理念将通过教师创造性的活动案例设计等方式体现出来
教法	重视学前儿童的集体活动	活动不但培养学前儿童的合作意识,更重要的是这种意识将影响他们日后的学习理念
	运用有效的教学方法	活动的主题都有其特定的目的,运用诸如明确的语言引导、技能模仿示范等方法支持教学的深入开展
	整个活动都是围绕学前儿童音乐教育活动的教育目标、组织和评价方法等进行	明确活动的教育目标、组织和评价方法可使学前儿童更容易把握音乐教育活动的内容,提高教学效果

建议幼儿教师在"学前儿童音乐教育与活动"结束后,反思其教学过程,看看有什么收获或不足?今后如何改进?这将对教师的专业发展和教学改进大有益处,表56是教师"教学反思表":

表56　教学反思表

活动名称:	
教学人数:	合格人数:
学期:	学时:
哪些方面做得比较好?	
哪些方面做得不够好?	
为使课堂教学更好展开还应做哪些改进工作?	
如何处理不同年龄段学前儿童音乐能力发展的个体差异?	
其他:	

活动 2：创设学前儿童音乐教育活动的教学记录评价

第一步：浏览学前儿童音乐教育教学记录评价表

在这个活动中请先浏览附录 3 中的"学前儿童音乐教育教学记录评价表"。根据小组的活动设计来创设"学前儿童音乐教育教学记录评价表"。

第二步：创设学前儿童音乐教育教学记录评价表的内容

学前儿童音乐教育活动的教学过程的评定、改进是基于教师对活动的观察记录来决定的。教师通过记录活动过程来获得学前儿童在活动中的音乐能力的发展和参与教育活动的情况，使教师积累更多教育对象的信息，具有教学借鉴作用。其类型方式包括原始记录评价、分类记录评价、目标导向记录评价。

1. 原始记录评价，有以下表现形式（如表 57～59 所示）

表 57　活动描述记录评价表

活动描述记录评价

表 58　活动观察记录评价表 A

日期：	班级：	幼儿姓名：
幼儿活动情况实录		教师分析

表 59　活动观察记录评价表 B

日期：	班级：
活动背景	
幼儿活动情况实录	
教师分析及调整	

2. 分类记录评价

分类记录评价是将学前儿童音乐教育活动的各种组成因素分门别类地作具体评价，请参详以下两个评价表的模式（如表 60、表 61 所示），可根据自己的活动创设更多的分类活动记录评价。

表 60　分类记录评价

日期：		班级：
	观察要点	幼儿活动情况实录
音乐区角		
韵律和舞蹈活动		
歌唱活动		
打击乐器活动		
音乐欣赏		
歌唱韵律活动		
音乐游戏		
识谱		

表 61　对活动材料、道具玩法的记录分析

日期：	班级：	活动名称：
材料、道具		
目标		
玩法		
活动行为能力		

3. 目标导向记录评价

任何教育活动都有清晰的教学目标和系统的教学内容，根据学前音乐教育活动的具体教学目标和音乐知识技能教学内容创设"目标导向记录评价"（如表 62、表 63 所示），有助于教师把握教学进度、灵活调整教学内容、正确分析学前儿童的音乐发展能力和教育发展目标。

表 62　指标记录评价表 A

日期：				班级：				幼儿姓名：							
幼儿活动情况实录															
教师分析															
音乐技能 1				音乐技能 2				音乐技能 3				合作行为			规则行为
Ⅰ	Ⅱ	Ⅲ	Ⅳ	Ⅰ	Ⅱ	Ⅲ	Ⅳ	Ⅰ	Ⅱ	Ⅲ	Ⅳ	Ⅰ	Ⅱ	Ⅲ	Ⅳ

表 63　指标记录评价表 B

日期：	班级：	幼儿姓名：
幼儿活动情况实录		活动内容、行为分析

发展评价				
音乐能力	社会性	想象创造力	经验	情感

活动3：创设学前儿童音乐教育活动的教育评价

第一步：浏览学前儿童音乐教育活动的教育评价表

在这个活动中请先浏览附录3中的"学前儿童音乐教育活动的教育评价表"范例，并根据小组的活动设计来创设"学前儿童音乐教育活动的教育评价表"。

第二步：创设学前儿童音乐教育活动的教育评价表的内容

学前儿童音乐教育活动的教学记录评价主要是综合等级评定方法，是特别针对常规性学前儿童音乐教育活动而设计的一种有综合评价指标体系的活动评价方法。通过综合等级评定，既可以对音乐活动的各个有关因素进行静态的分析和评价，也可以对音乐活动的各种状态进行动态的分析和评价，以此得到综合的评价信息。同时，将评价的结果以一种等级描述的形式表现出来，既便于定量分析，也便于定性分析；既可以适用于上级领导对音乐教育工作的实施进行测评或同行教师间的互评，也可以适用于教师的自我评价等。综合评价记录可包括以下评价内容（如表64所示）。

表64 音乐教育活动原始综合评价表

音乐教育活动原始综合评价记录			
活动名称：		教师：	
活动时间：		班级：	
		原始记录	分析评价
活动目标				
活动内容				
活动方法				
活动环境和材料				
活动过程	教师表现		
	师幼互动		
	组织形式		
	结构安排		
活动效果	情绪		
	注意力		
	参与性		
	目标达成		

表65 音乐教育活动定量评价表

序号	评价项目		评价标准			
			好	较好	一般	差
1	教师态度	活动准备				
2		精神面貌				
3	教师能力	活动设计				
4		活动组织				
5		活动指导				
6		音乐能力				
7	儿童表现	情绪态度				
8		内容掌握				
9		能力锻炼				
说明	1. 无记名填写本表 2. 实事求是，严肃认真 3. 在你认为符合的评价意见栏内划"√" 4. 评价时参考具体标准					

提示：表65可以用于教学评优，以及对教师音乐教学能力的鉴定、区别性评价。

在评价时应参考指定的具体评价标准，并根据等级转换成分值，进行数据统计。具体评价标准参看下列设计内容。

➤ 音乐教育活动定量评价表评价标准——教师态度（如表66所示）。

表66 教师态度评价标准

评价项目		音乐教育活动定量评价表评价标准			
		好	较好	一般	差
教师态度	活动准备	➤ 熟悉活动的内容及程序 ➤ 了解学前儿童的一般认知能力水平和个体差异 ➤ 对活动所需要的材料、场地等因素考虑充分、细致	➤ 熟悉活动的内容及程序 ➤ 了解学前儿童的一般音乐知识基础 ➤ 能考虑到活动所需要的材料、场地等因素	➤ 基本掌握活动的内容及程序 ➤ 了解学前儿童的一般音乐知识基础 ➤ 对活动所需要的材料、场地等因素考虑不周，会影响活动的顺利进行	➤ 对活动的内容及程序不清楚 ➤ 对学前儿童的一般音乐知识基础把握不够 ➤ 对活动所需要的材料、场地等因素欠考虑，会严重影响活动的顺利进行
	精神面貌	➤ 精神振奋，有教学热情 ➤ 对学前儿童态度亲切自然，交流沟通充分 ➤ 讲解示范对学前儿童具有吸引力	➤ 精神振奋，有教学热情 ➤ 对学前儿童态度亲切自然 ➤ 讲解示范比较吸引学前儿童	➤ 精神面貌一般，教学热情不足 ➤ 对学前儿童态度比较亲切自然，交流沟通充分 ➤ 讲解示范尚能引起学前儿童注意	➤ 情绪平淡，态度严肃 ➤ 对学前儿童态度急躁、没耐心 ➤ 讲解示范难以引起学前儿童注意

> 音乐教育活动定量评价表评价标准——教师能力（如表67所示）。

表67 教师能力评价标准

评价项目		音乐教育活动定量评价表评价标准			
		好	较好	一般	差
教师能力	活动设计	➢ 活动设计目的明确、内容充实、结构合理、层次清晰 ➢ 材料的选择、处理有独创性 ➢ 活动方案清楚、工整、规范、合理、完整	➢ 活动设计目的明确、内容充实、结构合理、层次清晰 ➢ 活动方案清楚、工整、规范、合理、完整	➢ 活动设计目的尚明确、内容较充实，结构、层次不够合理、清晰 ➢ 材料的选择、处理有独创性 ➢ 活动方案规范	➢ 活动设计目的不够明确、内容相互脱节、结构层次凌乱、分散 ➢ 活动方案不规范、不完整
	活动组织	➢ 能有效调动和始终保持大多数学前儿童参与活动的积极性、主动性 ➢ 能冷静地、有条不紊地追求教育活动的目标，执行教育活动的计划 ➢ 能灵活地根据学前儿童的实际情况及时调整教育活动的目标或计划	➢ 能努力调动和保持学前儿童参与活动的积极性 ➢ 能明确教育活动的目标，执行教育活动的计划 ➢ 能注意调整教育活动程序中不当的环节	➢ 尚能注意激发学前儿童参与活动的积极性 ➢ 能明确教育活动的目标，执行教育活动的计划	➢ 不注意激发学前儿童参与活动的积极性 ➢ 不能明确教育活动的目标，执行教育活动的计划，会经常出现遗漏
	活动指导	➢ 讲解示范准确、熟练、清晰，能够为学前儿童所接受 ➢ 能熟练利用角色变化来引导幼儿学习 ➢ 能通过提问有效地激发学前儿童的独立思考和互相交流 ➢ 能适时适度地给幼儿以具体帮助 ➢ 能针对个体差异进行指导	➢ 讲解示范准确、熟练、清晰，能够为学前儿童所接受 ➢ 尚能注意利用角色变化来引导幼儿学习 ➢ 尚能注意用提问的方式来激发学前儿童的独立思考和互相交流 ➢ 能给幼儿以具体帮助	➢ 讲解示范比较准确、熟练、清晰 ➢ 偶尔也能利用角色变化来引导幼儿学习 ➢ 偶尔也能给幼儿以具体帮助	➢ 讲解示范不够准确、熟练、清晰 ➢ 很少能给幼儿以具体帮助，并经常斥责幼儿
	音乐能力	➢ 示范表演有很强的艺术表现力和感染力 ➢ 乐器演奏熟练，且具有很强的艺术表现力和感染力 ➢ 分析、讲述音乐的内容、形象、结构等元素并做到准确、清晰、富于艺术性和童趣	➢ 示范表演有一定的艺术表现力和感染力 ➢ 乐器演奏比较熟练，且具有很强的艺术表现力和感染力 ➢ 能比较准确、清晰地分析、讲述音乐的内容、形象、结构等元素，有一定的艺术性和童趣	➢ 示范表演缺乏艺术表现力和感染力 ➢ 乐器演奏尚完整连贯 ➢ 尚能准确、清晰地分析、讲述音乐的内容、形象、结构等元素	➢ 示范表演缺乏艺术表现力和感染力 ➢ 乐器演奏错误较多，不连贯 ➢ 不够准确、清晰地分析、讲述音乐的内容、形象、结构等元素

➤ 音乐教育活动定量评价表评价标准——儿童表现（如表 68 所示）。

表 68　儿童表现评价

评价项目		音乐教育活动定量评价表评价标准			
		好	较好	一般	差
儿童表现	情绪态度	➤ 学前儿童在音乐活动中能够始终保持轻松、愉快的情绪，积极热情地参与活动 ➤ 学前儿童能够注意力集中地倾听、观看教师或其他儿童的表演、参与	➤ 学前儿童在音乐活动中能够经常保持轻松、愉快的情绪，多数幼儿能积极热情地参与活动 ➤ 在教师或其他儿童表演、参与时，学前儿童一般尚能集中注意力地倾听观看	➤ 学前儿童在感兴趣的活动环节中显示轻松、愉快 ➤ 学前儿童偶尔注意力集中地倾听、观看教师或其他儿童的表演、参与	➤ 学前儿童对整个音乐活动无兴趣、热情，常显得疲惫、不耐烦 ➤ 学前儿童不能够注意力集中地倾听、观看教师或其他儿童的表演、参与，会做小动作
	内容掌握	➤ 绝大多数学前儿童掌握了音乐活动的主要内容，学习质量好	➤ 多数学前儿童掌握了音乐活动的主要内容，学习质量较好	➤ 部分学前儿童掌握了音乐活动的主要内容，学习质量一般	➤ 多数学前儿童没有掌握音乐活动的主要内容，学习质量差
	能力锻炼	➤ 大多数学前儿童在音乐活动中获得了能力锻炼的机会，有一定进步	➤ 部分学前儿童在音乐活动中获得了能力锻炼的机会，稍有进步	➤ 少数学前儿童在音乐活动中获得了能力锻炼的机会，进步不大	➤ 学前儿童在音乐活动中极少有能力锻炼的机会

活动 4：创设学前儿童音乐教育活动的反馈评价表

浏览并创设学前儿童音乐教育活动的反馈评价表的内容

教师的教学行为和构思还应得到同行、教育研究者和上级领导的点评，表 69 可记录同行专家对幼儿教师组织公开音乐活动教学的反馈和评价，使幼儿教师得到客观的数据和建议，有助于教学反思和改进以及教科研探讨。

表 69　听课、评课记录

学前儿童音乐教育活动听课、评课记录表			
授课教师		任职班级	
课程名称		教学形式	
上课时间		上课地点	
共同听课人			
听课后的评价			
授课情况	从教学活动内容、教学方法、教学态度、教学效果等方面的书面意见。		
幼儿情况	从学习态度、教学秩序、课堂纪律等方面写出意见。		
总体评价和建议			

活动 5：修订学前儿童音乐教育活动计划

在这个活动中，每个小组将重新浏览各自的学前儿童音乐教育活动中的"过程（教学或学习过程）"部分，添加一些必要的过程，使整个学前儿童音乐教育教学或学习过程比较清晰，请特别关注并添加以下内容。

（1）查看本书中篇第四章中的"学前儿童音乐能力年龄阶段目标"，参照附录 2《上海市学前教育课程指南》进行教学目标的增删与修订。

（2）将本单元针对学前儿童音乐活动过程中的评价工具添加到活动设计中的各相关环节。

• 课外作业 •

活动1：修订学前儿童音乐教育活动作品集

在本单元中，我们讨论并设计了配合学前儿童音乐教育活动的教育教学评价工具，打开活动计划文件夹，将创建的和活动相关的评价工具添加进去，在评价的基础上进行学前儿童音乐教育活动作品集内容的修改。

活动2：整理网络、多媒体支持材料

整理各类资源、素材，并修订引用记录。

活动3：填写课程日志

填写表70中的各项内容，并在课程博客社区上发布"课程日志"，将自己在课程学习过程中的收获和感到困惑的问题填写在日志中，进行经验分享和答案支持。

表70　课程日志（单元5）

姓名		小组	
日期			
学前儿童音乐教育活动名称			
今天完成了哪些工作			
所遇到的问题			
解决方案			
下一周的目标			
备注			

单元 6 技术助学

• 概述：主题 & 关键活动 •

主题：教学支持资源

本单元主要讲述教师作为学前儿童音乐教学活动的助学者，探索、创建教学支持材料和方法。

课堂活动

小组共享
共享：教学评价的教科研意义。
教法研讨
讨论：研究问题策略以促进高级思维。
活动 1：确定介入学前儿童音乐教育活动的方法
浏览：学前儿童音乐教育活动作品集范例中的提问范例。
讨论：如何创设学前儿童音乐教育活动中的提问。
创设：学前儿童音乐教育活动的教学情境。
活动 2：创设助学材料
选择：音乐材料。
设计制作：学前儿童音乐教育活动道具。
选定：学前儿童音乐教育活动教具。

课外作业

活动 1：修订学前儿童音乐教育活动计划
活动 2：填写课程日志
填写：关于此单元的课程日志。

• 课堂活动 •

小组共享：教学评价的教科研意义

在这个活动中，班级内交流共享每个小组设计的音乐教育活动的相关教育教学评价工具，并提供反馈、补充建议，主讲教师进行点评，共同探讨教育教学评价的教科研意义是什么。

考虑以下问题（如表71所示）。

表71　教育教学评价的问题

1. 教育教学评价的对象是谁？
2. 学前儿童音乐教育活动的评价内容是什么？
3. 学前儿童音乐教育活动的评价原则是什么？
4. 学前儿童音乐教育活动的评价方法有哪些？

教法研讨：研究问题策略以促进高级思维

在这个活动中，主讲教师应把自己在实际教学中"如何介入学前儿童音乐教育活动的方法的经验"[①] 和学生分享，并一起研讨运用什么方法把"框架问题"和提问技巧整合到教学过程中？

请讨论、思考以下问题（如表 72 所示）。

表72 介入学前儿童音乐教育活动的方法

1. 教师如何介入学前儿童音乐教育活动？
2. 直接介入的方法有哪些？
3. 间接介入的方法有哪些？

---

① "如何介入学前儿童音乐教育活动的方法的经验"可参考本书第 7 章六的内容。

活动1：确定介入学前儿童音乐教育活动的方法[①]

第一步：浏览附录中的学前儿童音乐教育活动作品集中的提问策略范例

结合小组的活动设计浏览附录6的学前儿童音乐教育活动作品集范例中的提问范例，关注问题的创设是如何为达到学习目标和探究活动的框架问题而服务的。

第二步：讨论如何创设学前儿童音乐教育活动中的提问

要以学前儿童的身份来构思、创建活动中的提问，使之简单易懂。考虑一下提问的策略、程序和内容，并在表73中记录你们的想法。

表73　提问策略的思考

1. 提问如何配合活动过程的阶段性教学目标？
2. 提问的方法有哪些？
3. 如何使学前儿童音乐活动中的问题用语及内容与学前儿童的年龄相适应？

[①] "介入学前儿童音乐教育活动的方法"可参考本书第1章二（二）、第7章六的内容。

提问与讨论。首先，倾听学前儿童的问题是教师运用提问与指导策略的第一要素。问题的类型有：与音乐教学内容有关的，与学前儿童生活相关的，从多元角度、分层次提出的，再想象和创造情境中提出的。其次，教师应具有判断问题价值的能力。另外，教师通过提问和讨论触发行为生成。教师在提问和讨论中引发学前儿童探究的兴趣，发展学前儿童的学习经验，拓展学前儿童的幻想与创造空间。

第三步：创设学前儿童音乐教育活动的教学情境①

为了更好地修订完善学前儿童音乐教育活动计划，请理解脚注中的"教学情境"的名词注释。教学情境是课堂教学的基本要素，创设教学情境是教师的一项常规教学工作，创设有价值的教学情境则是教学改革的重要追求，也是创建学前儿童音乐教育活动的实践基础。

在这个活动中，小组内讨论如何创设学前儿童音乐教育活动中的教学情境，并带着以下问题进行思考（如表74所示）。

表74 创设教学情境的思考

1. 有价值的学前儿童音乐教育活动中的教学情景特性包括：
□ 生活性　　　□ 形象性　　　□ 学科性　　　□ 问题性　　　□ 情感性
2. 讨论以上教学情境特性在学前儿童音乐教育活动中的作用和意义是什么？

---

① 教学情境是指教师在教学过程中创设的情感氛围。"境"是教学环境，它既包括学生所处的物理环境，如学校的各种硬件设施，也包括学校的各种软件设施，如教室的陈设与布置，学校的卫生、绿化以及教师的技能、技巧和责任心等。教学情境也是指具有一定情感氛围的教学活动。孔子说："不愤不启，不悱不发，举一隅不以三隅反，则不复也。"孔子的这段话，在肯定启发作用的情况下，尤其强调了启发学生进入学习情境的重要性，所以良好的教学情境能充分调动学生学习的主动性和积极性，启发学生思维，开发学生智力，是提高学科教学实效的重要途径。

活动 2：创设助学材料

第一步：选择音乐材料①

学前儿童音乐教育活动的设计应从选材出发，如何识别、甄选适合学前儿童音乐教育的音乐作品是至关重要的，我们可以从题材和具体音乐活动内容性质着手选择符合学前儿童身心发展和学前儿童音乐教育特点的音乐作品。

在这个活动中，各小组将为其所设计的学前音乐教育活动确定音乐选材，包括音乐作品的选择、教具（乐器）的选择。请参详表 75 中的内容，确定各小组学前儿童音乐教育活动的音乐选材。

表 75　学前儿童音乐教育活动的音乐选材

1. 如何识别、甄选适合学前儿童音乐教育的音乐作品？	
2. 学前儿童音乐作品的题材是什么？	
游戏题材	
生活题材	
童话题材	
大自然题材	

---

① "音乐材料"的选择可参考本书第 7 章二、三和单元 1 的内容。

续表

3. 如何为学前儿童歌唱活动选择歌曲作品？	
歌词	
曲调	
4. 如何为学前儿童韵律和舞蹈活动选择的配乐？	
旋律优美	
节奏感强	
音乐形象鲜明	
结构工整	
5. 如何为学前儿童打击乐器演奏活动选择配乐？	
配乐	
纯打击乐曲	
6. 如何为学前儿童打击乐器演奏活动选择打击乐器及伴奏乐器？	
音色	
重量和大小	
演奏方法	
7. 如何为学前儿童音乐欣赏活动选择音乐作品？	
题材	
体裁	
内容	
曲式	
风格	

续表

8. 如何为学前儿童音乐教育活动设计教学乐谱的内容?	
记谱法的选择 （五线谱 & 简谱）	
节奏型	
词谱一体	
9. 如何为学前儿童韵律和舞蹈活动设计动作及动作组合？	
律动	□ 基本动作　□ 模仿动作　□ 舞蹈动作
律动组合	□ 身体节奏动作组合　□ 模仿动作组合
舞蹈动作	□ 芭蕾舞的基本动作　□ 民族舞蹈的基本动作　□ 国标舞蹈的基本动作　□ 其他
舞蹈动作组合	□ 芭蕾舞组合　□ 民族舞组合（西藏舞组合、彝族舞组合、秧歌舞组合、铃鼓舞等）　□ 国标舞组合（牛仔舞、恰恰等）　□ 环操　□ 绳操　□ 其他
舞蹈及其表现形式	□ 集体舞　□ 邀请舞　□ 表演舞　□ 独舞　□ 双人舞

第二步：设计制作学前儿童音乐教育活动道具

在学前儿童韵律和舞蹈活动中，道具不仅能增强活动的艺术性，还可以辅助儿童更有效地参与活动。所以在为学前儿童韵律和舞蹈活动选择道具时，应注意：

➢ 艺术表现力
➢ 制作简单
➢ 操作便捷

第三步：选定学前儿童音乐教育活动教具

教具是学前儿童音乐教育活动中不可缺少的，它包括钢琴、乐器、曲谱、图片、计算机等。这些教具都需根据教学活动的需要特别制定，小组应在设计活动计划时考虑到这些因素。

• 课外作业 •

活动1：修订学前儿童音乐教育活动计划

在本单元中，我们学习了如何确定介入学前儿童音乐教育活动的方法，使教师与学前儿童互为指导主体，通过设计活动道具和教具来配合音乐活动的开展。打开单元计划，把与活动相关的介入活动的方法和助学材料整理到单元计划中，完善、充实单元计划的素材和内容，实现技术助学。

活动2：填写课程日志

填写表76中的各项内容，并在课程博客社区上发布"课程日志"，将自己在课程学习过程中的收获和感到困惑的问题填写在日志中，进行经验分享和答案支持。

表76　课程日志（单元6）

姓名		小组	
日期			
学前儿童音乐教育活动名称			
今天完成了哪些工作			
所遇到的问题			
解决方案			
下一周的目标			
备注			

单元7 制订情景模拟教学展演活动实施计划

• 概述：主题 & 关键活动 •

主题：情景模拟教学展演

本单元主要讲述如何为学前儿童音乐教育活动的情景模拟教学展演设计实施方案。

课堂活动

小组共享
共享：教学支持材料。
教法研讨
讨论：如何管理学前儿童音乐教育活动中的学前儿童。
活动1：创建学前儿童音乐教育活动情景模拟教学展演的实施计划
讨论：实施计划。
创建：情景模拟教学展演实施计划。
活动2：创建学前儿童音乐教育活动管理文档
创建：材料、资源文档并分类。
活动3：整合学前儿童音乐教育活动作品集
组织、整理：学前儿童音乐教育活动作品集文件夹。
完成：学前儿童音乐教育活动作品集。
展示：学前儿童音乐教育活动作品集。
评价：学前儿童音乐教育活动作品集。

课外作业

活动1：准备学前儿童音乐教育活动的情景模拟教学展演
活动2：填写课程日志
填写：关于此单元的课程日志。

• 课堂活动 •

小组共享：教学支持材料

在这个活动中，小组中交流共享在单元 6 中创建的教师教学支持材料（助学材料），并提出反馈、修改建议（如表 77 所示）。

表 77　教学支持材料的修改建议

教师教学支持材料的修改建议：

提示：如果在讨论中有好的建议，应该在全班范围内交流共享。

教法研讨：如何管理学前儿童音乐教育活动中的学前儿童[①]

与其他学科活动中的其他年龄段的学生相比较，管理学前儿童音乐活动中的幼儿需要不同的策略，在理解脚注中的名词解释后，讨论在学前儿童音乐教育活动中管理幼儿的最佳技巧[②]。

列出学前儿童音乐教育活动中潜在的问题，讨论可能防止或解决这些问题的策略（如表78所示）。

表78　学前儿童音乐教育活动中的潜在问题及对策

潜在的问题	对　　策

如何管理准备好的教学资源，实现理想的教学过程管理？请列出各自的想法（如表79所示）。

表79　关于管理教学资源和教学过程的建议

列出如何管理准备好的教学资源，实现理想的教学过程管理的想法、建议：

[①] 参考本书第1章二（二）、第7章六来理解"如何管理学前儿童音乐教育活动中的学前儿童"。

[②] 教学资源管理：是指通过对教学资源的计划、组织、协调和评价，以实现既定教学目标的活动过程。教学资源管理包括硬件资源的管理和软件资源的管理。

教学过程管理是教学活动展开的过程，就是对这一过程所涉及的各种要素及活动的管理。

项目管理是指致力于完成具有独特性的产品或服务的一次性工作。学校或幼儿园教育中的项目管理，是指对学校或幼儿园特定教育教学项目的计划、组织、监督与调控。项目管理在学校或幼儿园教育中主要应用于教学系统设计、教学资源开发、教育应用技术和教育改革实验等开发项目与研究课题中。

活动1：创建学前儿童音乐教育活动情景模拟教学展演的实施计划

由于幼儿师范学生在学习此课程时不具备实践操作学前儿童音乐教育活动的能力和经验。因此，小组根据本课程内容设计的学前儿童音乐教育活动的成果最终将以各小组"情景模拟教学展演"的方式呈现。这个活动中，小组为各自设计的学前儿童教育活动在班级中的展演创建实施计划。

第一步：讨论实施计划

为了确保展演的顺利实施，仔细考虑展演前的排演、展演过程中及展演后应该做哪些事情？带着以下问题来协助小组创建"情景模拟教学展演"的实施计划（如表80所示）。

表80 讨论"情景模拟教学展演"实施计划

1. 在学前儿童音乐教育活动实施之前需要添加什么硬件和软件？	
硬件	教具、道具
软件	"介绍活动"演示文稿PPT、"活动"演示文稿PPT、音像Flash、音响等多媒体
2. 怎样获取以上的硬件和软件？	
3. 在学前儿童音乐教育活动实施之前需要学会哪些教育教学技术？	
4. 是否需要其他小组的成员或主讲教师来帮忙？	
5. 为了完成这个学前儿童音乐教育活动的情景模拟教学展演，小组成员如何分配活动中的角色和排演、展演时间？	

第二步：情景模拟教学展演实施计划的创建

在这个活动中，小组商讨、创建一个情景模拟教学展演实施计划，包括一个确保活动展演顺利实施的角色分配及排演、展演时间表（如表81所示）。

表 81　情景模拟教学展演实施计划

模拟情景教学活动展演						
角色分配	活动主持人	讲解"介绍活动"演示文稿；安排组织展演过程			姓名：	
	主持活动的教师	扮演幼儿园中主持教学活动的教师角色，熟悉教学目标、教学过程、管理幼儿，运用有效的教学方法教授音乐活动			姓名：	
	主持活动的助理教师	扮演协助幼儿园中主持教学活动的教师的助理教师角色，配合主持教学活动的教师组织教学活动，并给以活动中的幼儿提示、示范和帮助			姓名：	
	活动中的学前儿童	扮演参与学前儿童音乐教育活动中的幼儿，要以幼儿的心态和视角参与活动、学习，与教师互动			姓名：	
	课件操作者	展演活动中负责操作"活动"演示文稿PPT、多媒体等设备配合活动展演的实施			姓名：	
模拟情景教学活动展演		次数	时间	内容	负责人	备注
	排演	至少2~3次集体排演	每次2~3个课时	有计划、阶段性地安排排演内容	小组长负责组织、安排、协调	记录、考勤
	展演	至少1次公开演出	20~30分钟	讲解"介绍活动"演示文稿；活动演示文稿＋活动展演	主讲教师和小组长负责组织、安排、协调	记录、考勤、点评

活动2：创建学前儿童音乐教育活动管理文档

在这个活动中，小组将创建管理文档来辅助学前儿童教育活动情景模拟教学展演的实施。为了更好地管理情景模拟教学展演的实施，需要哪些文档和条目？可以参照活动作品集文件夹①设计活动展示中应用的文档条目，请参考以下文档分类及条目（如表82所示）。

表 82　活动管理文档

□ 学前儿童音乐教育活动支持材料的应用（多媒体、音频、视频等）
□ 学前儿童音乐教育活动的介绍活动演示文稿
□ 学前儿童音乐教育活动的展示活动演示文稿
□ 学前儿童音乐教育活动的道具及教具
□ 计算机软、硬件使用指导说明

---

① 活动作品集文件夹的内容请参详本书下篇单元0中的活动3。

活动3：整合学前儿童音乐教育活动作品集[①]

在这个活动中，小组中的成员一起组织、整合小组设计的学前音乐教育活动作品集。根据附录中学前儿童音乐教育活动的范例检查作品集中的每一类文档和材料，进行归类整理，删除不必要的材料（或将这些材料重新建立一个档案夹）。

第一步：组织、整理学前儿童音乐教育活动作品集文件夹

检查活动作品集中的每一类文档和材料，进行确认、组织、归类和整理。

1. 学前儿童音乐教育活动支持材料文件夹（如表83所示）

表83 活动支持材料

二级文档	三级文档	四级文档	五级文档
活动支持材料	多媒体资料	视频	
		声音	
	网络资源	文档	
		网站、网页	

2. 学前儿童音乐教育活动计划（如表84所示）

表84 活动计划

二级文档	三级文档	四级文档	五级文档
活动计划	活动计划（教案）	活动概况	
		教学目标	
		学科领域	
		活动材料及资源	
		学前儿童音乐教育活动过程	
	演示文稿	介绍活动	
		活动展演	
	活动道具及教具	道具	
		教具	
	情景模拟教学活动展演	展演实施计划	时间表（排演、展演）
			管理文档

---

① 参考本书下篇单元0中的"活动作品集文件夹"来组织整合"学前儿童音乐教育活动作品集"。

3. 学前儿童音乐教育活动的评价工具（如表85所示）

表85　评价工具

二级文档	三级文档	四级文档	五级文档
评价工具	学前儿童音乐教育活动设计、实施的评价工具	活动作品集自查表	
		活动作品集评价量规	
		学前儿童音乐教育活动听课、评课记录表	
		教学反思表	
		教学过程规范性自查表	
	"学前儿童音乐教育活动"单元课程的评价工具	课前测评	
		课程日志①	
		教学过程规范性自查表	
		"活动"演示文稿评价量规	
		课程过程性测评体系②	第一次测评
			第二次测评
			第三次测评
		教学反思表（主讲教师）	
		学习体会或总结	
	学前儿童音乐教育活动的评价记录	原始记录评价	活动描述记录评价表
			活动观察记录评价表A、B
		分类记录评价	分类记录评价表
			对活动材料玩法的记录分析表
		目标导向记录评价	指标记录评价表A、B
		音乐教育活动综合评价	音乐教育活动原始综合评价记录表
			音乐教育活动定量评价表
	情景模拟教学活动展演评价工具	学前儿童音乐教育活动情景模拟教学展演活动记录、评价表（学生）	
		学前儿童音乐教育活动情景模拟教学展演评价表（主讲教师）	

---

① 从单元0开始，每个单元都有"课程日志"，请认真填写、交流。
② 主讲教师从单元1开始就引领学生参与"课程过程性测评"，其具体实施细则请参详单元8、附录3。

第二步：完成学前儿童音乐活动作品集

在这个活动中，小组在活动排演前和排演中检查、确定、完成学前儿童音乐教育活动作品集中所需的所有文件。回顾一下小组活动作品集中是否体现了教育信息化？有哪些地方的教育信息技术和音乐学科及教学做了较好的整合？整个教学系统是否准备充分、完整？请在表86记录修改的条目。

表86　教育信息化和学科教学的整合问题

1. 是否体现了教育信息化？
2. 有哪些地方的教育信息技术及音乐学科及教学做了较好的整合？
3. 整个教学系统是否准备充分、完整？

第三步：展示学前儿童音乐教育活动作品集

各小组如何有效地在全班范围内展示各小组的学前儿童音乐教育活动作品集，请参详以下建议（如表87所示）。

表87　有效展示活动作品集的问题

1. 如何在10~15分钟的时间内，有效地在全班范围内展示小组的学前儿童音乐教育活动单元作品集？
2. 设计"介绍活动"演示文稿和"学前儿童音乐教育活动"演示文稿的讲解文稿。
3. 设计"介绍学前儿童音乐教育活动单元作品集"的讲解文稿。

第四步：评价"学前儿童音乐教育活动作品集"

主讲教师引导学生参照附录中3中的的"学前儿童音乐教育活动作品集评价量规"，认真评定各小组的活动作品集是否符合量规中的"优秀"标准。

• **课外作业**•

活动1：准备学前儿童音乐教育活动的情景模拟教学展演

为了准备学前儿童音乐教育活动的情景模拟教学展演，小组要进行排演活动，小组成员根据分配的教学角色合理分工、进行排演，为有效、成功地进行学前儿童音乐教育活动的情景模拟教学展演做准备。请注意以下准备事项（如表88所示）。

表88　活动准备事项

1. 如何在20～30分钟的时间内，有效地在全班范围内展示小组的学前儿童音乐教育活动？	
2. 如何把多媒体、教育信息技术和"介绍"活动演示文稿及"学前儿童音乐教育活动"演示文稿合理、有效地运用到活动展演中？	
3. 设计学前儿童音乐教育活动展演的主持文稿。	
活动主持人	
主持活动的教师	
主持活动的助理教师	
活动中的幼儿	
课件操作者	
4. 模拟情景教学活动展演	
排演	
展演	

活动 2：填写课程日志

填写表 89 中的各项内容，并在课程博客社区上发布"课程日志"，将自己在课程学习过程中的收获和感到困惑的问题填写在日志中，进行经验分享和答案支持。

表 89　课程日志（单元 7）

姓名		小组	
日期			
学前儿童音乐教育活动名称			
今天完成了哪些工作			
所遇到的问题			
解决方案			
下一周的目标			
备注			

单元 8　情景模拟教学活动展演

· 概述：主题 & 关键活动 ·

主题：交流学习

本单元主要讲述交流学习，共享学习成果。

课堂活动

活动 1：准备工作
活动 2：展示、评价学前儿童音乐教育活动
完成：情景模拟教学展演。
评价：学前儿童音乐教育活动情景模拟教学展演。

课外作业

活动 1：填写学习体会或总结
填写：学习体会或总结
活动 2："学前儿童音乐教育与活动设计"单元课程的过程性测评

• 课堂活动 •

活动1：准备工作

学前儿童音乐教育活动的情景模拟教学展演分别有两方面的准备工作：小组学员、课程主讲教师。

1. 小组学员
   - 分饰情景模拟教学展演活动中的主持活动教师、助教、学前儿童的角色，并分别检查各自的活动材料、道具、教具、讲稿等。
   - 负责操作计算机、多媒体的学生检查设备是否正常，并对多媒体教学辅助材料（如PPT、音像资源）进行检测。
   - 负责讲解活动的学员检查"学前儿童音乐教育活动"演示文稿及其他教学文档，诸如乐谱、图片等。

2. 主讲教师
   - 计划、安排每个小组参加情景模拟教学展演活动的时间。
   - 准备主持情景模拟教学展演的讲稿。
   - 设计情景模拟教学展演的评价记录。
   - 在情景模拟教学展演后进行每个小组活动设计及展演的点评和总评。

活动2：展示、评价学前儿童音乐教育活动

这个活动的目的是学生之间共享各小组设计的最终的学前儿童音乐教育活动方案并提出修改建议和有效的评价反馈。

第一步：完成情景模拟教学展演

主讲教师作为活动的组织者、参与者、主持者，安排、协助各小组完成各自的学前儿童音乐教育活动的情景模拟教学展演。

主讲教师在情景模拟教学展演中的任务可参考下列项目：
- 组织、安排各小组的展演活动。
- 记录评价小组展演活动。
- 在每个小组的展演结束后，对活动设计进行点评、并提出修改建议。
- 展演活动结束后，以"学前儿童音乐教育与活动设计"为题做综述性的讲评，内容包括：确定学前儿童音乐教育活动的内容、教学目标（主要针对学前儿童音乐教育能力年龄阶段目标来设计）、活动环境的创设、教师介入学前儿童音乐教育活动的方法以及教育教学评价工具等。

第二步：评价学前儿童音乐教育活动情景模拟教学展演

主讲教师和其他学生在观看各小组的情景模拟教学展演时，将记录、评价整个活动内容及设计，并给出相应的修改建议，以便在以后的实习或工作中能将此次学前儿童音乐教育教学活动有效地实施。请主讲教师和学生认真填写表90和表91，主讲教师负责收集、总汇。

表 90　学前儿童音乐教育活动情景模拟教学展演活动记录、评价表（学生）

活动小组		活动时间	
活动主题			
小组成员			
情景模拟教学展演的评价			
活动展演情况	从活动内容、教学方法、教学态度、教学效果等方面的建议		
幼儿情况	从参与态度、教学秩序、学习情况等方面写出建议		
总体评价和建议			

参评者（签名）：_____

表 91 学前儿童音乐教育活动情景模拟教学展演评价表（主讲教师）

评价指标			评审意见
技术整合	多媒体应用	亮点	
		改进建议	
	教具、道具应用	亮点	
		改进建议	
活动展示效果	活动过程连贯、清晰、完整	亮点	
		改进建议	
	适宜、创新	亮点	
		改进建议	
	角色扮演效果	亮点	
		改进建议	
教学目标	框架问题	亮点	
		改进建议	
活动内容	学前儿童学习、掌握音乐学科知识和技能的情况	亮点	
		改进建议	
	教师教学中传授音乐知识、技能的方法	亮点	
		改进建议	
	教师如何引导幼儿进行高层次的思维目标？	亮点	
		改进建议	
其他建议			

• **课外作业** •

活动1：填写学习体会或总结

填写表92中的各项内容，并在课程博客社区上当作本单元的"课程日志"发布，本次课程日志是将自己在整个学前儿童音乐教育与活动设计单元课程的学习、设计过程进行2000字的反思，并作为"课程日志"进行经验分享和答案支持。

表92 学习体会与总结

姓名		小组	
日期			
学前儿童音乐教育活动名称			
学前儿童音乐教育与活动设计单元课程的学习反思			
学前儿童音乐教育活动设计及情景模拟教学展演反思			

活动 2："学前儿童音乐教育与活动设计"单元课程的过程性测评[①]

过程性测评是学前儿童音乐教育与活动设计单元课程多元化评价系统发展完善的重要组成部分。课程的主讲教师应客观公正地为每位参加学前儿童音乐教育与活动设计单元课程的学生进行整个课程学习的过程性测评，测评结果将作为学生参加本课程学习的最终成绩。

1. 主讲教师的职责
➢ 主讲教师是过程性测评的责任者和具体操作者，态度要公正认真。
➢ 主讲教师应熟练掌握过程性测评的原则、标准和方法。
➢ 主讲教师应注意整个单元的教学过程中学生在学习理念和方法、学习态度与情感、教学设计能力、教育信息技术的操作能力等方面的实际学习效果，为测评打好基础。
➢ 主讲教师应按照三次测评的时间和顺序，依次完成测评工作。

2. 测评体系评价指导
➢ 测评体系中共有 4 个一级指标，14 个二级指标，在单元课程的教学过程中依次进行 3 次测评。
➢ 第一次测评（7 个二级指标）由学生自评。
➢ 第二次测评（8 个二级指标）由学生在学习小组内互评。
➢ 第三次测评（7 个二级指标）由主讲教师评定，其中有三个指标由学生再次自评。
➢ 测评体系中有八个二级指标，分 2 次测评。同一个指标的第一次测评和第二次测评所占的比率分别为 30% 和 70%。
➢ 每个指标的测评分四个等级，依次为 A＝优秀［90～100 分］，B＝良好［80～90 分］，C＝合格［60～80 分］，D＝不合格［＜60 分，即 60 分以下，不包括 60 分］。
➢ 测评体系中由主讲教师评定的指标 B1（出勤）或 D1（情景模拟教学展演和作品集完成情况）若被定级为不合格，则该学生的总成绩即为不合格。
➢ 主讲教师应该严格地、认真地按照标准进行测评，一般情况下，优秀率控制在 20% 以下。

[①] 三次测评的指标、参考标准和操作方法参见附录 3 中的三次"学前儿童音乐教育与活动设计单元课程过程性测评表"。请注意，此过程性测评的最终成绩占总成绩的 70%，中篇"理论探索"的学习内容占总成绩的 20%（书面考核形式），考勤占总成绩的 10%。

附录

附录 1 《幼儿园教育指导纲要(试行)》(1999)

幼儿园教育指导纲要(试行)
1999 年 10 月,中国教育部

第一部分 总 则

一、《幼儿园教育指导纲要》以《中华人民共和国教育法》和《幼儿园教育条例》、《幼儿园工作规程》为依据制定。

二、幼儿教育是基础教育的组成部分,是学校教育和终身教育的起始阶段。幼儿教育应为幼儿的近期和终身发展奠定良好的素质基础。

三、幼儿园应与家庭、社会密切配合,共同为幼儿创造一个良好的成长环境。

四、幼儿园应为幼儿提供健康、丰富的生活和活动环境,满足他们多方面发展的需要,使他们度过快乐而有意义的童年。

五、幼儿园教育应尊重幼儿身心发展的规律和学习特点,充分关注幼儿的经验,引导幼儿在生活和活动中生动、活泼、主动地学习。

六、幼儿园教育应重视幼儿的个别差异,为每一个幼儿提供发挥潜能,并在已有水平上得到进一步发展的机会和条件。

第二部分 教育目标与内容要求

一、幼儿园教育应当贯彻国家的教育方针,坚持保育与教育相结合的原则,对幼儿实施体、智、德、美诸方面全面发展的教育,全面落实《幼儿园工作规程》所提出的保育教育目标。

二、幼儿园教育的内容是广泛的、启蒙性的,可按照幼儿学习活动的范畴相对划分为健康、社会、科学、语言、艺术等五个方面,还可按其他方式作不同的划分。各方面的内容都应发展幼儿的知识、技能、能力、情感等。

三、幼儿的学习是综合的、整体的。在教育过程中应依据幼儿已有经验和学习的兴趣与特点,灵活、综合地组织和安排各方面的教育内容,使幼儿获得相对完整的经验。

一、健康

——增强幼儿体质,培养健康生活的态度和行为习惯。

(一)目标

1. 适应幼儿园的生活,情绪稳定。

2. 生活、卫生习惯良好，有基本的生活自理能力。

3. 有初步的安全和健康知识，知道关心和保护自己。

4. 喜欢参加体育活动。

（二）教育要求

1. 建立良好的师生、同伴关系，让幼儿体验到幼儿园生活的愉快，形成安全感、信赖感。

2. 帮助幼儿养成良好的饮食、睡眠、盥洗、排泄等个人生活卫生习惯和爱护公共卫生的习惯。

3. 指导幼儿学习自我服务技能，培养基本的生活自理能力。

4. 开展多种有趣的体育活动，特别是户外的、大自然的活动，培养幼儿积极参加体育锻炼的积极性，并提高其对环境的适应能力。

5. 密切结合幼儿的生活和活动进行安全、保健等方面的教育，以提高幼儿的自我保护能力。

6. 在走、跑、跳、钻、爬、攀等各种体育活动中，发展幼儿动作的协调性、灵活性。

（三）指导要点

1. 教师应该把保护幼儿的生命和促进幼儿的健康放在教育工作的首要位置。

2. 身体的健康和心理的健康是密切相关的，要高度重视良好人际环境对幼儿身心健康的重要性。

3. 幼儿不是被动的"被保护者"，教师要尊重幼儿不断增长的独立需要，在保育幼儿的同时，帮助他们学习生活自理技能，锻炼自我保护能力。

4. 体育活动要尊重幼儿身体生长发育的规律和年龄特征，不进行不适合幼儿的体育活动项目训练。

二、科学

——激发幼儿的好奇心和探究欲望，发展认识能力。

（一）目标

1. 有好奇心，能发现周围环境中有趣的事情。

2. 喜欢观察，乐于动手动脑、发现和解决问题。

3. 理解生活中的简单数学关系，能用简单的分类、比较、推理等探索事物。

4. 愿意与同伴共同探究，能用适应的方式表达各自的发现，并相互交流。

5. 喜爱动植物，亲近大自然，关心周围的生活环境。

（二）教育要求

1. 引导幼儿接触自然环境，使之感受自然界的美与奥妙，激发幼儿的好奇心和认识兴趣。

2. 结合和利用生活经验，帮助幼儿认识自然环境，初步了解自然与自己生活的关系。

3. 引导幼儿注意身边常见的科学现象，感受科学技术给生活带来的便利，萌发对科学的兴趣。

4. 引导幼儿利用身边的物品和材料开展活动，发现物品和材料的多种特性和功能。

5. 为幼儿提供观察、操作、试验的机会，支持、鼓励幼儿动手动脑大胆探索。

6. 引导幼儿关注周围环境中的数、量、形、时间、空间关系，发现生活中的数学。

7. 在解决问题的过程中帮助幼儿理解基本的数学概念，发展思维能力。

8. 鼓励幼儿用多种方式来表现自己的探索过程和结果，表达发现的愉快并与他人交流、分享。

（三）指导要点

1. 幼儿的科学教育是科学启蒙教育，重在激发幼儿的认识兴趣、探究欲望，帮助幼儿学习运用观察、比较、分析、推论等方法进行探索活动。

2. 学习科学的过程应该是幼儿主动探索的过程。教师要让幼儿运用感官、亲自动手、动脑去发现问题、解决问题。鼓励幼儿之间的合作，并积极参与幼儿的探索活动。

3. 幼儿的科学活动应密切联系幼儿的实际生活，教师应充分利用幼儿身边的事物与现象作为科学探索的对象。

三、社会

——增强幼儿的自尊、自信，培养幼儿关心、友好的态度和行为，促进幼儿个性健康发展。

（一）目标

1. 喜欢参加游戏和各种有益的活动，活动中快乐，自信。

2. 乐意与人交往，礼貌、大方，对人友好。

3. 知道对错，能按基本的社会行为规则行动。

4. 乐于接受任务，努力做好力所能及的事。

5. 爱父母、爱老师、爱同伴、爱家乡、爱祖国。

（二）教育要求

1. 引导幼儿参加游戏和其他各种活动，体验和同伴共处的乐趣。

2. 加强师生之间、同伴之间的交往，培养幼儿对人亲近、友爱的态度，教给必要的交往技能，学会和睦相处。

3. 为每个幼儿提供表现自己的长处和获得成功感的机会，增强自尊心和自信心。

4. 提供自由活动的机会，支持幼儿自主地选择和计划活动，并鼓励他们认真努力地完成任务。

5. 在共同的生活和活动中，帮助幼儿理解行为规则的必要性，学习遵守规则。

6. 教育幼儿爱护玩具和其他物品，用完收拾。

7. 引导幼儿接触和认识与自己生活关系密切的不同职业的成人，培养幼儿尊重不同职业人们的劳动。

8. 扩展幼儿对社会生活环境的认识，激发爱家乡、爱祖国的情感。

（三）指导要点

1. 社会是一个综合的学习领域。社会学习往往融合在各种学习活动中，并渗透于幼儿一日生活的各个环节。

2. 社会学习具有潜移默化的特点，尤其是社会态度和社会情感的学习，往往不是教师直接"教"的结果。幼儿主要是通过在实际生活和活动中积累有关的经验和体验而学习的。教师要注意通过环境影响、感染幼儿。

3. 教师和家长是幼儿社会学习的重要影响源。模仿是幼儿社会学习的重要方式，教师和家长的言行举止直接、间接地影响幼儿，构成他们学习的"榜样"。因此成人要注意自己的言行，为儿童提供良好的榜样。

4. 幼儿的社会性培养需要家、园、社会保持一致、密切配合。

四、语言

——提高幼儿语言交往的积极性、发展语言能力。

（一）目标

1. 喜欢与人谈话、交流。
2. 注意倾听并能理解对方的话。
3. 能清楚地说出自己想说的事。
4. 喜欢听故事、看图书。

（二）教育要求

1. 创造一个自由、宽松的语言交往环境，支持、鼓励、吸引幼儿与教师、同伴交谈，体验语言交流的乐趣。
2. 养成幼儿注意倾听的习惯，发展语言理解能力。
3. 鼓励幼儿用清晰的语言表达自己的思想和感受，发展语言表达能力。
4. 教育幼儿使用礼貌语言与人交往，养成文明交往的习惯。
5. 引导幼儿接触优秀的儿童文学作品，使之感受语言的丰富和优美。
6. 培养幼儿对生活中常见的简单标记和文字符号的兴趣。
7. 利用图书和绘画，引发幼儿对阅读和书写的兴趣，培养其阅读和书写技能。
8. 提供普通话的语言环境，帮助幼儿熟悉、听懂并学说普通话。少数民族地区还应帮助幼儿学习本民族语言。

（三）指导要点

1. 幼儿的语言是通过在生活中积极主动地运用而发展起来的，单靠教师直接的"教"是难以掌握的。教师应充分利用各种机会，引导幼儿积极运用语言进行交往。
2. 语言学习具有个别化的特点，教师应重视与幼儿的个别交流和幼儿之间的自由交谈。
3. 语言能力是一种综合能力，幼儿语言的发展与其情感、思维、社会参与水平、交流技能、知识经验等方面的发展是不可分割地联系在一起的，语言教育应当渗透在所有的活动中。

五、艺术

——丰富幼儿的情感，培养初步的感受美、表现美的情趣和能力。

（一）目标

1. 能初步感受环境、生活和艺术中的美。
2. 喜欢艺术活动，能用自己喜欢的方式大胆地表现自己的感受与体验。
3. 乐于与同伴一起娱乐、表演、创作。

（二）教育要求

1. 引导幼儿接触生活中美好的事物和感人事件，丰富幼儿的感性经验和情感体验。
2. 引导幼儿欣赏艺术作品，培养幼儿表现美和创造美的情趣。
3. 提供自由表现的机会，鼓励幼儿大胆地想象，运用不同的艺术形式表达自己的感受和体验。
4. 指导幼儿利用身边的物品和废旧材料制作各种玩具、工艺装饰品，体验创造的乐趣。
5. 为幼儿创造展示自己作品的条件，引导幼儿相互交流、相互理解和相互欣赏。

（三）指导要点

1. 艺术是幼儿的另一种表达认识和情感的"语言"。幼儿艺术教育应引导幼儿接触生活中的各种美好事物与现象，丰富幼儿的感性经验和情感体验。
2. 艺术活动是一种情感和创造性活动。幼儿在艺术活动过程应有愉悦感和个性化的表现。教师要理解并积极鼓励幼儿与众不同的表现方式，注意不要把艺术教育变成机械的技能训练。

第三部分　教育活动的组织与实施

一、幼儿园的教育活动，是有目的、有计划引导幼儿生动、活泼、主动活动的、多种形式的教育过程。

二、教育活动的组织与实施过程是教师创造性地开展工作的过程。教师要根据《幼儿园教育指导纲要》和本班幼儿的实际情况，制定切实可行、富有弹性的工作计划，并灵活地执行。

三、教育活动目标的确定要以对本班幼儿的发展水平和原有经验的了解为基础，逐步落实《幼儿园工作规程》和本纲要所提出的保育教育目标。

四、教育活动内容的选择应遵照本纲要第二部分的有关条款进行，同时体现以下的原则：

（一）既符合幼儿的兴趣和现有经验，又有助于形成符合教育目标的新经验。

（二）既贴近幼儿的生活，又有助于拓展幼儿的经验。

（三）既体现内容的丰富性、时代性，又注重幼儿学习的必要性、妥当性以及与小学教育的衔接。

五、教育活动内容的组织应充分考虑幼儿的学习方式和特点，注重综合性、趣味性，寓教育于生活、游戏之中。

六、教育活动的组织形式应根据需要合理安排，以便为幼儿提供多样化的学习机会和条件，提高教育效益：

（一）因时、因地、因内容和幼儿的学习特点，灵活运用集体、小组、个别等活动形式。

（二）注意保持教师直接指导的活动和非直接指导的活动的适当比例，保证幼儿每天有充足的时间自主地进行活动。

七、环境是重要的教育资源，应通过创设并有效地利用环境促进幼儿的发展。

（一）幼儿园的空间、设施、活动材料和常规要求应有利于引发幼儿的主动探索和幼儿间的交往。

（二）教师的态度和管理方式应有助于形成安全、温馨的心理环境；言行举止应成为幼儿学习的良好榜样。

（三）充分利用社区的教育资源，引导幼儿适当参与社会生活，丰富生活经验，发展社会性。

八、科学、合理地安排和组织一日生活。

（一）时间安排应有相对的稳定性与灵活性，既有利于形成秩序感，又能满足活动的需要。

（二）尽量减少不必要的集体行动和过渡环节，减少和消除消极等待等浪费时间的现象，提高活动效率。

（三）教师直接指导的集体活动要能满足绝大多数幼儿的需要。

（四）建立良好的常规，减少不必要的管理行为，逐步培养幼儿的自律。

九、执行教育计划的过程是教师的再创造过程。教师在教育过程中应成为幼儿学习活动的支持者、合作者、引导者。

（一）以关怀、接纳、尊重的态度与幼儿交往，耐心倾听，努力理解幼儿的想法与感受，支持、鼓励幼儿大胆探索与表达。

（二）关注并敏感地察觉幼儿在活动中的反应，即当按计划进行的活动或提供的材料不能引起所期望的反应时，教师应主动反思，寻找原因，及时调整活动计划或教育行为，使之适合于幼儿的学习。

（三）善于发现幼儿感兴趣的事物和偶发事件中所隐含的教育价值，把握教育的时机，提供适当的引导。

（四）尊重幼儿在发展水平、已有经验、学习方式等方面的个体差异，用适当的方式给予帮助和指导，使每一个幼儿都能感受到安全、愉快和成功。

十、家长是幼儿园教师的重要合作伙伴。应本着尊重、平等的原则，吸引家长主动参与幼儿园的教育工作。

（一）向家长介绍幼儿园的保育教育工作，争取家长的理解、支持和参与。

（二）了解幼儿的特点和家庭的需要，有针对性地开展教育工作。

（三）家园配合，使幼儿在园获得的学习经验能够在家庭中得到延续、巩固和发展；同时，使幼儿在家庭获得的经验能够在幼儿园的学习活动中得到应用。

第四部分 教育活动评价

一、教育评价是幼儿园教育的重要组成部分。教师应自觉地运用评价手段，了解教育活动对幼儿发展的适宜性和有效性，以利调整、改进工作，提高教育质量。

二、教育活动评价的过程，是教师运用幼儿发展知识、学前教育原理等专业知识于教育实践，分析问题、解决问题的过程，也是教师自我成长的重要途径。

三、教育活动评价应以教师自评为主，同时发挥教师群体的智慧和合作精神，共同研究、共同提高。

四、教育活动评价应结合教师的实际工作，自然地伴随着整个教育过程进行。

五、幼儿的行为反应和发展变化是对教育工作最客观、直率、真实的评价，教师要关注幼儿的反应和变化,把它看作重要的评价信息和改进工作的重要依据。

六、教育活动评价宜重点考察以下方面:

(一)教育活动是否建立在对本班幼儿的实际了解的基础上。

(二)教育活动的目标、内容、组织与实施方式以及环境能否向幼儿提供有益的学习经验,有效地促进其符合目的地发展。

(三)教育内容、方式、环境条件是否能调动起幼儿学习的积极性,有利于他们主动学习。

(四)活动内容、方式是否能兼顾群体需要和个性差异,使每个幼儿都有进步和成功的体验。

(五)教师的指导是否有利于幼儿进一步探索与思考,有利于扩展、整理和幼儿的经验。

七、评价教育活动时,凡涉及到对幼儿发展状况的评估,应该注意:

(一)全面了解幼儿的发展状况,防止片面性,尤其要避免只重知识技能的掌握,忽略情感、社会性和实际能力的倾向。

(二)应在日常活动与教育教学过程中,通过对幼儿的观察、谈话、幼儿作品分析,以及与其他工作人员和家长的交流等方式了解幼儿的发展和需要。

(三)应承认和关注幼儿在经验、能力、兴趣、学习特点等方面的个体差异,避免用划一的标准评价不同的幼儿。

(四)应以发展的眼光看待幼儿,既要了解幼儿的现有水平,更要关注其最近发展区。

附录2　《上海市学前教育课程指南（试行）》（2004）

上海市学前教育课程指南（试行）
2004年7月，上海市教育委员会

为贯彻教育部《幼儿园教育指导纲要（试行）》（教基［2001］20号）精神，落实《上海市学前教育纲要》（以下简称《纲要》）的要求，推进幼儿园实施素质教育，全面提高幼儿园教育质量，制订《上海市学前教育课程指南》（以下简称《课程指南》）。

本《课程指南》以国家的教育方针为指导，以学习者为主体建构课程。突出课程的整合、师生共建与教育个别化的要求，构建具有启蒙性、整合性、开放性特征的课程体系。

一、课程理念

学前教育课程的基本理念是以幼儿发展为本。课程应满足每个幼儿对安全与健康、关爱与尊重的基本需要，并为幼儿提供平等的学习与发展机会；课程应与幼儿阶段的学习特点与身心发展水平相适应，激发幼儿积极、主动地学习；课程应尊重幼儿学习与发展的个体差异，体现个别化教育。

1. 确立以促进幼儿和谐发展为取向的课程目标

促进所有幼儿在原有水平上全面和谐发展是学前教育工作的目标，因此，要从生活习惯、规则意识、学习能力、情感与自我意识、审美情趣等方面为幼儿终身发展奠定必要的基础，同时也要为幼儿适应不断发展的社会所需要的能力奠定最初的基础。

2. 构建以整合、开放为特点的课程内容

根据幼儿与周围环境相互作用过程中直接的、整体的体验，将课程内容整合为共同生活、探索世界、表达表现等领域，并以幼儿参与的多种活动，包括生活活动、运动、学习活动和游戏活动为核心，设计、组织课程的具体内容，同时，充分注意不同活动之间的相互作用与渗透，增强课程内容与生活的联系，充分利用信息技术和各种教育资源，从不同的角度运用多种方式、方法，发挥课程的整体效应，关注课程的动态生成。

3. 凸现以活动、体验为特点的课程实施

教育内容和要求，融于幼儿生活、运动、学习、游戏等多种活动中，课程实施强调活动性和体验性。强调活动的教育价值，注重活动的过程体验，优化教与学的方式。整体地考虑活动的预期目标与活动的展开过程，使幼儿在获得经验的同时，发展认知能力，丰富情感体验。课程实施强调计划性与灵活性的统一，集体、小组与个别活动相结合，教师要充分发挥教育机智，抓住最佳教育时机，以适应幼儿个体差异。

4. 实施以发展为导向的课程评价

充分发挥课程评价的反馈调节功能，多渠道收集有关幼儿发展状况、教师教育行为及幼儿园课程建设的信息和意见，并与改进措施相衔接，逐步形成通过评价促进幼儿发展、教师发展和幼儿园发展的有效机制。根据课程目标，改进和完善原有的幼儿发展评价体系和方法，着重探索过程性评价和个别化评价，发挥质性评价与量化评价的不同作用，突出质性评价在学前教育中的优势。要建立教师发展性评价的体系，重视教师评价内容的全面性，强调教师对自己的教育理念、教育态度、教育行为和教育效果的分析与反思，建立以教师自评为主，多方参与的评价制度。

5. 落实以民主为原则的课程管理

要发挥幼儿园和教师在课程建设上的积极性和创造性。在强调规范要求的基础上，更突出民主性，依据新课程理念的要求，为幼儿园和教师开展个别化教育创造条件。要增强课程选择性，赋予幼儿园和教师合理的自主权，允许不同条件的幼儿园根据实际情况和本园幼儿的特点对课程进行园本化的设计。要调动教师与幼儿积极的互动中，促进课程的生成，形成有效的课程运行机制，为引导幼儿园个性化的发展，满足幼儿与教师自我发展的需要提供相应的保障。

二、课程目标

通过上海学前教育课程的实施，促进幼儿健康水平以及情感、态度、认知能力等各方面的发展，使幼儿成为健康活泼、好奇探究、文明乐群、亲近自然、爱护环境、勇敢自信、有初步责任感的儿童。课程的具体目标是：

1. 初步了解并遵守共同生活所必需的规则，体验并认识人与人相互关爱与协作的重要和快乐；

2. 初步形成文明卫生的生活态度和习惯，独立自信地做力所能及的事，有初步的责任感；

3. 积极活动，增强体质，提高运动能力和行动的安全性；

4. 亲近自然，接触社会，初步了解人与环境的依存关系，有认识和探索的兴趣；

5. 初步接触多元文化，能发现和感受生活中的美，萌发审美情趣；

6. 积极地尝试运用语言及其他非语言方式表达和表现生活，具有一定的想象力和创造性。

三、课程结构

整体构建学前教育四年一贯的课程体系，加强课程的启蒙性、整合性和开放性，以适合不同幼儿园、不同发展水平幼儿的需要。

1. 课程结构

幼儿园课程结构包含以下三个方面。

（1）共同性课程、选择性课程

课程既要确保为幼儿提供其终身发展所需的基本经验和机会，也要适应个体幼儿的特殊需要，从幼儿园课程功能维度分为共同性课程、选择性课程。

共同性课程是指面向各类幼儿园和全体幼儿，体现促进幼儿基本发展的课程。它着眼于最基本的经验积累，使每个幼儿积累相应的体验和感受，获得最基本的发展。

选择性课程是指因园而异、因人而异，体现尊重幼儿园和幼儿的个性化发展的课程。它着眼于幼儿经验的扩展、提升，满足幼儿的兴趣、特殊需要，尊重幼儿园的自主性以及幼儿的选择权，使之形成个性化的风格和特色。

（2）共同生活、探索世界、表达表现

幼儿园课程内容主要指向幼儿直接接触到的经验范围。从幼儿直接接触的经验领域出发，将课程内容分为共同生活、探索世界、表达表现三个维度。

共同生活主要指幼儿在教师创设的情境中，积极主动地与同伴、教师交流，参与营造共同的生活，养成自理生活的能力与习惯，并与周围更多的人接触和交流，体验人与人相互交流、理解、协作的快乐和重要，从而认识自己与周围人的关系，倾听他人的意见，关心和同情他人，逐步构建良好的个性基础。

探索世界主要指幼儿主动积极地与周围环境交互作用，发现身体运动的可能性，并借助工具和器械，安全、灵活地活动；通过观察周围的自然现象，亲近大自然，表达对自己熟悉的事物与现象的看法，初步形成热爱大自然的情感；通过接触和使用各种生活及学习用品、工具、器具等，认识和表述它们的作用及其与生活的关系。

表达表现主要指让幼儿通过认识和感受生活中的声音、色彩、符号、标志以及学习儿童文学作品、音乐、舞蹈、美术等，运用多种方式，积极地、有个性地、创造性地表达和表现在共同生活和探索世界的活动中所获得的感受和认识，并体验表达与表现的乐趣。

（3）生活活动、运动、学习活动、游戏活动

幼儿园课程主要以幼儿园一日活动的形式组织实施。将幼儿园一日活动中的主要活动归为四类，即生活活动、运动、学习活动、游戏活动，它们既综合指向课程目标与内容，又保持各自活动的特点。

生活活动主要指生活自理、交往礼仪、自我保护、环境卫生、生活规则等方面的活动，旨在让幼儿在真实的生活情境中自主、自觉地发展各种生活自理能力，形成健康的生活习惯和交往行为，在共同的生活中能够愉快、安全、健康地成长。

运动主要指体操、器械运动、自然因素锻炼等活动，旨在提高幼儿身体素质、动作协调能力和适应环境的能力，为幼儿健康的体质奠定基础。

学习活动主要指讨论、阅读、听赏、制作、表演、实地参观、收集信息等活动，旨在激发幼儿主动探索，积极体验，使幼儿在认知能力和态度上不断进步，为后续学习打下基础。

游戏活动指幼儿自发、自主、自由的活动。游戏活动对幼儿发展有重要的价值，游戏活动能发展幼儿的想象力、创造力和交往合作能力，促进幼儿情感、个性健康地发展。

2. 结构要点说明

（1）共同性课程和选择性课程是两种不同功能的课程。幼儿园应充分重视共同性课程的实施，要保证各类活动的展开，尤其是游戏活动、运动、生活活动，增强基本目标、内容的落实度。选择性课程的开发与实施，既要满足幼儿参与多种活动的需要，注意控制学习活动的总量、时间和要求，又要注重培养幼儿基本的能力和方法，注重积极的情感和态度的养成。

（2）生活活动、运动、学习活动、游戏活动对幼儿发展各具功能。幼儿园要合理安排

各活动的时间比例。每天保证两小时户外活动时间,其中一小时为运动;要保证充裕的生活活动、游戏活动的时间;随着年龄段的递升,生活活动、游戏活动的时间可逐渐减少,运动、学习活动的时间可适当增加;要控制集体的学习活动时间,大班每天最多不超过一小时,幼儿年龄越小,集体的学习活动时间应减少。

(3) 恰当处理幼儿园课程形成中"预设"和"生成"的关系。

"预设"是教师根据课程目标和幼儿的兴趣以及已有的经验,对环境布置、材料提供、活动内容和方式等进行有计划地设计和安排。教师可以把目标和内容渗透在环境中,激发幼儿自己的目的性活动,也可以直接设计并组织幼儿参加的活动。

"生成"是指幼儿依据自己的兴趣、经验和需要,在与环境和他人交互作用中自主产生的活动。教师为幼儿创设良好的心理和物质环境,关注、支持、引发幼儿的主动探索和交往,满足幼儿自主活动、自发学习的需要;也指教师在幼儿游戏与其他活动中发现一些有意义的活动,及时介入进行随机教育,或者对该活动加以进一步的充实和扩展。

"预设"与"生成"是一个连续过程的两个方面,相辅相成。在预设活动的开展中,教师需根据活动展开中的实际情况,对活动内容、材料、开展过程等做及时的调整。即"预设"与"生成"自然地相融,使各种活动真正成为师生、生生积极互动、交流、共同建构的过程。

四、课程内容

课程内容主要从活动的经验指向角度进行表述。生活活动、运动、学习活动以活动的基本经验为核心要求,并辅之相关的内容示例,游戏活动从游戏的特性以及教师要关注的方面进行阐述。

(一) 生活活动(基本经验,内容示例)

1. 有规律地作息,积累文明生活的经验
- ➢ 良好习惯:日常的起居、进餐、盥洗、使用及整理物品
- ➢ 遵守规则:集体生活常规、公共卫生规范
- ➢ 文明礼仪:礼貌招呼、大方应答、行为举止文明

2. 学习保护自己,体验健康安全生活的重要
- ➢ 需求表达:生理需要、情感需要
- ➢ 安全常识:安全使用物品、避开危险、简单的求救与自助方法
- ➢ 健康常识:饮食饮水、营养睡眠、排泄
- ➢ 卫生常识:个人卫生、疾病预防

3. 适应集体生活,感受共同生活的乐趣
- ➢ 交往技能:分享、协商、合作、沟通
- ➢ 情感体验与表达:家庭亲情、师生情、同伴友爱
- ➢ 自我意识:认同自己、认同他人,合理的情绪宣泄

4. 学做自己的事情,积累自理生活的经验
- ➢ 个人生活自理:自己进餐、穿脱、盥洗、如厕,自主有序地处理自己个人的事情
- ➢ 简单劳动:扫除、帮厨、种植、饲养、整理物品、值日

(二) 运动 (基本经验, 内容示例)

1. 用动作模仿周围事物的形态和动作特征, 感知运动节律的变化
   - 动作模仿操: 徒手操、轻器械操
   - 各种变化的动作节律

2. 大胆进行各种身体运动, 体验各种肢体动作的可能性
   - 基本动作: 走、跑、跳、踢、转、抛接、投、拍、推拉、悬、团身、滚动、钻、攀爬、平衡

3. 借助各种材料和器械进行活动, 尝试新的内容和玩法, 获得身体运动的经验
   - 物品: 桌椅、梯子、纸盒、布袋、管道、轮胎、橡筋、棍棒、稻草、竹节
   - 体育器械: 球、绳、圈、积木、毽子、陀螺; 童车、滑板、平衡台、羊角球、滑梯、秋千等大型运动器具

4. 对信号能做出反应
   - 动作反应: 开始、停止、动作变化、方位变化、速度变化

5. 体验运动的方向, 根据运动中对象的空间位置和距离, 调整自己的动作
   - 方位: 上下、前后、左右
   - 距离: 远近

6. 在大自然中锻炼, 尝试新奇、有野趣的活动
   - 活动: 远足、负重、爬山、游泳、溜冰、玩沙、玩水、玩冰、玩雪

7. 对危险的事情能及时做出反应, 控制自己的动作和行为, 有一定的安全意识
   - 安全: 野外活动时不远离成人, 身体运动时学习自我保护的方法

(三) 学习活动 (基本经验, 内容示例)

1. 用各种感官主动感知周围事物的特征, 比较事物的异同, 发现事物之间的关系
   - 感知特征: 物体的轻重、大小、形状、色彩、高矮、软硬、轻响、甜酸
   - 发现关系: 发现沉与浮、斜坡与速度、空气与燃烧、植物与阳光、水与温度的关系
   - 分类排序: 按物体的特征、功用等进行分类, 按一定规律排序

2. 尝试多途径收集信息、物品与材料, 乐意交流和分享
   - 方式: 咨询、访问、参观、调查
   - 媒体: 海报、照片、图书、广告、报纸、刊物、录像、电视、广播、网络
   - 物品与材料: 日常用品、玩具、废旧材料

3. 了解自己的身体特征及生长中的变化和需要, 比较自身与他人的不同, 体验成长的快乐
   - 外形外貌特征
   - 五官四肢功能
   - 性别差异
   - 生长变化: 身高、体重、高矮、胖瘦、年龄、换牙
   - 个人喜好: 喜爱的东西、爱做的事、自己的长处

4. 亲近大自然，有观察、探索周围事物与现象变化与发展的兴趣，初步了解人与自然的关系
  - 自然物：沙、石、水、泥、土、木、稻草、竹子
  - 自然现象：风、雨、云、雷、闪电、太阳、月亮、星星、彩虹及季节、天气的变化
  - 生物体变化：蚕宝宝、蝌蚪、果树等动植物的变化
  - 相关活动：种植园地、自然角、小动物的照料、收集种子、拾落叶活动
  - 环保实践：垃圾分类安放，节约用水、用纸，废品回收及利用，美化环境

5. 对周围环境中的数、量、形、时间、空间等现象敏感，运用已有经验和简单的数学方法解决生活和游戏中的问题
  - 数认知：唱数，点数物体，认数，默数，认识时钟、货币面值
  - 数运用：测量长度，比较高矮，统计数量，数量守恒，买卖游戏。各种规则和不规则的形状
  - 空间：上下、前后、左右、里外、中间
  - 时间：上午、下午、白天、晚上，现在、昨天、今天、明天、日、星期、月、四季、年

6. 接触、了解周围生活环境的人、事、物，感受身边熟悉的科技成果对生活的影响，理解并遵守社会生活中基本的行为规范
  - 周围的人：家庭成员、幼儿园工作人员、同伴、社区中相关职业的人
  - 物品：玩具、食品、工具、家具、生活用品、电子和电器产品
  - 设施：幼儿园环境设施，社区中超市、医院、健身区、自助银行、博物馆、自助售货亭
  - 交通设施与工具：地铁、隧道、高架，火车、飞机、轮船、磁悬浮列车、各种车辆
  - 标志：与生活有关的指示标志、警示标志、禁止标志
  - 规则：公共场所中的交通规则、交往规则、爱护公物和公共环境的规则

7. 欣赏、感受祖国文化的丰富性，有初步的爱家乡、爱祖国的情感，了解一些接触到的多元文化
  - 民间习俗：参与民间节日活动，玩民间游戏
  - 民族文化：多种民族、传统艺术、发明创造
  - 人文景观：本地、本市及全国的著名景观、特产
  - 国家标志：国旗、国歌、国徽、国庆节
  - 多元文化：国际节日以及世界上一些国家和不同人种、语言以及标志性建筑

8. 学说普通话，大胆用语言与人交流，注意倾听，理解日常用语，爱看图书，对经常出现的文字感兴趣
  - 图书：童话故事书、科学常识书、生活故事书
  - 讲述：故事、儿歌、新闻、生活小事，自己的探索与发现，要求、意见与建议
  - 倾听：成人、同伴讲话，幼儿故事磁带、广播

9. 接触各种富有情趣的作品，大胆想象，用自己喜欢的方式表达感受和体验，理解他人的表达方式
  - 感受：儿童文学作品，不同类型的音乐和美术作品，日常生活与环境中美的人、事、物

➢ 表达：用唱歌、动作、绘画、制作、乐器、语言、符号等进行表达

（四）游戏活动

游戏活动是一种基于0～6岁儿童内在需要的自发自主性活动，在幼儿园课程中占有十分重要的地位。游戏不仅是幼儿身心发展水平的反映，也对促进幼儿身心发展有重要的价值。在游戏中，教师必须了解游戏的价值，尊重幼儿爱游戏的权利，保证游戏的时间。教师的任务主要是通过观察游戏了解幼儿，通过环境的创设和适当的介入支持幼儿的游戏。

教师在游戏中要对幼儿进行关注和引导，主要有以下四个方面。第一，积极的情感体验，让幼儿在自由感、安全感、成功感的体验中，获得愉悦、乐观和自信。第二，主动的认知表现，让幼儿在多样化探索、多途径表现过程中，进行发现、想象和创造。第三，鼓励同伴交往，让幼儿在玩伴关系中认识自己和他人，逐步产生合作意识、规则意识。第四，自发的动作练习，让幼儿在环境诱发的身体运动和双手操作中，实现动作的协调和灵活。

五、课程实施

课程的组织与实施过程是幼儿园、教师创造性地开展工作的过程。幼儿园、教师要根据课程的目标，从本社区、本园的条件出发，结合幼儿的实际情况，开展各种有利于幼儿发展的教育活动。课程实施分为总体要求和具体活动要求两方面。

1. 总体要求

（1）编制和组织实施幼儿园课程计划，加强课程的研究和开发

制定具有个性化和可操作性的课程计划。幼儿园在遵循课程基本设计思想的前提下，综合考虑本园实际及办园风格，设计个性化、切实可行的幼儿园课程计划，创造性地实施课程。

加强课程的研究与开发。幼儿园要根据课程结构的总体要求，充分利用所赋予的课程自主权，加强课程的研究和开发。共同性课程的实施，应充分考虑课程的平衡性问题，为幼儿的全面发展提供课程的保障。选择性课程的开发与择定，既要综合考虑本园的条件和特点，也要能充分满足幼儿个性发展的需求，逐步形成办园特色。

加强课程实施的过程管理。幼儿园要通过质量分析、课程评价、专家咨询等多种途径，动态把握课程实施情况并及时做出科学合理的调整。

园长应尊重教师对课程开发、实施、评价的权利，鼓励教师在课程实践中发挥自主性和创造性。幼儿园的课程管理，既要体现一定的规范性，又要为教师教育方案的选择留有充分的空间，使教师在教育实践中不断提升专业化水平。

（2）根据幼儿的生活与经验，选择、开发和组织课程内容

幼儿园课程内容的选择与开发，应以观察、了解幼儿为基础，源于幼儿的现实生活。既满足幼儿当前发展的需要，又能有助于拓展幼儿的经验与视野，为幼儿的和谐发展、终生发展打下良好的基础。

幼儿园应合理地整合各方面的教育内容，有机地综合生活、运动、游戏、学习各项活动，并自然地渗透于一日生活的各项活动中。贯彻保育与教育相结合的原则。

注重内容的启蒙性、综合性、趣味性和可选择性，并具有地方和幼儿园特色。

（3）尊重幼儿的学习方式，优化教与学的过程

应根据幼儿的年龄特点和活动需要，合理地选择个别、小组及集体活动的组织形式，

注意动静交替、室内外交替，注意混班、混龄活动结合，并避免不必要的过渡环节和管理行为，逐步引导幼儿学习自我管理。

应尊重幼儿游戏的权利，坚持以游戏为幼儿园的基本活动形式，保证幼儿每天有充分的游戏活动时间。

教师的教育方式应由以直接传授知识为主，转变为以激发幼儿主动探索、自主活动为主。优化幼儿的学习方式，使幼儿主动地、富有个性地学习。注重幼儿学习的过程，丰富幼儿活动的经历和体验，为幼儿提供活动与表现能力的机会、条件。

应创设适合幼儿发展的、支持性的环境。环境的创设和材料的提供，既要适合幼儿的现有水平，又要富有一定的挑战性，让每个幼儿在与环境、材料的有效互动中，大胆地探索，充分地表达，获得各种有益的经验。

在课程实施中，教师应处理好预设活动与生成活动之间的关系，善于发现幼儿喜欢的、感兴趣的事物和偶发事件中所隐含的教育价值，满足幼儿的探索兴趣，尊重幼儿的自主活动，注重活动的过程，支持幼儿的发展。应创造民主和谐的教育氛围，以关怀、接纳的态度倾听幼儿的表述，理解幼儿的想法与感受，支持、鼓励幼儿积极活动。

尊重幼儿的学习方式、能力、情感及发展水平等方面的个体差异，因人施教，同时，也要关注智能超常与发展障碍儿童的特殊需要，满足每一个幼儿不同的发展需要。

（4）积极推进信息技术在课程实施中的有效应用，逐步实现信息技术与幼儿园课程的优化整合

建立由教学辅助软件和多媒体学习软件交织构成的立体的信息环境，发挥各种网络技术手段的作用，以实现教育内容的呈现方式、幼儿的学习方式及师生互动方式的变革，为幼儿的学习和发展提供更丰富的资源和广阔的时空。

利用信息技术改善课程管理与评价，提高教育教学质量和效益。

（5）幼儿园在课程开发和实施上应加强与家庭、社区的密切合作以及与相邻阶段的教育衔接

要积极创造条件，让家长认同、支持、参与幼儿园课程的开发和实施。要充分利用家庭、社区及周边环境的教育资源，扩展幼儿生活和学习的空间。同时，应积极支持、帮助家长提高家庭教育的能力，家园合作，共同促进幼儿的健康成长。

幼儿园的课程与实施要注意与0~2岁的婴幼儿保教工作以及与小学课程的衔接。

2. 具体活动实施要求

在幼儿园课程实施中，除了遵循上述共同的原则要求外，还应注意各类活动在组织实施中的特殊要求。

（1）生活活动

① 组织要点

幼儿的能力和习惯形成是日积月累的，并具有反复的特点，生活教育要强调在做中培养，注重在真实的情境中练习，关注幼儿的情绪反应和情感体验。

养成良好习惯、适应共同的生活是幼儿园生活教育的重要目标。幼儿园要为幼儿创设良好的盥洗、睡眠等生活环境，开展形式多样的活动，并通过游戏活动、运动、学习活动的渗透，让幼儿不断积累健康生活的经验，逐步养成各种良好的生活习惯。

生活活动是一种养成性教育，主要在饮食、睡眠、盥洗、整洁、来园、离园等日常生

活中实施。开展生活教育应考虑到幼儿不同的生活背景,不同的体质等差异情况,如在午睡的时间、饮食的习惯等方面要尊重幼儿的差异,提出不同的要求。

② 资源利用和开发的建议

家庭是幼儿生活的主要场所,要尊重家长作为幼儿照料者及影响者的主体地位,以多种形式加强家园沟通,保证幼儿在家中与在幼儿园中的自理行为和生活习惯保持一致。帮助家长理解、体会让幼儿参与劳动和自理生活的重要性,获得家长的支持。学习、吸收家庭教育经验,在园内推广,促进家庭之间的交流。

幼儿园的餐饮器具、盥洗器皿、桌椅床、衣帽架以及材料架等设施配备与安置应考虑到幼儿的安全以及独立的使用。保教人员要充分利用园内设施为幼儿创造自己动手、自我服务的机会,在必要时给予适当的指导,注意不要过多干涉与包办代替。

幼儿同伴及幼儿园教师和工作人员本身就是重要的教育资源,应重视同伴之间的相互影响以及保教人员的言传身教,为幼儿提供良好的生活习惯的榜样。

充分利用自然环境和社区的教育资源,带领幼儿积极参与"爱牙日"、"环保日"、"保护视力"等社区宣传活动。组织外出参观、游览的途中可以不断渗透环保和安全教育的内容,使幼儿逐渐积累对公共生活规范的认识和经验。

(2) 运动

① 组织要点

促进幼儿的健康和尊重幼儿的生命,是幼儿园开展运动课程的重要前提。在进行各类活动时,要遵循幼儿生长发育的规律,切实保障幼儿的安全,严禁任何有损于幼儿身心健康的比赛、表演、训练等活动。

培养幼儿对运动的兴趣,是幼儿园开展运动课程的重要目标。要因地制宜地创设各种有趣的运动环境,开展形式多样、富有野趣的活动,吸引幼儿主动参与,让幼儿体验运动的快乐。综合地开展各类体育活动,使幼儿肢体的均衡发展和基本运动能力得到全面发展。

保证幼儿每天有两小时户外活动时间,其中一小时的运动时间要分段进行。活动时要注意高密度、低强度,每次时间不宜过长,并根据幼儿的个体差异调节活动内容与活动量。

教师对幼儿活动时的场地、设施、器械、服饰以及擦汗、喝水等都要予以关注,提高幼儿的自我保护能力,保证幼儿的活动能安全有效地开展。

② 资源利用和开发的建议

在选用运动教材时,教师要从幼儿各年龄阶段生理、心理的特点出发,依据运动目标、基本经验、幼儿兴趣和运动水平,综合地统筹各项活动内容。同时,还要根据季节的特点和幼儿生成活动的需要,灵活地、有针对性地选编、组织内容。

要积极开发运动资源,可以结合季节特点,充分利用自然条件锻炼幼儿的身体,例如日光浴、空气浴、冷水浴及游泳、玩雪、溜冰等;可以结合各园实际,开展民间传统运动,例如武术操、走高跷、骑竹马、放风筝等;还可以利用家长的资源,组织亲子运动游戏,让家长共同参与幼儿园的运动课程。

设施资源的开发,要因园而异。合理规划、统筹协调,安全地、最大限度地提高场地、设施、器械的使用率。在活动中要利用各种材料自制小型活动器具,丰富活动内容;要充分利用大型运动器械开展活动,开发新的运动项目。同时,要借助社区和周边的环境资源，开展安全、适宜的运动，组织幼儿到大自然中去远足、郊游。

（3）学习活动

① 组织要点

教师要重视幼儿学习的过程，尽量创造条件让幼儿通过直接体验来学习，使他们充分感受到学习、探索以及与人合作、交流的乐趣。

学习活动是教师有目的、有计划地引导幼儿学习探索的过程，教师应根据课程指南和本班实际，对活动的可能方向、所需环境、资源和材料作切实可行的计划。同时，要善于将幼儿在一日活动中自发生成的、具有发展价值的兴趣点与预设活动的内容有机结合。在师生互动过程中，应关注幼儿即时生成的内容，并给予适时、适宜、适度的回应。

学习活动内容的选择和安排，应充分体现全面、整体的要求，有利于对幼儿经验的全方位、多层次的拓展和基本学习能力的全面培养。学习内容的组织，还应充分考虑幼儿的学习特点和认知规律，体现综合性，以帮助幼儿更有效地学习。同时，学习活动的内容，既要符合幼儿的兴趣和现有水平，又要有一定的挑战性，以有助于幼儿经验、视野的扩展和潜能的发挥。

学习活动应尊重幼儿的个体差异。关注幼儿不同的学习方式和认知风格；鼓励并支持幼儿富有个性和创造性的学习与探索，表达与表现。对学习有特殊需要的幼儿尤应给予特别关注。

学习活动的组织形式应根据需要合理安排，强调个别探索、小组合作的学习形式。随着年龄增长，可逐渐增加集体学习活动的比例，但整班集体学习活动时间每次不宜过长。

② 资源利用和开发的建议

教师应有课程开发的意识，善于利用和开发幼儿园空间、设施设备、活动材料等多种多样的课程资源以支持幼儿的学习活动。开辟种植园、饲养园、气象站等实践基地；丰富操作、实验材料与资料的品种；利用墙壁、廊道以及专用活动室，引导幼儿在与环境互动中进行探索和学习。

社区的自然和人文环境蕴涵着丰富的学习资源。幼儿园应充分利用社区和周边的环境，如自然景观、小区街景、少儿图书馆、中小学校、儿福会、敬老院等，扩展幼儿的学习空间，为幼儿的体验性、探索性学习创造条件。

幼儿的同伴群体、家长以及其他成人都是教育资源。教师应重视同伴之间合作学习、互相影响的作用。同时，幼儿家长的文化背景、藏书、收藏品以及家庭中有关物品，也是幼儿园课程可利用的资源。幼儿园应争取家长的理解、支持，鼓励家长参与幼儿园的各项活动，帮助家长理解和指导幼儿的发展。

（4）游戏活动

要重视游戏环境的创设。

材料投放应数量充足、种类丰富全面，满足每个幼儿的游戏需要。

材料投放应适合不同发展水平的幼儿，并及时更新和增添。

师生应共同收集游戏材料，材料的摆放应方便幼儿取用、搭配和随意组合。材料应为幼儿的想象留有余地，多样化地使用。

师生合作安排游戏空间，根据幼儿游戏的需要作更改和随时变动。同一空间可让幼儿自主地变化使用，满足幼儿的多种游戏需要。空间的划分使各种游戏，特别是安静的和活跃的游戏不互相干扰。

教师要与幼儿一起商定使用材料和空间的必要规则，并督促遵守。

应积极开发游戏活动的资源。

经验可以帮助幼儿提升游戏水平，提高游戏的兴趣性。教师应利用春游、秋游和各种庆祝活动、外出散步、参观的机会，丰富幼儿对社区、社会中的人文环境、公共设施和场所以及不同职业人们的了解，积累生活经验。

家庭是幼儿生活的主要场所，家庭中蕴涵着丰富的游戏资源。教师应指导家长让幼儿参与走亲访友、庆贺婚礼、乔迁、过生日等活动，鼓励幼儿获取各类社会信息。

材料可以刺激和引发幼儿游戏的发生和发展，教师应多途径地挖掘材料的来源，鼓励幼儿和同伴、家长一起收集幼儿园、家庭和社区中的各种可利用的废旧物，以丰富游戏材料。

幼儿游戏需要在一定的空间内展开，教师应注重空间资源的开发，为幼儿创设开放性的游戏空间。例如，教室内同一空间可根据幼儿的游戏需要发挥多种功用；走廊、阳台、操场都可成为幼儿的游戏场所；同一楼面或不同楼面的教室可以协同或交叉使用，满足幼儿的游戏需要；各活动室也可成为幼儿游戏空间的一部分。

教师要注意介入幼儿游戏活动的方法。

为保证幼儿的安全和游戏的顺利开展，遇到以下情况时，教师可适度地介入：

➢ 当幼儿在游戏中因遇到困难、挫折，难以实现自己的游戏愿望时；
➢ 当幼儿在游戏中有不安全的倾向时；
➢ 当幼儿在游戏中主动寻求帮助时；
➢ 当幼儿在游戏中出现过激行为时；
➢ 当幼儿在游戏中反映不符合社会规范的消极内容时。

教师介入游戏的方法有多种，但以不干扰和打断幼儿的游戏为前提。教师可作为玩伴参与到某一幼儿、某一主题的游戏中去，或在一旁与幼儿开展平行游戏以示范和暗示，也可作为游戏旁观者给予建议、欣赏和鼓励。

教师要学会观察幼儿游戏行为，从中分析幼儿的需要、经验背景以及动作、语言、情感、认知和社会性等方面的现有发展水平，为设计教育环境、投放材料、组织教育活动收集信息。以下是幼儿游戏行为的观察要点及其发展提示。

表征行为：

➢ 观察要点、发展提示——能否清楚地分辨自我和角色、真和假的区别；
➢ 自我意识——出现哪些主题和情节；
➢ 社会经验范围——动机出自物的诱惑、模仿、意愿；
➢ 行为的主动性——行为仅仅指向物还是指向其他角色；
➢ 社会交往、语言表达——行为指向哪些相对应的角色、社会关系认知；
➢ 社会角色认知——行为与角色原型的行为、职责的一致性程度；
➢ 行为的目的性——同一主题情节的复杂性和持久性；
➢ 认知风格——行为是以物品为主还是以角色关系为主；
➢ 表征思维的出现——是否使用替代物进行表征；
➢ 想象力——同一情节中是否使用多物替代；

- 思维的抽象性——替代物与原型之间的相似程度；
- 思维的变通和灵活——用同一物品进行多种替代；
- 思维的变通和灵活——用不同物品进行同一替代；
- 创造性想象——对物品进行简单改变后再用以替代。

构造行为：
- 精细动作、眼手协调——对结构材料拼搭接插的准确性和牢固性；
- 行为的有意性——对造型是先做后想，还是边做边想，或先想好了再做；
- 生活经验——构造哪些作品；
- 逻辑经验——是否按一定规则对材料的形状、颜色有选择地进行构造；
- 行为的目的性——注重构造过程还是不同程度地追求构造结果；
- 创造性想象力——是否会用多种不同材料搭配构造；
- 表现力——构造作品外形的相似性；
- 想象的丰富性——构造作品的复杂性；
- 新经验与思维变通——有无探索和发现材料特性并解决构造中的难题。

合作行为：
- 群体意识——独自游戏、平行游戏、合作游戏等；
- 交往的主动性——更多主动与人沟通还是被动沟通，更多指使别人还是跟从别人；
- 交往机智——是否会采用协商的办法处理玩伴关系；
- 情感能力——是否会同情、关心别人和取得别人的同情和关心；
- 交往合作中的沟通语言——语言与情感的表达与理解；
- 自我意识——是否善于调整自己的行为以适应他人。

规则行为：
- 行为习惯——是否能爱惜物品、坚持整理玩具、物归原处；
- 公正意识——是否使用一定规则解决玩伴纠纷；
- 竞赛意识——是否喜欢规则游戏；
- 规则意识——是否自觉遵守游戏规则；
- 自律和责任——是否创造游戏规则；
- 逻辑思维——游戏规则的复杂性。

六、课程评价

幼儿园课程评价是幼儿园课程设计、开发和实施中的重要环节，它贯穿于课程发展的全过程。幼儿园课程评价的过程是对课程建设进行正确导向，促进幼儿园课程园本化的过程，是教师运用专业知识对教育实践分析、调整的过程，也是促进幼儿富有个性发展的过程。课程评价包括对课程的评价、对教师的评价和对幼儿的评价等。

1. 建立促进幼儿和谐发展的评价体系

评价内容的多元性。幼儿发展的评价不仅是将幼儿已经学到的或表现出的行为与课程目标相比照，更应该注重评价幼儿的兴趣、态度、情感、交往、学习特点等。评价既要关注幼儿的自理能力、适应集体、自我认识、遵守规则、交往合作、探索欲望与操作能力等，也要关注幼儿在活动中的投入程度。对于"投入度"的评价可以从幼儿在活动中注意力集中程度、情绪愉悦、活动的持续性、接受活动的挑战性等方面进行考察,以全面衡量幼儿的发展状况。

评价视角的全面性。重视过程评价,要将评价活动与日常的各类活动自然地结合。既要了解幼儿的现有水平,更要看他们的成长过程,关注他们的潜在能力与发展方向。既要看幼儿的全面和谐发展,又要关注幼儿某一方面的突出表现。要承认并尊重每个幼儿在经验、兴趣、认知特点等方面的差异,要以发展的眼光看待幼儿。

评价者的广泛性。幼儿发展受到家庭教养环境等多方面的影响,因此,评价过程中还要注意收集来自家长及其他保教人员的信息,同时也要关注对幼儿发展有影响的环境因素与教育实践。

评价方法的多样化。对幼儿发展评价的方法主要有以下几种。

① 观察法

观察法以自然观察为主,教师要收集大量真实的、通过自然观察所获得的资料,提供丰富的反映幼儿发展状况的事实依据;同时也可根据需要,进行情境性观察,即将幼儿置于与现实生活类似的情景中,由评价人员对幼儿进行观察。

观察记录可以采用文字描述、表格式,也可以运用录音、录像、照相等方式。

② 调查与访谈

可根据需要设计问卷,了解幼儿在园内和园外的生活经验和学习经验,广泛收集幼儿发展的信息。问卷调查的对象可以是保教人员和家长,或小学教师,也可以直接询问幼儿,由成人填写。

教师在日常生活中要提供时间、机会让幼儿表述自己的感受和经验,教师要注意倾听并从中获得幼儿的真实想法。还要经常与其他工作人员和家长进行交流,以便更全面、准确地了解幼儿的发展。

③ 建立档案袋

档案袋是一种综合性的评价方法,它包括对幼儿在较长时间内的发展进行观察与记录,收集并分析幼儿的作品,经过整理后进行评价,以反映幼儿在一段时期内的学习过程与成长轨迹。

④ 测试法

测试法主要运用于幼儿健康的分析。对幼儿进行定期的体质测定,了解幼儿体质发展的现状以及变化趋势,并可结合生活中的各项记录,分析影响幼儿体质强弱的因素。

评价人员可以根据需要,有侧重地选用多种评价方法,对评价所获得的信息进行综合考虑,全面地评价幼儿各方面的发展。

2. 建立促进教师自主发展的评价体系

强化课程评价的意义。从课程改革对教师素质和教育教学能力提出的要求出发,建立以促进教师专业化发展为目标的评价体系。教师不仅是课程实施的组织者,也是课程的开发者和研究者。教师的教育行为,将直接影响课程的实施效益和幼儿的发展。对教师教育行为评价有助于及时调整教师的教学行为和策略,促进教师专业化成长。

重视对教师教育行为的评价。教师的教育行为主要包括创设教育环境、设计组织教育教学活动以及在活动中与幼儿的互动三个方面。

教育环境创设:主要看教师在时间和空间上是否为幼儿营造了安全、温馨的氛围,保证幼儿自主地开展活动;是否创设了对幼儿有激发性的环境,使环境成为课程的组成部分;在各类活动中,教师是否提供了适宜的活动材料,注重材料的丰富性和多功能性,有助于幼儿自由选择、探索与表现。

设计组织教育教学活动:主要看教师目标的设定是否建立在对幼儿的实际需要和现有发展水平了解的基础上;教育的内容选择是否切实可行,是否适合学前教育机构所在地的文化背景以及幼儿的发展需要;教育教学过程的设计,能否引发幼儿生动活泼、积极主动地活动,促进幼儿自主探索与思考;在教育过程中是否关注、尊重来自幼儿的信息,并能做出相应的回应。教育教学活动是否既符合大多数幼儿的发展水平和需要,又顾及幼儿的个体差异,使每个幼儿都有进步和成功的体验。

与幼儿的互动:主要看教师在活动过程中,是否关注幼儿与环境材料、幼儿与同伴之间相互作用的过程;是否能在观察的基础上做出恰当的判断,并及时地、积极地与幼儿互动,以有效地促进幼儿的发展。

要强调教师对自己的教育思想、教育态度和教育教学行为及效果的分析与反思。建立以教师自评为主的评价制度,教师可以设计自评卡或反思笔记的方式对自己的教育理念、教育行为、教育态度等进行分析,并贯穿于整个教育过程之中。同时也要经常采用由园长、教师、专家、家长等共同参与的他评的方式,在观摩与教学研讨等活动中进行相互交流,鼓励教师与时俱进,教学相长,不断更新知识,提高教育与研究能力。

3. 建立促进课程不断完善与发展的评价机制

对课程的评价是幼儿园及相关部门根据课改精神,对幼儿园实施与开发的课程进行价值判断,旨在发挥评价的反馈调节功能,不断提升课程的质量。课程评价要促进课程设计和课程实施的有机结合。

课程的评价重点考察的方面是:幼儿园是否有完整的课程方案,其方向性和可行性如何;一日活动安排及其各活动的时间比例是否科学合理,是否顾及了幼儿参与各种活动的需要以及各年龄段幼儿的不同特点;课程内容是否体现启蒙性、平衡性以及具有地域性特点;幼儿园特色课程的开发,教材选用与编写是否科学、适合,是否适合本园特点和本园幼儿的发展;幼儿园课程管理与保障机制是否有利于培育教师的课程意识,提升教师课程开发与实施的能力。

幼儿园管理人员、教师、家长是课程评价工作的参与者。管理层要组织相关人员定期对幼儿园施行的课程进行分析评估,针对问题寻找改进对策。要鼓励教师、教研组在日常反思的基础上,诊断、发现幼儿园课程设置与实施中的不足,及时反馈调整。同时,也要注重收集来自家长的信息,使幼儿园课程日臻完善,形成课程不断革新和更新的机制。

充分发挥评价的反馈调节功能,使外部质量监控和幼儿园内部不断追求课程质量的完善相结合,促进课程建设与有效实施。

七、课程管理

上海市学前教育课程实行国家、地方和学校三级课程管理。

上海市教育委员会受国家教育部委托,在上海市政府的直接领导下,统筹管理上海市学前教育课程改革工作。由上海中小学课程教材改革委员会负责编制上海市学前教育课程指南;由上海中小学课程教材改革委员会办公室组织教材的编制,负责教材管理;由上海市中小学课程教材审查委员会办公室负责教材的审查，审查通过后的教材供幼儿园选用；由上海市教育委员会各职能处室或部门负责课程的实施、保障以及课程的监督和评估。

各区（县）教育部门根据上海市学前教育课程教材改革的总体要求和本区（县）的实际情况，具体规划本区（县）学前托幼机构的课程实施，并对本区（县）幼儿园的课程开发和实施进行管理；各区（县）教育督导室负责对本区（县）幼儿园课程的实施进行监督、检查和评估。

上海市教育委员会教学研究室负责对全市幼儿园课程实施进行研究和指导；各区（县）教研室负责对本区（县）的幼儿园课程实施进行研究与指导。

各幼儿园根据上海市学前教育课程教材改革的总体要求、本区（县）教育行政部门的规划以及本单位的实际情况，规划并落实幼儿园课程的实施。鼓励幼儿园结合自身的传统和优势，以及幼儿的兴趣和需要，积极进行课程开发，创造性地落实课程的目标和要求。幼儿园的课程计划应接受区（县）教育行政部门、教研部门审查和指导，幼儿园的课程计划应向幼儿家长公开，接受家长、社会的监督。

各幼儿园应加强课程实施的有效培训，要根据课程改革的要求开展教育教学研究，实施在岗培训，并建立园本培训机制，以鼓励教师自我进修、自我提高，适应课程改革与发展的需要，优化教师的整体素质。

完善学前教育教材管理制度，实现教材的高质量与多样化。鼓励有关机构、出版部门等依据《课程指南》组织编写幼儿园教师参考用书。幼儿园课程的开发以及教材编写、推广、引进应依据上海市教育委员会的有关规定进行。其他单位或个人编制的教材以及配套材料要进入幼儿园课程的须按有关的程序审批。

附录3 评价工具模板

1. 学前儿童音乐教育活动设计、实施的评价工具
(1) 活动作品集自查表

活动作品集自查表		
是否完成	活动作品集组件	参　　看
☐	单元课程的目标和期望	单元0
☐	课程日志	单元1
☐	学前儿童音乐教育活动计划 "介绍活动"演示文稿	单元2
☐	资源、素材引用记录	单元3
☐	"活动"演示文稿及其评价工具	单元4
☐	学前儿童音乐教育活动评价工具	单元5
☐	介入学前儿童音乐教育活动的方法 助学材料	单元6
☐	情景模拟学前儿童音乐教育活动展演的实施计划 学前儿童音乐教育活动管理文档 完成单元作品集并进行评价	单元7
☐	情景模拟学前儿童音乐教育活动展演 "学前儿童音乐教育与活动设计"单元课程的过程性测评 一句话心得	单元8
☐	2000字学习体会或总结	

（2）学前儿童音乐教育活动作品集评价量规

学前儿童音乐教育活动作品集评价量规			
	优	良	差
技术整合	➢ 拟采用的教学技能能很好地吸引学前儿童的注意力，符合幼儿的年龄特点，有利于幼儿积极参与教学活动，培养其多元智能和高级思维能力 ➢ 多媒体技术和网络资源与教学内容的整合增强了教学效果	➢ 拟采用的教学技能能够吸引学前儿童的注意力，符合幼儿的年龄特点，但对促进幼儿积极参与教学活动及培养其多元智能和高级思维能力不是很清楚 ➢ 在一定程度上关注多媒体技术和网络资源与教学内容的联系	➢ 拟采用的教学技能不能吸引学前儿童的注意力，不符合幼儿的年龄特点，不能促进幼儿参与教学活动 ➢ 活动计划未能利用多媒体技术和网络资源
实施	➢ 活动计划（教案）提供了精心设计的音乐教育活动内容和实施指南 ➢ 活动计划容易修改，适用于各类教学	➢ 活动计划（教案）有示范意义，但实施指南欠完整 ➢ 活动计划尚可适用于其他教学活动	➢ 活动计划（教案）和实施指南均欠示范意义 ➢ 活动计划只适用于本次教学活动
评价和评估	➢ 活动计划中包括真实评价和评价工具 ➢ 教学目标和教学评价之间有明显关联 ➢ 评价工具包含了切合主题的具体标准，对学前儿童的认知教育起到良好的指导作用	➢ 活动计划中包括用于大多数教学目标的评价工具 ➢ 教学目标和教学评价之间有所关联 ➢ 评价工具包含了一些切合主题的具体标准，但对学前儿童的认知教育作用不太明显	➢ 不包括用于教学的评价工具，或与学习目标不相匹配 ➢ 教学目标和教学评价之间的关系不明 ➢ 评价工具仅包括一些宽泛的标准
教学内容	➢ 活动计划中的教学内容清晰、教学目标表述清楚、有条理，而且以框架问题为支持 ➢ 教学目标与相关学科的课程目标或教学大纲都有明显的关联 ➢ 活动计划有精心设计的、适应不同年龄段或技能水平的学前儿童的调整措施	➢ 较好地表述了活动计划的教学内容、教学目标，而框架问题的支持程度一般 ➢ 部分教学目标与相关学科的课程目标或教学大纲有明显的关联 ➢ 活动计划为适应不同年龄段或技能水平的学前儿童所提供的调整措施较少	➢ 活动计划的教学内容、教学目标模糊，框架问题的支持不明显 ➢ 教学目标与相关学科的课程目标或教学大纲几乎没有关联 ➢ 活动计划无法适应不同年龄段或技能水平的学前儿童

(3) 学前儿童音乐教育活动听课、评课记录表

学前儿童音乐教育活动听课、评课记录表			
授课教师		任职班级	
课程名称		教学形式	
上课时间		上课地点	
共同听课人				
听课后的评价			
授课情况	从教学活动内容、教学方法、教学态度、教学效果等方面的书面意见。		
幼儿情况	从学习态度、教学秩序、课堂纪律等方面写出意见。		
总体评价和建议			

（4）教学反思表

教学反思表	
活动名称：	
教学人数：	合格人数：
学期：	学时：
哪些方面做得比较好？	
哪些方面做得不够好？	
为使课堂教学更好展开还应做哪些改进工作？	
如何处理不同年龄段学前儿童音乐能力发展的个体差异？	
其他：	

(5)"学前儿童音乐教育活动"教学过程规范性自查表

"学前儿童音乐教育活动"教学过程规范性自查表		
关注方面	规范性要求	解释
教学安排	活动是否有序,按照知识能力的递进原则循序渐进地讲解	教学内容的安排体现了教学循序渐进的原则
	每次教学活动既有讲解演示,又有操作练习	给学前儿童以实践的机会,是学前儿童音乐教育活动的特点之一
	每次教学活动的时间安排合理、有计划性	活动应集中教授,自成一体,不宜分在不同的时间段完成
	全体学前儿童集中学习	学前儿童在共同交往的基础上合作学习,互相帮助、共享成果
技术	网络信息及多媒体技术运用	将网络资源整合到"学前儿童音乐教育活动"的设计中,运用网络和多媒体技术来支持教与学,以培养支持研究、合作解决问题的能力
	不应以任何方式提高技术难度	学前儿童音乐教育活动的教学强调普遍性、完整性、稳定性和可操作性,教师将基本教育学理论知识、音乐知识和音乐技能合理地整合到教学活动中,不过分强调学科技术难度,以激发幼儿学习认知的兴趣为主
理念	强调以教学大纲和课程大纲为设计理念	强调学前儿童掌握基本的音乐知识技能,并培养其多元智能的认知和高级思维能力
	强调并督促教师从学前儿童角度出发设计音乐教育活动	以学前儿童为中心是音乐教育活动要表现的一个教育理念,这个理念将通过教师创造性的活动案例设计等方式体现出来
教法	重视学前儿童的集体活动	活动不但培养学前儿童的合作意识,更重要的是这种意识将影响他们日后的学习理念
	运用有效的教学方法	活动的主题都有其特定的目的,运用诸如明确的语言引导、技能模仿示范等方法支持教学的深入开展
	整个活动都是围绕学前儿童音乐教育活动的教育目标、组织和评价方法等进行	明确活动的教育目标、组织和评价方法可使学前儿童更容易把握音乐教育活动的内容,提高教学效果

2. "学前儿童音乐教育活动"单元课程的评价工具

(1) 课前测评

课前测评														
学生姓名	音乐学科知识、技能					教育信息技术能力				教具、道具制作			教学实践经验	备注（其他）
	基础乐理	视唱练耳	唱歌	琴法或其他乐器演奏	舞蹈	Word	PPT	网上查找资料	多媒体课件	文档管理	打谱软件Overture4.0	教具	道具		

（2）课程日志

课程日志（单元0~7）			
姓名		小组	
日期			
学前儿童音乐教育活动名称			
今天完成了哪些工作			
所遇到的问题			
解决方案			
下一周的目标			
备注			

（3）"学前儿童音乐教育与活动设计单元课程"教学过程规范性自查表

\multicolumn{3}{c}{"学前儿童音乐教育与活动设计单元课程"教学过程规范性自查表（主讲教师）}		
关注方面	规范性要求	解　　释
教学安排	课程按照顺序讲解各个单元模块	单元模块内容的安排体现了教学循序渐进的原则
	每次课堂教学既有讲解演示，又有操作练习	给学生以实践的机会是本课程的特点之一
	每个单元模块的教学都在一个工作周内完成，约2~4课时	每个单元模块都应集中讲授，自成一体，不宜分在不同的时间段完成
	全体学生集中教学，分组完成学前儿童音乐教育活动设计与展示	学生在共同学习的基础上合作学习，互相借鉴、共享成果
技术	网络信息及多媒体技术运用	将网络资源整合进"学前儿童音乐教育活动"的设计中，运用网络和多媒体技术来支持教与学，以培养支持研究、合作解决问题的能力
	不应以任何方式提高技术难度	本课程的教学强调普遍性、完整性、稳定性和可操作性，学生将其已具备的基本教育学理论知识、音乐知识和音乐技能合理地整合到教学活动中，如果过分地强调学科技术难度，则违背了本课程的教学初衷。教师如果将自己活动作品集范例中的技术难度提得过高，或对学生设计的学前儿童音乐教育活动中的高难度技术含量大加赞赏，这些都不是规范的做法
理念	强调用大纲和设计卡等规范方式设计	本课程强调培养学生系统科学地掌握学前儿童音乐活动设计的方法，用大纲和设计卡等方式只是一个手段，是为了培养学生的系统设计意识，并提高工作效率
	强调并督促学生从学前儿童的角度出发设计音乐教育活动	以学生为中心，是本课程要表现的一个教育理念，这个理念正是通过学生创造性的活动案例设计和合作学习的气氛培养等方式体现出来的
教法	重视小组合作学习和教法研讨活动	这些活动不但可以培养学生的合作意识，更重要的是这种意识将影响他们日后的教学理念
	明确每次教法研讨的目的，并引导学生达到既定的目标	本课程的各个教法研讨的主题是按顺序安排并都有其特定的目的，如不明确或者讨论内容分散，就不能对后续教学起到支持作用
	在1、2单元模块中一定要帮助学生确定一个固定的、有意义的学前儿童音乐教育活动主题	整个单元课程都是围绕学前儿童音乐教育活动的设计、组织和进行情景模拟教学展演进行的，学生在刚开始接触课程时，往往不知道怎么选材命题，教师一定要注意引导、把关，否则会影响教学效果
	在1、2单元模块中强调合作学习的重要性，并分组固定合作伙伴	合作伙伴的固定会大大提升教学效果
督导	强调评价与修订活动方案的重要性，并阶段性地督促、协助学生的实施	过程评价是系统的教学计划中的重要环节，加强学生的评价意识，对他们日后的教学有启示作用
	强调教学在情景模拟教学展演后各项评价的重要性，并督促学生实施。	各种教学活动后的评价工作都是为了更好地展开此评价活动，教师和学生都会因此而长期受益

(4)"活动"演示文稿评价量规

	A	B	C	D	E	F
1			"活动"演示文稿评价量规			
2		小组	班级	日期		
3		项目(总分100)	优秀(1~0.85)	良好(0.84~0.7)	一般(<0.7)	得分
4	知识和信息	知识的掌握(20)	通过设计"活动"演示文稿掌握了PowerPoint的应用功能 完整地体现了教学目标内容和过程 能清晰地表达自己的教学观点,与幼儿良好互动	通过设计"活动"演示文稿基本掌握了PowerPoint的应用功能 较完整地体现了教学目标内容和过程 能清晰地表达自己的教学观点,能激发幼儿互动	通过设计"活动"演示文稿掌握了PowerPoint的一般应用功能 不能清楚地体现教学目标内容和过程 自己的教学观点不明确,师幼没有互动	
5		信息的收集(20)	信息的收集准确、完整、系统	信息的收集较准确、较完整、较系统	信息的收集无法提炼出教学内容,说明不了教学目的	
6		信息的处理(20)	能够熟练地把信息整合到"活动"演示文稿中。在演示文稿中整合的信息贴近教学内容和教学目标	能够在别人的帮助下把信息整合到"活动"演示文稿中 信息的整合内容贴近教学内容和教学目标	无法清楚地把信息整合到"活动"演示文稿中 无法将整合的信息贴近教学内容和教学目标	
7	其他	自我感受(10)	内容有独特的见解 有创新,令人耳目一新	内容能表达自己的1~2点认识和见解	内容完全引用信息资料,没有自己的独特的见解	
8		技术性(15)	采用的超链接合理、有效,使用的幻灯片较多	采用的超链接比较勉强,使用的幻灯片较少	采用的超链不合理或无效,使用的幻灯片很少	
9		欣赏性(10)	底色或背景图案选择较好,符合学前儿童的年龄特点,能增强文稿的可欣赏性和教学意义	底色或背景图案选择恰当,较符合学前儿童的年龄特点,能改善文稿的可欣赏性和教学意义	无底色或背景图案,不符合学前儿童的年龄特点,无助于文稿的可欣赏性和教学意义	
10		信息引用记录(5)	能完整地记录下所有的资源来源	有一定的版权意识,但记录不完整	无信息引用记录	
11	加分项目		在收集信息时对完整性、准确性和系统性有特别的考虑和安排。			
12			在运用表格、图片和多媒体音频和视频的处理及表达上做得很好			
13			小组分工合理、协同完成			
14	总评				总分	=SUM F4:F13

(5) "学前儿童音乐教育与活动设计"单元课程过程性测评[①]

▶第一次测评

类别	一级指标		二级指标	测评等级				测评参考标准
A	理念和方法(20%)	1	A1 重视问题设计	A	B	C	D	1. 有基本问题设计、有单元问题设计、有内容问题设计得C，缺一类问题得D 2. 问题齐全且问题设计针对学前儿童音乐教育活动教学目标得B 3. 在2的基础上，问题设计有层次性得A
		2	A2 以学前儿童为主体	A	B	C	D	1. 教学过程中有学前儿童参与活动具体的设计 2. 从学前儿童的角度出发设计演示文稿 测评：有详细的幼儿参与活动的设计，演示文稿完全符合幼儿的认知规律得A，否则得B、C、D
		3	A3 学习过程评价与反思	A	B	C	D	1. 演示文稿评价量规完整 2. 认真完成课程日志并在博客上进行交流 测评：演示文稿评价量规有分级的评价标准，且每个单元结束后完成课程日志并在博客等网络工具上交流得A，否则得B、C、D
		4	A4 规范资源、材料的引用及记录	A	B	C	D	1. 有资源、材料引用记录 2. 活动作品集中有引用记录 测评：有完整、清晰的资源、材料引用记录，并在活动作品集中记录、归类所有引用资源、材料得A，否则得B、C、D
B	学习态度与情感(20%)	5	B2 合作学习	A	B	C	D	1. 积极参与"教法研讨" 2. 积极参与"小组共享"等交流活动 3. 主动帮助其他同伴 4. 参与博客等网上交流 测评：积极参与上述所有活动得A，缺1项减1级，以此类推。没有参与网上交流，没有帮助其他同伴，不能得A
C	教学设计能力(30%)	6	C1 框架问题设计	A	B	C	D	1. 基本问题是开放性的，且指向学科核心 2. 单元问题与学前儿童音乐教育活动单元主题相关，且具有开放性 3. 内容问题直接支持学前儿童音乐教育活动单元主题的教学内容 4. 活动设计支持对框架问题的探究 测评：全部达到上述要求得A，缺1项减1级，以此类推
		7	C2 教育活动教学目标的制定	A	B	C	D	1. 教学目标符合课程标准的要求 2. 教学目标符合学前儿童的实际 测评：有三维教学目标，且教学目标符合课程标准要求得A，否则得B、C、D

注：
1. 本次测评在单元0～4教学结束后进行，学生主要依据自己的学习情况和相应的活动设计及作品打分
2. 本次测评由学生开展自评，将结果直接反馈给主讲教师
3. 主讲教师应该对学生的自评进行适时地指导，要求学生客观公正地对自己的学习过程进行自评

[①] "学前儿童音乐教育与活动设计"单元课程过程性测评的评价指导请参详本书单元8的内容。

➢ 第二次测评

类别	一级指标		二级指标	测评等级				测评参考标准
A	理念和方法(20%)	1	A1	重视问题设计	A	B	C	D	1. 有基本问题设计、有单元问题设计、有内容问题设计得C，缺一类问题得D 2. 问题齐全且问题设计针对学前儿童音乐教育活动教学目标得B 3. 在2的基础上，问题设计有层次性得A
		2	A2	以学前儿童为主体	A	B	C	D	1. 教学过程中有学前儿童参与活动具体的设计 2. 从学前儿童的角度出发设计演示文稿 测评：有详细的幼儿参与活动的设计，演示文稿完全符合幼儿的认知规律得A，否则得B、C、D
		3	A3	学习过程评价与反思	A	B	C	D	1. 演示文稿评价量规完整 2. 认真完成课程日志并在博客上进行交流 测评：演示文稿评价量规有分级的评价标准，且每个单元结束后完成课程日志并在博客等网络工具上交流得A，否则得B、C、D
		4	A4	规范资源、材料的引用及记录	A	B	C	D	1. 有资源、材料引用记录 2. 活动作品集中有引用记录 测评：有完整、清晰的资源、材料引用记录，并在活动作品集中记录、归类所有引用资源、材料得A，否则得B、C、D
B	学习态度与情感(20%)	5	B2	合作学习	A	B	C	D	1. 积极参与"教法研讨" 2. 积极参与"小组共享"等交流活动 3. 主动帮助其他同伴 4. 参与博客等网上交流 测评：积极参与上述所有活动得A,缺1项减1级,以此类推。没有参与网上交流,没有帮助其他同伴,不能得A
C	教学设计能力(30%)	6	C1	框架问题设计	A	B	C	D	1. 基本问题是开放性的，且指向学科核心 2. 单元问题与学前儿童音乐教育活动单元主题相关，且具有开放性 3. 内容问题直接支持学前儿童音乐教育活动单元主题的教学内容 4. 活动设计支持对框架问题的探究 测评：全部达到上述要求得A,缺1项减1级,以此类推
		7	C2	教育活动教学目标的制定	A	B	C	D	1. 教学目标符合课程标准的要求 2. 教学目标符合学前儿童的实际 测评：有三维教学目标，且教学目标符合课程标准要求得A，否则得B、C、D

注：
1. 本次测评在单元5~6教学结束后进行，主要依据学生的学习情况和相应的活动设计及作品打分
2. 本次测评由学生在小组范围内进行互评，将结果直接反馈给主讲教师
3. 主讲教师应该组织好每个小组内的交流，确保小组成员之间有足够的相互了解，力求测评的客观和公正

➤ **第三次测评**

\"学前儿童音乐教育与活动设计\"单元课程过程性测评（第三次测评）					
类别	一级指标		二级指标	测评等级	测评参考标准
A 理念和方法（20%）		1 A1	重视问题设计	A B C D	1. 有基本问题设计、有单元问题设计、有内容问题设计得 C，缺一类问题得 D 2. 问题齐全且问题设计针对学前儿童音乐教育活动教学目标得 B 3. 在 2 的基础上，问题设计有层次性得 A
		2 A2	以学前儿童为主体	A B C D	1. 教学过程中有学前儿童参与活动具体的设计 2. 从学前儿童的角度出发设计演示文稿 测评：有详细的幼儿参与活动的设计，演示文稿完全符合幼儿的认知规律得 A，否则得 B、C、D
		3 A3	学习过程评价与反思	A B C D	1. 演示文稿评价量规完整 2. 认真完成课程日志并在博客上进行交流 测评：演示文稿评价量规有分级的评价标准，且每个单元结束后完成课程日志并在博客等网络工具上交流得 A，否则得 B、C、D
		4 A4	规范资源、材料的引用及记录	A B C D	1. 有资源、材料引用记录 2. 活动作品集中有引用记录 测评：有完整、清晰的资源、材料引用记录，并在活动作品集中记录、归类所有引用资源、材料得 A，否则得 B、C、D
B 学习态度与情感（20%）		5 B2	合作学习	A B C D	1. 积极参与"教法研讨" 2. 积极参与"小组共享"等交流活动 3. 主动帮助其他同伴 4. 参与博客等网上交流 测评：积极参与上述所有活动得 A，缺 1 项减 1 级，以此类推。没有参与网上交流，没有帮助其他同伴，不能得 A
C 教学设计能力（30%）		6 C1	框架问题设计	A B C D	1. 基本问题是开放性的，且指向学科核心 2. 单元问题与学前儿童音乐教育活动单元主题相关，且具有开放性 3. 内容问题直接支持学前儿童音乐教育活动单元主题的教学内容 4. 活动设计支持对框架问题的探究 测评：全部达到上述要求得 A，缺 1 项减 1 级，以此类推
		7 C2	教育活动教学目标的制定	A B C D	1. 教学目标符合课程标准的要求 2. 教学目标符合学前儿童的实际 测评：有三维教学目标，且教学目标符合课程标准要求得 A，否则得 B、C、D

注：
1. 本次测评在单元 7~8 教学结束后进行，主要依据学生的学习情况和整个活动设计、作品和情景模拟教学展演打分
2. 学生进行自评的方法同第一次测评要求相同，将结果直接反馈给主讲教师
3. 主讲教师应该严格地、认真地按照标准进行测评，一般情况下，优秀率控制在 20% 以下

(6) 教学反思表（主讲教师）

教学反思表 （主讲教师）		
教学人数：		合格人数：
学期（单元）：		学时：
哪些方面做得比较好？		
哪些方面做得不够好？		
为使课堂教学更好展开还应做哪些改进工作？		
如何处理学生理论与技能的个体差异？		
其他：		

（7）学习体会或总结

学习体会或总结				
姓名		小组		
日期					
学前儿童音乐教育活动名称					
学前儿童音乐教育与活动设计单元课程的学习反思					
学前儿童音乐教育活动设计及情景模拟教学展演反思					

3. 学前儿童音乐教育活动的评价记录
(1) 原始记录评价
① 活动描述记录评价表

活动描述记录评价表

② 活动观察记录评价表 A、B

活动观察记录评价表 A		
日期：	班级：	幼儿姓名：
幼儿活动情况实录		教师分析

活动观察记录评价表 B	
日期：	班级：
活动背景	
幼儿活动情况实录	
教师分析及调整	

(2) 分类记录评价

① 分类记录评价表

分类记录评价表			
日期：			班级：
	观察要点		幼儿活动实录
音乐区角			
韵律和舞蹈活动			
歌唱活动			
打击乐器活动			
音乐欣赏			
歌唱韵律活动			
音乐游戏			
识谱			

② 对活动材料、道具玩法的记录分析表

对活动材料、道具玩法的记录分析表		
日期：	班级：	活动名称：
材料、道具		
目标		
玩法		
活动行为能力		

（3）目标导向记录评价

① 指标记录评价表 A

指标记录评价表 A																				
日期：						班级：							幼儿姓名：					
幼儿活动情况实录																				
教师分析																				
音乐技能 1				音乐技能 2				音乐技能 3				合作行为				规则行为			
I	II	III	IV	I	II	III	IV	I	II	III	IV	I	II	III	IV	I	II	III	IV

② 指标记录评价表 B

指标记录评价表 B				
日期：	班级：		幼儿姓名：	
幼儿活动情况实录			活动内容、行为分析	
发展评价				
音乐能力	社会性	想象创造力	经验	情感

(4) 音乐教育活动综合评价记录
① 音乐教育活动原始综合评价记录

音乐教育活动原始综合评价记录				
活动名称：				教师：
活动时间：				班级：
		原始记录		分析评价	
活动目标				
活动内容				
活动方法				
活动环境和材料				
活动过程	教师表现			
	师幼互动			
	组织形式			
	结构安排			
活动效果	情绪			
	注意力			
	参与性			
	目标达成			

② 音乐教育活动定量评价表
➢ 音乐教育活动定量评价表

音乐教育活动定量评价表					
序号	评价项目		评价标准			
			好	较好	一般	差
1	教师态度	活动准备				
2		精神面貌				
3	教师能力	活动设计				
4		活动组织				
5		活动指导				
6		音乐能力				
7	儿童表现	情绪态度				
8		内容掌握				
9		能力锻炼				
说明	1. 无记名填写本表 2. 实事求是，严肃认真 3. 在你认为符合的评价意见栏内划"√" 4. 评价时参考具体标准					

➢ 音乐教育活动定量评价表评价标准——教师态度评价的标准

评价项目		音乐教育活动定量评价表评价标准			
		好	较好	一般	差
教师态度	活动准备	➢ 熟悉活动的内容及程序 ➢ 了解学前儿童的一般认知能力水平和个体差异 ➢ 对活动所需要的材料、场地等因素考虑充分、细致	➢ 熟悉活动的内容及程序 ➢ 了解学前儿童的一般音乐知识基础 ➢ 能考虑到活动所需要的材料、场地等因素	➢ 基本掌握活动的内容及程序 ➢ 了解学前儿童的一般音乐知识基础 ➢ 对活动所需要的材料、场地等因素考虑不周，会影响活动的顺利进行	➢ 对活动的内容及程序不清楚 ➢ 对学前儿童的一般音乐知识基础把握不够 ➢ 对活动所需要的材料、场地等因素欠考虑，会严重影响活动的顺利进行
	精神面貌	➢ 精神振奋，有教学热情 ➢ 对学前儿童态度亲切自然，交流沟通充分 ➢ 讲解示范对学前儿童具有吸引力	➢ 精神振奋，有教学热情 ➢ 对学前儿童态度亲切自然 ➢ 讲解示范比较吸引学前儿童	➢ 精神面貌一般，教学热情不足 ➢ 对学前儿童态度比较亲切自然，交流沟通充分 ➢ 讲解示范尚能引起学前儿童注意	➢ 情绪平淡，态度严肃 ➢ 对学前儿童态度急躁、没耐心 ➢ 讲解示范难以引起学前儿童注意

➤ 音乐教育活动定量评价表评价标准——教师能力评价的标准

评价项目		音乐教育活动定量评价表评价标准			
		好	较好	一般	差
教师能力	活动设计	➤ 活动设计目的明确、内容充实、结构合理、层次清晰 ➤ 材料的选择、处理有独创性 ➤ 活动方案清楚、工整、规范、合理、完整	➤ 活动设计目的明确、内容充实、结构合理、层次清晰 ➤ 活动方案清楚、工整、规范、合理、完整	➤ 活动设计目的尚明确、内容较充实，结构、层次不够合理、清晰 ➤ 材料的选择、处理有独创性 ➤ 活动方案规范	➤ 活动设计目的不够明确、内容相互脱节、结构层次凌乱、分散 ➤ 活动方案不规范、不完整
	活动组织	➤ 能有效调动和始终保持大多数学前儿童参与活动的积极性、主动性 ➤ 能冷静地、有条不紊地追求教育活动的目标，执行教育活动的计划 ➤ 能灵活地根据学前儿童的实际情况及时调整教育活动的目标或计划	➤ 能努力调动和保持学前儿童参与活动的积极性 ➤ 能明确教育活动的目标，执行教育活动的计划 ➤ 能注意调整教育活动程序中不当的环节	➤ 尚能注意激发学前儿童参与活动的积极性 ➤ 能明确教育活动的目标，执行教育活动的计划	➤ 不注意激发学前儿童参与活动的积极性 ➤ 不能明确教育活动的目标，执行教育活动的计划，会经常出现遗漏
	活动指导	➤ 讲解示范准确、熟练、清晰，能够为学前儿童所接受 ➤ 能熟练利用角色变化来引导幼儿学习 ➤ 能通过提问有效地激发学前儿童的独立思考和互相交流 ➤ 能适时适度地给幼儿以具体帮助 ➤ 能针对个体差异进行指导	➤ 讲解示范准确、熟练、清晰，能够为学前儿童所接受 ➤ 尚能注意利用角色变化来引导幼儿学习 ➤ 尚能注意用提问的方式来激发学前儿童的独立思考和互相交流 ➤ 能给幼儿以具体帮助	➤ 讲解示范比较准确、熟练、清晰 ➤ 偶尔也能利用角色变化来引导幼儿学习 ➤ 偶尔也能给幼儿以具体帮助	➤ 讲解示范不够准确、熟练、清晰 ➤ 很少能给幼儿以具体帮助，并经常斥责幼儿
	音乐能力	➤ 示范表演有很强的艺术表现力和感染力 ➤ 乐器演奏熟练，且具有很强的艺术表现力和感染力 ➤ 分析、讲述音乐的内容、形象、结构等元素并做到准确、清晰、富于艺术性和童趣	➤ 示范表演有一定的艺术表现力和感染力 ➤ 乐器演奏比较熟练，且具有很强的艺术表现力和感染力 ➤ 能够比较准确、清晰地分析、讲述音乐的内容、形象、结构等元素，有一定的艺术性和童趣	➤ 示范表演缺乏艺术表现力和感染力 ➤ 乐器演奏尚完整连贯 ➤ 尚能准确、清晰地分析、讲述音乐的内容、形象、结构等元素	➤ 示范表演缺乏艺术表现力和感染力 ➤ 乐器演奏错误较多，不连贯 ➤ 不够准确、清晰地分析、讲述音乐的内容、形象、结构等元素

> 音乐教育活动定量评价表评价标准——儿童表现评价的标准

评价项目		音乐教育活动定量评价表评价标准			
		好	较好	一般	差
儿童表现	情绪态度	➢ 学前儿童在音乐活动中能够始终保持轻松、愉快的情绪，积极热情地参与活动 ➢ 学前儿童能够注意力集中地倾听、观看教师或其他儿童的表演、参与	➢ 学前儿童在音乐活动中能够经常保持轻松、愉快的情绪，多数幼儿能积极热情地参与活动 ➢ 在教师或其他儿童表演、参与时，学前儿童一般尚能集中注意力地倾听、观看	➢ 学前儿童在感兴趣的活动环节中显示轻松、愉快 ➢ 学前儿童偶尔注意力集中地倾听、观看教师或其他儿童的表演、参与	➢ 学前儿童对整个音乐活动无兴趣、热情，常显得疲惫、不耐烦 ➢ 学前儿童不能够注意力集中地倾听、观看教师或其他儿童的表演、参与，会做小动作
	内容掌握	➢ 绝大多数学前儿童掌握了音乐活动的主要内容，学习质量好	➢ 多数学前儿童掌握了音乐活动的主要内容，学习质量较好	➢ 部分学前儿童掌握了音乐活动的主要内容，学习质量一般	➢ 多数学前儿童没有掌握音乐活动的主要内容，学习质量差
	能力锻炼	➢ 大多数学前儿童在音乐活动中获得了能力锻炼的机会，有一定进步	➢ 部分学前儿童在音乐活动中获得了能力锻炼的机会，稍有进步	➢ 少数学前儿童在音乐活动中获得了能力锻炼的机会，进步不大	➢ 学前儿童在音乐活动中极少有能力锻炼的机会。

4. 情景模拟教学活动展演评价工具

(1) 学前儿童音乐教育活动情景模拟教学展演活动记录、评价表（学生）

学前儿童音乐教育活动情景模拟教学展演活动记录、评价表（学生）		
活动小组		活动时间
活动主题		
小组成员		
情景模拟教学展演的评价		
活动展演情况	从活动内容、教学方法、教学态度、教学效果等方面的建议	
幼儿情况	从参与态度、教学秩序、学习情况等方面写出建议	
总体评价和建议		
		参评者（签名）：_____

(2) 学前儿童音乐教育活动情景模拟教学展演评价表（主讲教师）

学前儿童音乐教育活动情景模拟教学展演评价表（主讲教师）			
评价指标		评审意见	
技术整合	多媒体应用	亮点	
		改进建议	
	教具、道具应用	亮点	
		改进建议	
活动展示效果	活动过程连贯、清晰、完整	亮点	
		改进建议	
	适宜、创新	亮点	
		改进建议	
	角色扮演效果	亮点	
		改进建议	
教学目标	框架问题	亮点	
		改进建议	
活动内容	学前儿童学习、掌握音乐学科知识和技能的情况	亮点	
		改进建议	
	教师教学中传授音乐知识、技能的方法	亮点	
		改进建议	
	教师如何引导幼儿进行高层次的思维目标？	亮点	
		改进建议	
其他建议			

附录4　活动支持材料记录

1. 网络资料引用记录表

网络材料引用记录表		
网站名称	网址	简介 （对从网站所获得信息进行简单描述，为日后的引用提供一些基本信息。）

2. 多媒体资料制作收集记录

\multicolumn{4}{c}{多媒体资料制作收集记录}			
	名称	播放格式	播放时间
视频			
声音			

附录5　学前儿童音乐教育活动计划（教案）模板

1. 活动概览

	活动概览	
活动标题		
活动类别形式		
框架问题	基本问题	
	单元问题	
	内容问题	
活动概述		
关键词		
年龄段或年级		
□0～3岁（托班）　　□3～4岁（小班）　　□4～5岁（中班）　　□5～6岁（大班）		

2. 教学目标

教学目标①
根据你的标准和你自己的期望,你要求学前儿童能够知道、会做或理解的内容是什么?
哪些高层次的思维技能是你要求达到的目标?
学前儿童音乐教育总目标:活动(或课程)标准
提示:参详附录2《上海市学前教育课程指南》,指导小组设计的学前儿童音乐教育活动的内容及目标

学前儿童音乐能力年龄阶段目标	
单元目标	
活动(课时)目标	

---

① "教学目标"的确定请参考本书第3章二(一)、第3章六(二)、第7章四的内容。

3. 学科领域

学科领域			
技能目标（音乐知识技能）	□唱歌	□音乐感	□节奏感 □旋律感 □结构感 □音色感 □速度感 □力度感
		□创造能力	□创编动作 □指挥 □创编歌词
		□乐理	□识谱
			□基本乐理常识
		□视唱练耳	
	□韵律和舞蹈	□音乐感	□节奏感 □旋律感 □结构感 □音色感 □速度感 □力度感
		□创造能力	□创编动作 □指挥 □创编歌词
		□乐理	□识谱
			□基本乐理常识
		□视唱练耳	
	□乐器演奏	□音乐感	□节奏感 □旋律感 □结构感 □音色感 □速度感 □力度感
		□创造能力	□创编动作 □指挥 □创编歌词
		□乐理	□识谱
			□基本乐理常识
		□视唱练耳	
	□音乐欣赏	□音乐感	□节奏感 □旋律感 □结构感 □音色感 □速度感 □力度感
		□创造能力	□创编动作 □指挥 □创编歌词
		□乐理	□识谱
			□基本乐理常识
		□视唱练耳	
情感目标	□儿童对音乐的审美态度		
	□儿童对音乐的情感认识		
认知目标	□多元智能	□语言 □数字 □习惯 □审美 □社科 □自然	
	□高级思维能力		

4. 活动所需材料及资源

活动材料及资源	
指导教材（印刷资源）	课本、课程指南、参考资料等
网络资源	Flash、课件、案例、参考资料等
活动道具及教具	乐谱、乐器、道具、电子白板、投影仪等
多媒体资源	Flash、音频、视频等
其他	为了实施活动而需要订购或汇集的必需物品。为学习而特别配备。不要包括所有教室里必备的日常用品

5. 学前儿童音乐教育活动过程

学前儿童音乐教育活动过程	
课时计划	
活动的课时次数	
每次活动的时间安排	
过程（教学或学习过程）	
对教学周期的清晰写照——描述学前儿童音乐教育活动的范围和顺序，解释幼儿如何参与教学活动。包括对教具、道具的使用等	
组织形式	
活动方法	
活动环境和材料	

6. "介绍活动"演示文稿

活动名称 班级：_____ 小组：_____ 日期：_____	所教音乐教育内容是什么？ 所教学前儿童的年龄段是什么？
活动主题： 活动概述：	所依据的课程标准： 所依据的学前儿童音乐教育年龄段目标：
所拟定的学习目标：	活动的框架问题： ➤ 基本问题 ➤ 单元问题 ➤ 内容问题

7. "活动"演示文稿

```
┌─────────────────────────┐
│                         │
│        活动名称          │
│                         │
│    ××幼儿园××班级        │
│                         │
└─────────────────────────┘
```

```
┌──────────────────┐    ┌──────────────────┐
│                  │    │                  │
│   活动内容及过程    │    │   活动内容及过程    │
│                  │    │                  │
│    文本+图片       │    │    文本+声频       │
│                  │    │                  │
└──────────────────┘    └──────────────────┘
```

```
┌──────────────────┐    ┌──────────────────┐
│                  │    │                  │
│   活动内容及过程    │    │   活动内容及过程    │
│                  │    │                  │
│  文本+音像(Flash)  │    │    文本+乐谱       │
│                  │    │                  │
└──────────────────┘    └──────────────────┘
```

附录6 学前儿童音乐教育活动作品集范例

活动1：歌唱韵律活动《捏拢放开》

"介绍活动"演示文稿

歌唱韵律活动
《捏拢放开》

班级：小二班
小组：第一小组
日期：2009年5月10日

所教音乐教育活动内容是：
　　幼儿跟随歌曲《捏拢放开》体会旋律的上行与下行趋势；掌握手指捏拢放开的动作；律动的同时跟唱歌曲，学习口手一致；认识身体的各个部位。
所教学前儿童的年龄段是：
　　幼儿园托小班，3～4岁

所依据的课程标准：
　　了解自己的身体特征及生长中的变化和需要，比较自身与他人的不同，体验成长的快乐。
- 外形外貌特征
- 五官四肢功能

所依据的学前儿童音乐教育年龄段目标：2～4岁学前儿童韵律及歌唱能力目标
- 3～4岁的幼儿具有一定的肌肉控制能力，能模仿日常生活中所熟悉的事物；能根据音乐性质的变化，用相应的动作来表达自己的感受、情感。例如：如果音乐速度快，则动作也加快；如果音乐连贯、平衡，则动作缓慢、平稳。
- 3～4岁的幼儿能比较合拍地歌唱，尤其是对走步、跑步、心跳、呼吸等相应协调的节奏——四分音符、八分音符所构成的歌曲节奏更容易感受和掌握。

活动主题：歌唱韵律活动《捏拢放开》
（韵律为主，歌唱为辅的音乐活动）

活动概述：
　　幼儿通过学习手指捏拢放开的动作感受简洁活泼的旋律，并学习朗朗上口的歌谣，锻炼了手指的活动能力，建构了对"手、肩、膝盖、五官"的认知。

活动的框架问题：
1. 基本问题：生命的意义是什么？
2. 单元问题
- 身体还有什么部位和器官？
- 身体部位和器官的作用是什么？
- 如何配合歌词内容，变换手指指向的身体部位？
3. 内容问题
- 歌词唱了什么？
- 小手跟随音乐做什么韵律动作？

所拟定的学习目标：

1. 学会唱歌曲《捏拢放开》；
2. 掌握简单的身体律动动作，并伴随歌曲旋律有节奏地简单韵动；
3. 认知外形外貌特征、五官、四肢功能，体验成长的快乐。

"活动"演示文稿

```
歌唱韵律活动
《捏拢放开》


××幼儿园小二班
```

```
播放音响、音像歌曲《捏拢放开》：

歌曲《捏拢放开》音响链接

歌曲《捏拢放开》音像链接
```

```
人体部位的图片：

整个人体
手
膝盖
脚
头
```

```
《捏拢放开》乐谱

        捏拢放开
1=C 2/4                        佚 名 词曲
5 5 1 1 | 5 5 1 1 | 3.2 1 3 | 2 — |
捏拢 放开 捏拢 放开，小手 拍两 拍。
5 5 2 2 | 4.3 2 4 | — | 1 1 2 2 | 3 3 4 4 |
放开 捏拢，小手 放下 来。   爬呀 爬呀 爬呀 爬呀
5.6 5 4 | 3 — | 3 2 1 2 1.7 | 2 2 5 5 | 1 — |
爬到 头 顶上。  耳朵 上肩 膀上 膝盖 小脚 上。
```

活动计划（教案）

活动概览			
活动标题	歌唱韵律活动《捏拢放开》		
活动类别形式	主题活动"身体的奥秘"下的音乐活动		
框架问题	基本问题	生命的意义是什么	
	单元问题	➤ 身体还有什么部位和器官 ➤ 身体部位和器官的作用是什么 ➤ 如何配合歌词内容，变换手指指向的身体部位	
	内容问题	➤ 歌词唱了什么 ➤ 小手跟随音乐做什么韵律动作	
活动概述	幼儿通过学习手指捏拢放开的动作感受简洁活泼的旋律，并学习朗朗上口的歌谣，锻炼了手指的活动能力，建构了对"手、肩、膝盖、五官等"的认知		
关键词	捏拢放开、小手、肩、膝盖、头		
年龄段或年级	□ 0～3岁（托班）　☑ 3～4岁（小班）　□ 4～5岁（中班）　□ 5～6岁（大班）		

活动所需材料及资源	
指导教材（印刷资源）	《上海市学前教育课程指南》 《幼儿园音乐教育活动》，许卓雅，北京：人民教育出版社
网络资源	http://www.tudou.com/programs/view/U4hfPBb2a5I/
活动道具及教具	《捏拢放开》乐谱、钢琴、"活动"演示文稿、"介绍活动"演示文稿
多媒体资源	《捏拢放开》音像： 《捏拢放开》音响：
其他	关于人体部位的图片：整个人体，手、膝盖、脚、头等

教学目标	
根据你的标准和你自己的期望，你要求学前儿童能够知道、会做或理解的内容是什么？	
1. 幼儿掌握手指捏拢放开的动作，并跟随音乐律动 2. 幼儿歌唱完整的歌谣，并边唱边律动 3. 幼儿通过活动构建对"手、肩、膝盖、五官等"的认知	
哪些高层次的思维技能是你要求达到的目标？	
1. 让幼儿了解人体基本的特征和功能 2. 让幼儿探索身体的奥秘，体验成长的快乐	
学前儿童音乐教育总目标：活动（或课程）标准	
了解自己的身体特征及生长中的变化和需要，比较自身与他人的不同，体验成长的快乐 ➢ 外形外貌特征 ➢ 五官四肢功能	
学前儿童音乐能力年龄阶段目标	➢ 3～4岁的幼儿具有一定的肌肉控制能力，能模仿日常生活中所熟悉的事物；能根据音乐性质的变化，用相应的动作来表达自己的感受、情感。例如：如果音乐速度快，则动作也加快；如果音乐连贯、平衡，则动作缓慢、平稳 ➢ 3～4岁的幼儿能比较合拍地歌唱，尤其是对走步、跑步、心跳、呼吸等相应协调的节奏——四分音符、八分音符所构成的歌曲节奏更容易感受和掌握
单元目标	认知外形外貌特征、五官、四肢功能，体验成长的快乐
活动（课时）目标	1. 学会唱歌曲《捏拢放开》 2. 掌握简单的身体律动动作，并伴随歌曲旋律有节奏地简单律动

学科领域			
技能目标（音乐知识技能）	☑唱歌	☑音乐感	☑节奏感 ☑旋律感 ☑结构感 ☐音色感 ☑速度感 ☐力度感
		☑创造能力	☐创编动作　　☐指挥 ☑创编歌词
		☐乐理	☐识谱 ☐基本乐理常识
		☐视唱练耳	
	☑韵律和舞蹈	☑音乐感	☑节奏感 ☑旋律感 ☐结构感 ☐音色感 ☑速度感 ☐力度感
		☑创造能力	☑创编动作　　☐指挥 ☐创编歌词
		☐乐理	☐识谱 ☐基本乐理常识
		☐视唱练耳	
	☐乐器演奏	☐音乐感	☐节奏感 ☐旋律感 ☐结构感 ☐音色感 ☐速度感 ☐力度感
		☐创造能力	☐创编动作　　☐指挥 ☐创编歌词
		☐乐理	☐识谱 ☐基本乐理常识
		☐视唱练耳	
	☐音乐欣赏	☐音乐感	☐节奏感 ☐旋律感 ☐结构感 ☐音色感 ☐速度感 ☐力度感
		☐创造能力	☐创编动作　　☐指挥 ☐创编歌词
		☐乐理	☐识谱 ☐基本乐理常识
		☐视唱练耳	
情感目标	☐儿童对音乐的审美态度		
	☑儿童对音乐的情感认识		
认知目标	☑多元智能	☑语言　☐数字　☑习惯　☐审美　☐社科　☐自然	
	☑高级思维能力	让幼儿探索身体的奥秘，体验成长的快乐。	

学前儿童音乐教育活动过程	
课时计划	
活动的课时次数	第一课时：歌唱活动，学唱歌曲《捏拢放开》 第二课时：韵律活动，一边唱歌一边学习韵律动作
每次活动的时间安排	活动时间：30分钟/次 安排在上午9：20左右的集体活动
过程（教学或学习过程）	

第一课时：
一、播放音响歌曲《捏拢放开》引出话题（5分钟）
　　教师：让我们跟随音乐一起唱歌吧！播放"活动"演示文稿中的"播放音响、音像歌曲《捏拢放开》"PPT中的"音响链接"配合教学。
　　教师引导幼儿和跟唱音响中的歌曲，吐字清晰、节奏平稳，反复歌唱。
二、发现、感受身体和五官的功能（10分钟）
　　播放"活动"演示文稿中的"人体部位的图片"PPT配合教学，并反复感受音乐让幼儿了解身体的基本特征。
　　教师：我们的小手可以做什么动作？噢，是"捏——拢——放——开"。
　　教师：我们的小手可以"走"到哪里呢？这儿？——膝盖；这儿？——头；这儿？——肩。
三、教师、幼儿一起唱歌（15分钟）
　　播放"活动"演示文稿中的"《捏拢放开》乐谱"PPT配合教学。
　　教师和幼儿一起唱歌，教师有意识地强调"捏拢放开、小手、肩、膝盖、头"等歌曲中的关键词，并同时用手指向这些身体部位，加深幼儿的理解和歌词的记忆。附乐谱：

捏拢放开

1=C 2/3　　　　　　　　　　　　　　　佚　名词曲

$\underline{55}$ 11 | $\underline{55}$ 11 | 3.2 13 | 2 - | $\underline{55}$ 22 |
捏拢　放开　捏拢　放开，小手拍两拍。　　　放开　捏拢

$\underline{55}$ 22 | 4.3 24 | 3 - | 11 22 | 33 44 |
放开　捏拢，小手　放下　来，　　　爬呀爬呀　爬呀　爬呀

5.6 54 | 3 - | 3 21 2 17 | 22 55 | 1 - ||
爬到　头顶　上。　　耳朵上 肩膀上　膝盖 小脚　上。

第二课时：
一、播放歌曲《捏拢放开》音像（10分钟）
　　播放"活动"演示文稿中的"播放音响、音像歌曲《捏拢放开》"PPT中的"音像链接"配合教学。教师：让我们看看电视中的小朋友是如何表演唱的。
　　第二遍播放时，教师可以跟随音像边唱边演示韵律动作。
二、幼儿跟随教师学习韵律动作（15分钟）
　　教师指导幼儿站好队一字排开，并空出活动间隙，教师面向幼儿教授。教师应该清唱歌曲，放慢速度，配合韵律动作的教授。
　　教师应将动作根据歌词分段教授，并反复练习。助理教师可在一旁纠正、帮助幼儿准确做出律动动作。
三、教师幼儿一起跟随音乐完整的演示歌唱韵律活动（5分钟）

组织形式	集体歌唱韵律活动
活动方法	1. 运用直观类教学手段如出示图片观察人类五官、四肢，示范歌词中的五官、四肢引起幼儿的兴趣，进一步提升幼儿对人类体貌特征的了解 2. 运用讨论的开场方式引起幼儿的兴趣展开教学，通过教师讲解歌词及演示动作帮助幼儿掌握技能 3. 运用实践类方法如练习法让幼儿跟随教师唱唱、跳跳，通过认知分解动作逐步跟随节拍模仿至独立完成
活动环境和材料	PPT、图片、乐谱、音像、音响

活动 2：舞蹈活动《快乐苗娃》

"介绍活动"演示文稿

舞蹈活动
《快乐苗娃》

班级：大一班
小组：第二小组
日期：2009 年 5 月 10 日

所教音乐教育活动内容：
这是在主题活动"庆祝祖国妈妈的六十岁生日"下开展的舞蹈教学活动，教师引导幼儿学会 1～2 个苗族舞蹈组合动作，并有一定的队形变换；
鼓励幼儿去尝试舞蹈给我们带来的快乐体验。

所教学前儿童的年龄段是：
幼儿园大班，5～6 岁。

所依据的课程标准：
让幼儿通过认识和感受生活中的音乐、舞蹈、美术等，运用多种方式，积极地、有个性地、创造性地表达和表现在共同生活和探索世界的活动中所获得的感受和认识，并体验表达与表现的乐趣。
所依据的学前儿童音乐教育年龄段目标：5～6 岁学前儿童韵律及歌唱能力目标。
➢ 5～6 岁幼儿的动作进一步分化且更精细：从身体、躯干等大肌肉动作到手臂、手腕、手指等小肌肉动作，且动作的自控能力更强。他们可以自如地变化上、下肢动作的速度及幅度，并且能够做更复杂的上、下肢配合的联合动作。
➢ 5～6 岁幼儿的随乐性水平有了更明显的提高，能对比较复杂的节奏做出反应。
➢ 5～6 岁幼儿的合作协调意识越来越明确，合作协调的技能也越来越强，并开始主动追求与同伴一起参与韵律活动的快乐。

活动主题：舞蹈活动《快乐苗娃》（主题活动下开展的民族舞蹈活动）

活动概述：
幼儿通过学习 1～2 个苗族舞蹈组合动作感受民族音乐的旋律，并学习队形排列，锻炼合作能力，建构了对 56 个民族的认知。

所拟定的学习目标：

1. 能够自主学习 1～2 个苗族舞蹈组合动作；
2. 学会跳集体苗族舞《快乐苗娃》；
3. 知道我国是个多民族国家，认知"民族"和"祖国妈妈"的意义，感受与各民族紧密团结的快乐。

活动的框架问题：
1. 基本问题
➢ 我们祖国大家庭中有 56 个成员，你们知道他们分别是哪些？
2. 单元问题
➢ 知道苗族舞有哪些特点吗？
➢ 知道苗族有哪些民族特色吗？
3. 内容问题
➢ 知道苗族的小朋友是怎么跳舞的吗？

"活动"演示文稿

舞蹈活动

《快乐苗娃》

××幼儿园大一班

《快乐苗娃》的音响、音像：

《快乐苗娃》音响链接

《快乐苗娃》音像链接

图片：

关于56个民族的人物、服饰、生活等图片。

《快乐苗娃》的舞蹈队列图示：

"一"字型出场（7人）

《快乐苗娃》的舞蹈队列图示：

"二"字型队列（7人）

《快乐苗娃》的舞蹈队列图示：

圆形队列（7人）

活动计划(教案)

活动概览	
活动标题	舞蹈活动《快乐苗娃》
活动类别形式	主题活动"庆祝祖国妈妈的六十岁生日"中的音乐活动
框架问题	**基本问题**:我们祖国大家庭中有56个成员,你们知道他们分别是哪些 **单元问题**: ➢ 知道苗族舞有哪些特点吗? ➢ 知道苗族有哪些民族特色吗 **内容问题**: ➢ 知道苗族的小朋友是怎么跳舞的吗
活动概述	幼儿通过学习1~2个苗族舞蹈组合动作感受民族音乐的旋律,并学习队形排列,锻炼合作能力,建构了对56个民族的认知
关键词	苗族舞蹈、苗娃、快乐、民族
年龄段或年级	

☐ 0~3岁(托班)　☐ 3~4岁(小班)　☐ 4~5岁(中班)　☑ 5~6岁(大班)

活动所需材料及资源	
指导教材(印刷资源)	《上海市学前教育课程指南》
网络资源	http:www.56.com/w39/play_album－aid－5455785_vid－MzU3NzY2OTI_o－0.html
活动道具及教具	苗族服饰、"活动"演示文稿、"介绍活动"演示文稿
多媒体资源	《快乐苗娃》音像: http:www.56.com/w39/play_album－aid－5455785_vid－MzU3NzY2OTI_o－0.html 《快乐苗娃》音响:CD
其他	关于56个民族的人物、服饰、生活等图片

教学目标	
根据你的标准和你自己的期望，你要求学前儿童能够知道、会做或理解的内容是什么？	
1. 能够自主学习1~2个苗族舞蹈组合动作 2. 能跟随音乐，一边跳舞一边变换队列 3. 舞蹈动作正确、到位、整齐，队列变换整齐、自然	
哪些高层次的思维技能是你要求达到的目标？	
1. 让幼儿通过舞蹈的形式了解"民族"的概念和"祖国妈妈"的意义 2. 让幼儿表达和表现在共同生活和探索世界的活动中所获得的感受和认识，并体验表达与表现的乐趣	
学前儿童音乐教育总目标：活动（或课程）标准	
让幼儿通过认识和感受生活中的音乐、舞蹈、美术等，运用多种方式，积极地、有个性地、创造性地表达和表现在共同生活和探索世界的活动中所获得的感受和认识，并体验表达与表现的乐趣	
学前儿童音乐能力年龄阶段目标	➢ 5~6岁幼儿的动作进一步分化且更精细：从身体、躯干等大肌肉动作到手臂、手腕、手指等小肌肉动作，且动作的自控能力更强。他们可以自如地变化上、下肢动作的速度及幅度，并且能够做更复杂的上、下肢配合的联合动作 ➢ 5~6岁幼儿的随乐性水平有了更明显的提高，能对比较复杂的节奏做出反应 ➢ 5~6岁幼儿的合作协调意识越来越明确，合作协调的技能也越来越强，并开始主动追求与同伴一起参与韵律活动的快乐
单元目标	认知"民族"和"祖国妈妈"的意义，感受各民族紧密团结的快乐
活动（课时）目标	1. 能够自主学习1~2个苗族舞蹈组合动作 2. 学会跳集体苗族舞《快乐苗娃》

学科领域			
技能目标（音乐知识技能）	□唱歌	□音乐感	□节奏感 □旋律感 □结构感 □音色感 □速度感 □力度感
		□创造能力	□创编动作　□指挥 □创编歌词
		□乐理	□识谱 □基本乐理常识
		□视唱练耳	
	☑韵律和舞蹈	☑音乐感	☑节奏感 ☑旋律感 ☑结构感 □音色感 ☑速度感 □力度感
		□创造能力	□创编动作　□指挥 □创编歌词
		□乐理	□识谱 □基本乐理常识
		□视唱练耳	
	□乐器演奏	□音乐感	□节奏感 □旋律感 □结构感 □音色感 □速度感 □力度感
		□创造能力	□创编动作　□指挥 □创编歌词
		□乐理	□识谱 □基本乐理常识
		□视唱练耳	
	□音乐欣赏	□音乐感	□节奏感 □旋律感 □结构感 □音色感 □速度感 □力度感
		□创造能力	□创编动作　□指挥 □创编歌词
		□乐理	□识谱 □基本乐理常识
		□视唱练耳	
情感目标	☑儿童对音乐的审美态度		
	☑儿童对音乐的情感认识		
认知目标	☑多元智能	□语言　□数字　□习惯　☑审美　☑社科　□自然		
	☑高级思维能力	让幼儿探索存在的意义，体验成长的快乐		

学前儿童音乐教育活动过程

课时计划	
活动的课时次数	课时一：欣赏舞蹈《快乐苗娃》 课时二：学习舞蹈《快乐苗娃》 课时三：56个民族大联欢（参加主题活动的集体展示活动）
每次活动的时间安排	活动时间：30分钟/次 第一课时安排在下午，第二、第三课时安排在上午；三周完成这一主题下的舞蹈活动

过程（教学或学习过程）

活动设计思路：

随着2009年10月1日的临近，我们幼儿园开展了《庆祝祖国妈妈的六十岁生日》的主题活动。为了配合主题活动，设计了主题下的教学活动《我们的民族》。《快乐苗娃》是教学活动下的一个分支活动。

设计这一教学活动是为了让幼儿通过观看民族舞、学习跳苗族舞、画民族服饰等多角度地了解我国的民俗特色。体会我们是个多民族的国家，感受民族紧密团结的重要性。

我国的56个少数民族就像是祖国母亲的56个孩子一样，在建国六十周年这一重要的日子里，让幼儿感受、体验我国的民族风情具有重要意义。

第一课时：欣赏舞蹈《快乐苗娃》

舞蹈活动导入部分。播放"活动"演示文稿中的"图片"PPT和"《快乐苗娃》的音响、音像"PPT中的"音像链接"配合教学。（10分钟）

观看"活动"演示文稿中的《快乐苗娃》的音像，并向幼儿提出要求：记一些简单的组合动作。教师根据幼儿记得的动作加以纠正，并教授一些舞蹈中简单的组合动作。（20分钟）

第一课时是让幼儿观看、欣赏苗族舞蹈《快乐苗娃》，并要求幼儿在观看的同时学习掌握1～2个苗族舞蹈动作。教师根据幼儿记住的动作加以完善，并学会部分的苗族舞蹈组合动作。

第二课时：活动组织

1. 回顾第一课时所学的苗族舞蹈动作组合，加深幼儿的印象。（10分钟）
2. 在原有的基础上再新授苗族舞蹈动作组合，包括队列变换。（20分钟）

a. 教师先演示所要教授的舞蹈动作；

b. 将动作分解［先学手臂撑开划圆；左右脚配合踏步（第四步左脚向右踢）；原地向左转一圈；半蹲、双手向后作亮相］；

c. 手脚配合，跟着老师的口令一起做，熟练动作；

d. 熟练后，跟着老师做4个8拍；

e. 跟随《快乐苗娃》音响练习舞蹈动作和队形连接。播放"活动"演示文稿中的"《快乐苗娃》的音响、音像"PPT中的"音响链接"配合教学。

3. 活动延伸（另配课时）：制作一件漂亮的苗服（形式多样，如剪贴画、制作饰品）。

在第二课时中，教师通过让幼儿回忆第一课时所学的舞蹈组合动作且加以练习来加深幼儿对舞蹈动作的印象，并为第二课时要教授新的舞蹈动作做好热身的准备。按顺序播放"活动"演示文稿中的"《快乐苗娃》的舞蹈队列图示"PPT配合教学。

教师用形象的语言引导幼儿肢体动作的配合性和协调性,进一步巩固了幼儿舞蹈动作的连贯性。另外,我们想通过让幼儿设计一件苗族服饰来加深幼儿对苗族或苗族舞的印象,激发幼儿喜欢跳舞的热情。

附:舞蹈队列图示

1."一"字型出场   ○ ○ ○ ○ ○ ○ ○

2."二"字型队列
　　　　　　　　　○　　　○　　　○　　　○
　　　　　　　○　　　○　　　○　　　○

3. 圆形

第三课时:舞蹈表演活动

　　教师:你们知道10月1日是什么日子吗?
　　幼儿:10月1日是国庆节、祖国妈妈的生日(提示幼儿把话说完整)
　　教师:今年的国庆节是祖国妈妈的六十岁生日。我们都知道祖国妈妈有56个孩子,大家为了庆祝祖国妈妈的生日都在准备节目呢,我们来看看他们准备的怎么样了。
　　(边看图片边提示幼儿图片上的是什么民族,他们在干什么)
　　教师:祖国妈妈的生日到了,我们大一的小朋友啊也想为祖国妈妈的生日献礼,今天我们代表苗族的小朋友跳《快乐苗娃》来为祖国妈妈庆生吧!
　　第三课时是教师以各民族的欢庆为线索引出《庆祝祖国妈妈的六十岁生日》这一主题,也由主题引出了舞蹈成品的展示。

组织形式	集体舞蹈教学活动
活动方法	1. 观看舞蹈《快乐苗娃》 2. 学习舞蹈动作,排列舞蹈队形 3. 延伸活动:制作苗族物件 4. 配和音乐,展示完整的舞蹈,并在幼儿园公演
活动环境和材料	1. 创建教学环境(让幼儿在日常活动中感受跳舞的快乐) 2. 创设美术区角(让幼儿在区角中尝试制作一些民族服饰的配饰) 3. 创设语言环境(让幼儿自由地与他人交流他所知道的一些民族特色)

活动3：打击乐器演奏活动《可爱的小动物》
"介绍活动"演示文稿

打击乐器演奏活动
《可爱的小动物》

班级：中三班
小组：第三小组
日期：2009年5月10日

所教音乐教育活动内容：
　　幼儿体会故事《池塘狂欢会》的内容，认识生活在池塘中的小动物，诸如青蛙、鸭子、鱼；并跟随教师打击的节奏模仿小动物的动作；学习双响板、三角铁、小铃的节奏打击。
所教学前儿童的年龄段是：
　　幼儿园中班，4～5岁。

活动主题：
　　打击乐器演奏活动《可爱的小动物》。
（节奏模仿、学习打击乐器演奏的音乐活动）

活动概述：
　　幼儿通过欣赏故事《池塘狂欢会》，感受、模仿青蛙、鸭子、鱼的动作，并跟随教师打击的节奏模仿小动物的动作；学习、锻炼双响板、三角铁、小铃的节奏打击能力，提高幼儿的观察智力、模仿智力和想象智力。

所依据的课程标准：
➢ 教师要重视幼儿学习的过程，尽量创造条件让幼儿通过直接体验来学习，使他们充分感受学习、探索以及与人合作、交流的乐趣。
➢ 让幼儿亲近大自然，有观察、探索周围事物与现象变化、发展的兴趣，初步了解人与自然的关系。
所依据的学前儿童音乐教育年龄段目标：4～5岁学前儿童打击乐器演奏能力目标。
➢ 4～5岁幼儿能模仿成人、教师的演奏方法，并且开始探索同一种乐器的不同演奏方法，还能掌握演奏技巧稍高的一类打击乐器；
➢ 4～5岁幼儿对乐器音色、力度、速度的调整和控制能力也有所提高。
➢ 大多数4～5岁幼儿能够基本合拍地随音乐演奏（2/4、4/4、3/4拍子）；
➢ 4～5岁幼儿具有合作协调性的发展特性。

所拟定的学习目标：

1. 幼儿跟随教师打击的节奏模仿小动物的动作；
2. 掌握双响板、三角铁、小铃的演奏方法，并跟随教师练习打击固定节奏型；
3. 发展幼儿的音乐感受力及大胆表现的能力；
4. 培养幼儿热爱小动物的感情。

活动的框架问题：
1. 基本问题：小动物是我们的好朋友吗？
2. 单元问题
➢ 还知道其他小动物的动作，并能运用打击乐器模仿其动作节奏吗？
➢ 如何运用双响板、三角铁、小铃配合青蛙、鸭子、鱼的动作进行固定节奏型的演奏？
3. 内容问题
➢ 会用身体模仿小动物的动作吗？
➢ 如何使用双响板、三角铁、小铃？

"活动"演示文稿

打击乐器演奏活动 《可爱的小动物》 ××幼儿园中三班	故事《池塘狂欢会》： 　　池塘里生活着一群快乐的小动物，小动物们整天在一起玩乐，到处充满了欢声笑语。有一天，来了一只爱跳舞的鸭子。小动物们看到她在池塘边翩翩起舞，简直看呆了。于是，池塘里召开狂欢会了，并搭建了舞台。 　　狂欢会要开始了，突然下起了暴雨，风把树枝刮断了，大雨把舞台淹没了。等雨停了大家一起动手重建舞台，一切问题都解决了。

小动物的图片：

青蛙

鸭子

鱼

池塘中小动物的叫声：

"青蛙"叫声音响链接；

"鸭子"叫声音响链接；

"鱼"叫声音响链接。

打击乐器图片：

1. 双响板

2. 三角铁

3. 小铃

打击乐器演奏节奏型：

1. 双响板（青蛙）：x xx | x xx ‖

2. 三角铁（鸭子）：
x xx | xx x | xx xx ‖

3. 小铃（鱼）：xx xx | xx xx ‖

活动计划（教案）

活动概览		
活动标题	打击乐器演奏活动《可爱的小动物》	
活动类别形式	节奏律动和乐器演奏的音乐活动	
框架问题	基本问题	小动物是我们的好朋友吗
	单元问题	➢ 还知道其他小动物的动作，并能运用打击乐器模仿其动作节奏吗 ➢ 如何运用双响板、三角铁、小铃配合青蛙、鸭子、鱼的动作进行固定节奏型的演奏
	内容问题	➢ 会用身体模仿小动物的动作吗 ➢ 如何使用双响板、三角铁、小铃
活动概述	幼儿通过欣赏故事《池塘狂欢会》感受、模仿青蛙、鸭子、鱼的动作，并跟随教师打击的节奏模仿小动物的动作；学习、锻炼双响板、三角铁、小铃的节奏打击能力，提高幼儿的观察智力、模仿智力和想象智力	
关键词	双响板、三角铁、小铃、青蛙、鸭子、鱼、节奏型、演奏	
年龄段或年级	□ 0～3岁（托班）　　□ 3～4岁（小班）　　☑ 4～5岁（中班）　　□ 5～6岁（大班）	

活动所需材料及资源	
指导教材（印刷资源）	《上海市学前教育课程指南》 黄瑾，《学前儿童音乐教育（修订版）》，上海：华东师范大学出版社，2006年
网络资源	http://new.060s.com/article/2009/11/29/179781.htm
活动道具及教具	图片、"鱼、鸭子、青蛙"头饰，三角铁，小铃，双响板、鼓励贴纸、"活动"演示文稿、"介绍活动"演示文稿
多媒体资源	鱼、鸭子、青蛙的叫声音响
其他	音乐区角：增设除"三角铁，小铃，双响板"以外的常用打击乐器，诸如沙球、蛙鸣筒等

教学目标
根据你的标准和你自己的期望，你要求学前儿童能够知道、会做或理解的内容是什么？
1. 幼儿跟随教师打击的节奏模仿小动物的动作 2. 掌握双响板、三角铁、小铃的演奏方法，并跟随教师练习打击固定节奏型 3. 发展幼儿的音乐感受力及大胆表现的能力
哪些高层次的思维技能是你要求达到的目标？
培养幼儿热爱小动物的感情
学前儿童音乐教育总目标：活动（或课程）标准
教师要重视幼儿学习的过程，尽量创造条件让幼儿通过直接体验来学习，使他们充分感受到学习、探索以及与人合作、交流的乐趣

学前儿童音乐能力年龄阶段目标	➢ 4～5岁幼儿能模仿成人、教师的演奏方法，并且开始探索同一种乐器的不同演奏方法，还能掌握演奏技巧稍高的一类打击乐器 ➢ 4～5岁幼儿对乐器音色、力度、速度的调整和控制能力也有所提高 ➢ 大多数4～5岁幼儿能够基本合拍地随音乐演奏（2/4、4/4、3/4拍子） ➢ 4～5岁幼儿具有合作协调性的发展特性
单元目标	1. 发展幼儿的音乐感受力及大胆表现的能力 2. 培养幼儿热爱小动物的感情
活动（课时）目标	1. 幼儿跟随教师打击的节奏模仿小动物的动作 2. 掌握双响板、三角铁、小铃的演奏方法，并跟随教师练习打击固定节奏型

		学科领域	
技能目标（音乐知识技能）	□唱歌	□音乐感	□节奏感 □旋律感 □结构感 □音色感 □速度感 □力度感
		□创造能力	□创编动作　□指挥 □创编歌词
		□乐理	□识谱 □基本乐理常识
		□视唱练耳	
	□韵律和舞蹈	□音乐感	□节奏感 □旋律感 □结构感 □音色感 □速度感 □力度感
		□创造能力	□创编动作　□指挥 □创编歌词
		□乐理	□识谱 □基本乐理常识
		□视唱练耳	
	☑乐器演奏	☑音乐感	☑节奏感 □旋律感 ☑结构感 □音色感 ☑速度感 □力度感
		□创造能力	□创编动作　□指挥 □创编歌词
		☑乐理	☑识谱 ☑基本乐理常识
		☑视唱练耳	
	□音乐欣赏	□音乐感	□节奏感 □旋律感 □结构感 □音色感 □速度感 □力度感
		□创造能力	□创编动作　□指挥 □创编歌词
		□乐理	□识谱 □基本乐理常识
		□视唱练耳	
情感目标	□儿童对音乐的审美态度		
	☑儿童对音乐的情感认识		
认知目标	□多元智能	□语言　□数字　□习惯　□审美　□社科　☑自然	
	☑高级思维能力	让幼儿通过直接体验来学习，提高幼儿的观察智力、模仿智力和想象智力	

学前儿童音乐教育活动过程	
课时计划	
活动的课时次数	第一课时：听故事，认识小动物并根据情节模仿小动物节奏律动，并随教师打击的节奏模仿小动物的动作 第二课时：打击乐器演奏活动，掌握双响板、三角铁、小铃的演奏方法，并跟随教师练习打击固定节奏型
每次活动的时间安排	活动时间：20~30分钟/次 安排在上午的集体教学活动中的10：00—10：20，每个星期1个课时
过程（教学或学习过程）	

第一课时
1. 讲故事《池塘狂欢会》引出话题（10分钟）
　　教师一边播放"活动"演示文稿中的"故事《池塘狂欢会》"PPT，一边用生动的语言讲故事。
　　教师："小朋友们，你们知道哪些小动物吗？""你们最喜欢什么小动物呀？""老师这里有几个小动物你们认识吗？"
　　播放"活动"演示文稿中的"小动物的图片"PPT配合动物人知的教学内容。
2. 教师带领幼儿进行节奏律动活动（20分钟）
　　教师："刚才哪些小动物参加了狂欢会？""它们是怎么叫的呀？""你们能模仿它们的动作吗？"
　　教师和幼儿一起模仿青蛙、鸭子、鱼的动作，教师及时纠正动作；教师打击双响板、三角铁、小铃，引导幼儿的律动和乐器打击的固定节奏配合。播放"活动"演示文稿中的"池塘中小动物的叫声"PPT中的"叫声链接"配合教学。

第二课时
1. 教师带领儿童学习使用双响板、三角铁、小铃的演奏方法，并播放"打击乐器图片"的图片PPT配合教学。（10分钟）
2. 教师带领儿童学习使用双响板、三角铁、小铃演奏固定节奏型"双响板（青蛙）：x　xx ｜ x　xx ‖"、"三角铁（鸭子）：x　xx ｜ xx　x ｜ xx　xx ‖"、"小铃（鱼）：xx　xx ｜ xx　xx ‖"并播放"活动"演示文稿中的"打击乐器演奏节奏型"PPT配合教学。（10分钟）
3. 教师把幼儿分为两组，同时交替做"节奏律动"和"打击乐器演奏"活动，即一组演奏乐器、一组同时模仿青蛙、鸭子、鱼的动作跟随打击节奏律动。（10分钟）
4. 给幼儿发放青蛙、鸭子、鱼的头饰，加强儿童参与的兴趣。
5. 教师准备好"鼓励贴纸"，奖励做得好的小朋友。
活动结束：幼儿随优美的音乐进行放松活动。
　　活动拓展：让幼儿画出自己最喜爱的小动物，进行"动物小小图画展"（另配课时）。

组织形式	集体律动、演奏活动
活动方法	教师教授，多媒体演示，实物图展示 1. 示范法：老师示范动作，学生进行模仿 2. 直观类教学方法：PPT、图片 3. 语言类教学方法：谈话法；讲述法；讲解法；讨论法等
活动环境和材料	1. PPT、图片、"鱼、鸭子、青蛙"头饰，三角铁，小铃，双响板、鼓励贴纸 2. 创设音乐区角（让幼儿在区角中尝试认识更多的打击乐器，并自我体验演奏）

活动4：音乐欣赏活动《森吉德玛》

"介绍活动"演示文稿

音乐欣赏活动
《森吉德玛》

班级：中二班
小组：第四小组
日期：2009年5月10日

所教音乐教育活动内容：
    这是在主题活动"庆祝祖国妈妈的六十岁生日"下开展的音乐欣赏教学活动，教师引导幼儿欣赏蒙古民歌《森吉德玛》，启发儿童欣赏感受蒙古音乐的风格，并学习分辨乐曲的段落，培养幼儿音乐分析能力和艺术审美能力。
所教学前儿童的年龄段是：
    幼儿园中班，4~5岁。

活动主题：
蒙古民歌《森吉德玛》
（主题活动下开展的音乐欣赏活动）

活动概述：
    幼儿通过欣赏蒙古族民歌《森吉德玛》，感受蒙古族音乐的风格，并学习分辨乐曲的段落，通过音乐分析能力和艺术审美能力的培养，建构幼儿对民族知识和"祖国妈妈"的进一步认识。

所依据的课程标准：
    欣赏、感受祖国文化的丰富性，有初步的爱家乡、爱祖国的情感，了解一些接触到的多元文化。
    所依据的学前儿童音乐教育年龄段目标：4~5岁学前儿童音乐欣赏能力目标。
➢ 4~5岁的幼儿逐渐能辨别声音的细微变化，在倾听、欣赏音乐的听辨能力、感受能力进一步增强。
➢ 4~5岁的幼儿能欣赏内容较为广泛、性质风格多样的音乐作品，例如：舞曲、进行曲、摇篮曲等。他们往往能够通过教师专门组织的音乐活动，初步感受到乐曲的结构，听出乐段、乐句之间的重复，例如：感受简单的单三段体ABA结构，以及乐曲在情绪性质上的明显差异。
➢ 4~5岁的幼儿已能基本理解音乐所表达的情绪和情感，并由此产生一定的想象、联想。

所拟定的学习目标：
1. 完整地欣赏蒙古族民歌《森吉德玛》；
2. 了解感受蒙古族音乐的风格和艺术特点；
3. 学习掌握如何分辨乐曲段落曲式结构；
4. 建构幼儿对多元文化意义的认识。

活动的框架问题：
1. 基本问题：民族和国家的意义是什么？
2. 单元问题
➢ 你们还知道我国的什么少数民族？
➢ 蒙古族民歌《森吉德玛》中的音乐发展有什么变化？
3. 内容问题
➢ 歌词唱了什么？
➢ 蒙古人怎么唱歌、跳舞的？

"活动"演示文稿

音乐欣赏活动
《森吉德玛》

班级：中二班
小组：第四小组
日期：2009 年 5 月 10 日

播放音响、音像歌曲《森吉德玛》：

蒙古族民歌《森吉德玛》音响链接

蒙古族民歌《森吉德玛》音像链接

图片 1：

图片 2：

乐谱：

活动计划（教案）

活动概览	
活动标题	音乐欣赏活动《森吉德玛》
活动类别形式	主题活动"庆祝祖国妈妈的六十岁生日"下的音乐活动
框架问题	**基本问题**：民族和国家的意义是什么 **单元问题**： ➤ 你们还知道我国的什么少数民族 ➤ 蒙古族民歌《森吉德玛》中的音乐发展有什么变化 **内容问题**： ➤ 歌词唱了什么 ➤ 蒙古族人怎么唱歌、跳舞的
活动概述	幼儿通过欣赏蒙古族民歌《森吉德玛》，感受蒙古族音乐的风格，并学习分辨乐曲的段落，通过音乐分析能力和艺术审美能力的培养，建构幼儿对民族知识和"祖国妈妈"的进一步认识
关键词	蒙古族、民歌、森吉德玛、音乐风格、乐曲的段落
年龄段或年级	□0～3岁（托班）　□3～4岁（小班）　☑4～5岁（中班）　□5～6岁（大班）

活动所需材料及资源	
指导教材（印刷资源）	《上海市学前教育课程指南》
网络资源	http://www.jianpu.cn/pu/62/62204.htm http://www.tudou.com/programs/view/8d8ZNPBbbwg/isRenhe＝1
活动道具及教具	蒙古族的服饰道具、"活动"演示文稿、"介绍活动"演示文稿
多媒体资源	《森吉德玛》音像 《森吉德玛》音响
其他	图片1、图片2

教学目标
根据你的标准和你自己的期望,你要求学前儿童能够知道、会做或理解的内容是什么?
1. 幼儿感受、掌握蒙古音乐的风格和艺术特点 2. 学习分辨乐曲的段落 3. 学习掌握如何分辨乐曲段落曲式结构
哪些高层次的思维技能是你要求达到的目标?
1. 让幼儿了解少数民族——蒙古族的事物 2. 建构幼儿对多元文化意义的认识
学前儿童音乐教育总目标:活动(或课程)标准
欣赏、感受祖国文化的丰富性,有初步的爱家乡、爱祖国的情感,了解一些接触到的多元文化

学前儿童音乐能力年龄阶段目标	➢ 4~5岁的幼儿逐渐能辨别声音的细微变化,在倾听、欣赏音乐的听辨能力、感受能力进一步增强。他们一般以能欣赏内容较为广泛、性质风格多样的音乐作品,例如:舞曲、进行曲、摇篮曲等 ➢ 4~5岁的幼儿能够通过教师专门组织的音乐活动,初步感受到乐曲的结构,听出乐段、乐句之间的重复,例如:感受简单的单三段体ABA结构,以及乐曲在情绪性质上的明显差异 ➢ 4~5岁的幼儿已能基本理解音乐所表达的情绪和情感,并由此产生一定的想象、联想
单元目标	1. 学习掌握如何分辨乐曲段落曲式结构 2. 了解少数民族——蒙古族的事物
活动(课时)目标	1. 完整地欣赏蒙古族民歌《森吉德玛》 2. 了解感受蒙古族音乐的风格和艺术特点

学科领域			
技能目标（音乐知识技能）	□唱歌	□音乐感	□节奏感 □旋律感 □结构感 □音色感 □速度感 □力度感
		□创造能力	□创编动作　　□指挥 □创编歌词
		□乐理	□识谱
			□基本乐理常识
		□视唱练耳	
	□韵律和舞蹈	□音乐感	□节奏感 □旋律感 □结构感 □音色感 □速度感 □力度感
		□创造能力	□创编动作　　□指挥 □创编歌词
		□乐理	□识谱
			□基本乐理常识
		□视唱练耳	
	□乐器演奏	□音乐感	□节奏感 □旋律感 □结构感 □音色感 □速度感 □力度感
		□创造能力	□创编动作　　□指挥 □创编歌词
		□乐理	□识谱
			□基本乐理常识
		□视唱练耳	
	☑音乐欣赏	☑音乐感	☑节奏感 ☑旋律感 ☑结构感 ☑音色感 ☑速度感 ☑力度感
		□创造能力	□创编动作　　□指挥 □创编歌词
		☑乐理	□识谱
			☑基本乐理常识
		□视唱练耳	
情感目标	☑儿童对音乐的审美态度		
	□儿童对音乐的情感认识		
认知目标	☑多元智能	□语言　□数字　□习惯　□审美　☑社科　☑自然	
	☑高级思维能力	建构幼儿对多元文化意义的认识，感受民族文化	

学前儿童音乐教育活动过程	
课时计划	
活动的课时次数	一个课时:音乐欣赏活动,欣赏蒙古族歌曲《森吉德玛》
每次活动的时间安排	活动时间:30~35分钟/次 安排在下午15:30左右的学习活动
过程(教学或学习过程)	
第一课时: 一、播放音响蒙古族歌曲《森吉德玛》引出话题(10分钟) 　　教师:让我们来欣赏一段优美的音乐吧!播放"播放音响、音像歌曲《森吉德玛》"PPT中的"音响链接"配合教学。 　　教师和幼儿一起完整地欣赏音乐作品。 二、感受、发现蒙古族音乐的风格和艺术特点(10分钟) 　　播放"播放音响、音像歌曲《森吉德玛》"PPT中的"音像链接"配合教学,让幼儿了解蒙古族音乐的风格和艺术特点。 　　教师:蒙古族小朋友怎么做动作啊? 　　教师:蒙古族小朋友的衣饰好看吗?你们见过吗? 三、教师引导幼儿学习分辨乐曲段落曲式结构(10分钟) 　　启发儿童欣赏感受音乐以后,用简单的图画分别来表达听《森吉德玛》A、B两段后的感受。 　　播放"活动"演示文稿中的"图片1、2"PPT配合教学: 　　A段画的图:在辽阔的草原上,有一个小小的蒙古包,门前是一只温顺的小羊; 　　B段画的图:是一幅奔驰的群马图。 　　教师引导幼儿能够尝试运用不同符号系统学习分辨乐曲段落,通过反复分析欣赏,能够自己区分AB音乐发展的段落。 　　播放"活动"演示文稿中的"乐谱"PPT配合分辨乐曲段落的教学。 四、再次欣赏(5分钟) 　　播放"活动"演示文稿中的"播放音响、音像歌曲《森吉德玛》"PPT中的"音像链接"让儿童再次欣赏蒙古族歌曲《森吉德玛》。 　　同时播放"活动"演示文稿中的"图片1、2"PPT配合教学,加深幼儿的感官认识。	
组织形式	集体音乐欣赏活动
活动方法	1. 运用直观类教学手段如观察蒙古包、蒙古族小朋友、草原上的羊和马的特征来了解蒙古民族与其他民族(例如,汉族)的区别,通过教师出示图片、音像,示范蒙古族人的舞蹈动作引起幼儿的兴趣,进一步提升对蒙古族和歌曲音乐的了解 2. 运用聆听、观看和引导提问的方式引起幼儿的兴趣展开教学,通过教师讲解歌词及演示动作帮助幼儿掌握学习内容 3. 运用实践类方法如练习法让幼儿跟随教师唱唱、跳跳。通过认知分解动作逐步跟随节拍模仿至独立完成
活动环境和材料	1. 创建教学环境(让幼儿在日常活动中感受音乐审美、欣赏的快乐) 2. 创设美术区角(让幼儿在区角中尝试制作一些民族服饰的配饰) 3. 创设语言环境(让幼儿自由地与他人交流他所知道的一些民族特色)

附乐谱：

参考文献

[1] P·加斯克尔，蔡师雄等译．英国的工业居民，E·罗伊斯顿·派克．被遗忘的苦难——英国工业革命的人文实录［M］．福州：福建人民出版社，1983．

[2] 张立娟，刘柏林．教育视野中的音乐［J］．上海师范大学学报（基础教育版），2008（4）．

[3] 王懿颖．学前儿童音乐教育的理论与实践［M］．北京：北京师范大学出版社，2004．

[4] 郭亦勤．学前儿童艺术教育活动指导［M］．上海：复旦大学出版社，2005．

[5]《周礼·保氏》："养国子以道，乃教之六艺：一曰五礼，二曰六乐，三曰五射，四曰五驭，五曰六书，六曰九数。"

[6] 蔡觉民，杨立民．达尔克罗兹音乐教育理论与实践［M］．上海：上海教育出版社，1999．

[7] 中国学前教育事编写组．中国学前教育史资料选［M］．北京：人民教育出版社，1989．

[8] 北京市教科．陈鹤琴教育文集（下卷）［M］．北京：北京出版社，1985．

[9] 高霞萍．浅谈对二期课改下的音乐教学活动的理解．http://www.age06.com/gardenportal/Detail.aspx? InfoGuid＝6de12b26－6910－4d6f－8cea－d3ed87190d02，2005年11月15日．

[10] 郑三元．儿童与知识——一个值得反思的幼儿园教学哲学问题［J］．学前教育研究，2007（10）．

[11] 吴荔红．浅谈幼儿园课程目标的确定［J］．学前教育研究，2007（3）．

[12] 陈帼眉，刘焱．学前儿童新论［M］．北京：北京师范大学出版社，1996．

[13] 朱家雄等．学前儿童美术教育［M］．上海：华东师范大学出版社，1999．

[14] 许卓娅．学前儿童音乐教育［M］．北京：人民音乐出版社，2007．

[15] 许卓娅．幼儿园音乐教育活动［M］．北京：人民音乐出版社，2003．

[16]（日）铃木镇一．儿童早期音乐教育——理论与实践［M］．北京：人民音乐出版社，2006．

[17] 王振宇．学前儿童发展心理学［M］．北京：人民教育出版社，2008．

[18] 黄瑾．学前儿童音乐教育（修订版）［M］．上海：华东师范大学出版社出版，2006．

[19] 李妲娜，修海林，尹爱青．奥尔夫音乐教育思想与实践［M］．上海：上海教育出版社，2009．

[20] 陈时见，何茜，谭佳．整合课程的探索与实践［M］．北京：接力出版

社，2006.

[21] 王丹．中国儿童早期音乐教育方案［M］．北京：中国妇女出版社，2008.

[22] 教师参考用书（试验本）：游戏活动 2～6 岁［M］．上海：上海教育出版社，2008.

[23] 陈淑琴．幼儿游戏化音乐教育［M］．上海：上海社会科学出版社，2002.

[24] 英特尔未来教育核心课程 7.2 版，2008.

[25] 有效教学的理论与实践［M］．上海：上海百家出版社，2008.

[26] 和震．能力本位职业教育理论的结构分析［J］．教育与职业，2003（11）.

[27] 幼儿园教育指导纲要（试行）．http://www.edu.cn/20011126/3011708.shtml，2008 年 11 月 5 日。

[28] 上海市学前教育课程指南（试行）．http://www.gdhed.edu.cn/zxqjy/swwj/n28.doc，2009 年 7 月 12 日。

[29] 许卓娅．学前儿童音乐教育［M］．北京：人民音乐出版社，1996.

[30] 黄瑾．学前儿童音乐教育（修订版）［M］．上海：华东师范大学出版社，2006.

[31] 王懿颖．学前儿童音乐教育的理论与实践［M］．北京：北京师范大学出版社，2004.